한중일 협력의 진화

3국 협력사무국(TCS) 설립과 협력의 제도화

Institutionalization of Trilateral Cooperation of China, Japan and the Republic of Korea

“지금은 이 세상에 계시지 않은 아버님, 어머님께 이 책을 바친다.”

한중일 협력의 진화

3국 협력사무국(TCS) 설립과 협력의 제도화

아연동북아 총서 _ 22

| 신봉길 지음 |

아연출판부
고려대학교 아세아문제연구소

| 표 차례 |

AMRO: ASEAN+3 Macroeconomic Research Office

APEC: Asia-Pacific Economic Cooperation(아시아태평양 경제협력체)

ARF: ASEAN Regional Forum(아세안지역 안보포럼)

ASEAN: Association of Southeast Asian Nations(동남아시아 국가연합)

ASEM: Asia-Europe Meeting(아시아유럽 정상회의)

ASPAC: The Asian-Pacific Council(아시아태평양협의회)

AU: African Union(아프리카연합)

CICA: Conference on Interaction and Confidence Building Measures in Asia (아시아 교류 및 신뢰 구축 회의)

CSIS: Center for Strategic and International Studies(미국 국제전략문제연구소)

EAC: East Asia Community(동아시아 공동체)

EAEC: East Asian Economic Caucus(동아시아 경제코커스)

EAS: East Asia Summit(동아시아 정상회의)

EASG: East Asian Study Group(아시아 연구그룹)

EAVG: East Asian Vision Group(동아시아 비전그룹)

EC: European Community(유럽 공동체)

ECSC: European Coal and Steel Community(유럽 석탄철강공동체)

EEC: European Economic Community(유럽 경제공동체)

EU: European Union(유럽연합)

EURATOM: EURopean ATOMic Energy Community(유럽 원자력공동체)

European Commission(EU 집행위원회)

GCC: Gulf Cooperation Council(걸프 협력회의)

ILO: International Labour Organization(국제노동기구)

IMF: International Monetary Fund(국제통화기금)

KCNA: Korean Central News Agency(조선중앙통신사)

KDI: Korea Development Institute(한국개발연구원)

KIEP: Korea Institute for International Economic Policy(대외경제정책연구원)

NAFTA: The North American Free Trade Agreement(북미 자유무역협정)

NCM: The Nordic Council of Ministers(노르딕 각료이사회)

NOWPAP: The Action Plan for the Protection, Management and Development of the Marine and Coastal Environment of the Northwest Pacific Region (북서태평양 보전실천계획)

OAU: Organization of Africa Unity(아프리카 단결기구)

OSCE: Organization for Security and Co-operation in Europe(유럽 안보협력회의)

PECC: Pacific Economic Cooperation Conference(태평양 경제협력회의)

RCEP: Regional Comprehensive Economic Partnership(역내 포괄적 경제동반자협정)

SAARC: South Asia Association for Regional Cooperation(남아시아 지역협력연합)

SCO: The Shanghai Cooperation Organization(상하이 협력기구)

TCCS: Trilateral Cooperation Cyber-Secretaria(3국 협력 사이버 사무국)

TCS: Trilateral Cooperation Secretariat(3국 협력사무국)

TPP: Trans-Pacific Strategic Economic Partnership(환태평양 경제동반자협정)

TTX: Trilateral Table Top Exercise(재난대비 도상훈련)

WTO: World Trade Organization(세계무역기구)

아연동북아총서 발간에 부쳐

탈냉전 이후 동아시아의 역동적 발전은 역내의 정치-외교, 경제 질서뿐만 아니라 문화, 사상, 종교 등의 제 영역에서 새로운 변화를 추동하고 있다. 이런 변화는 일국적 차원의 고찰로는 해명될 수 없는 복잡하고도 민감한 초국가적(transnational) 현상을 낳고 있다. 특히 동북아시아는 지리적 인접성, 공통의 역사-문화적 경험, 협력과 공존의 필요성 등으로부터 연유하는 초국가적 사고와 움직임이 활성화되고 있다. 이런 동북아에 대한 이해를 심화, 확대하고 새로운 해석과 전망을 제공하기 위해서는 국가별 연구나 학문 분과의 분절적 연구를 넘어 동북아시아를 분석의 단위로 삼는 다학문적·학제적 연구가 요청된다.

동북아시아 연구가 갖는 실천적 의미는 매우 중요하다. 주지하듯이 동북아시아는 세계의 어느 지역보다도 급속한 변화와 발전상을 보여 주고 있음에도 불구하고, 여전히 근대성의 문제와 냉전의 구도에 얽매여 있는 곳이다. 20세기 전반기의 제국주의 침략과 식민 경험은 오늘에도 국가적·민중적 기억을 지배하고 있다. 냉전의 산물인 남북 분단과 북한의 핵 위협은 동북아시아의 커다란 불안 요소가 되고 있다. 국가 간 역사 및 영토 분쟁 또한 동북아의 평화로운 발전에 장애로 남아 있다. 그러나 우리는 불편한 역사적 경험과 현재의 불안정이 다른 한편으로 동북아시아의 여러 구성 요소들을 상호 긴밀히 연결시키고, 그로부터 문제 해결을 위한 공통의 기반이 마련될 수 있음에 주목한다. 동북아시아는 대립과 갈등의 무대이기도 하지만 평화와 공존의 모색을 위한 토대이기도 하다. 이제 동북아 연구는 동북아가 처한 현실을 객관적으로 진단하고, 평화로운 미래를 건설하는 시대의 요청에 부응하지 않으면 안 된다.

고려대학교 아세아문제연구소(이하 아연)는 대표적인 동북아시아 지역 종합 연구소로서 학제 간 연구를 통한 동북아 지역 연구를 이끌어 왔다. 1957년 설립된 이래 아연은 구한국 외교문서와 공산권 연구 총서 및 동아시아 연구 총서, 중국 연구 총서, 한일 공동 연구 총서, 민주주의 총서 등 연구 성과의 체계적 집성을 통해 학문적 차원에서 현실을 진단하고 바람직한 미래의 방향을 전망하는 대학 연구소의 역할을 충실히 수행해 왔다. 2008년부터는 한국연구재단의 '인문 한국'(HK) 사업 해외지역학 분야의 지원 기관으로 선정되어, '동북아시아의 초국가적 공간: 사상·사회·문화·제도의 교류와 재구성'이라는 연구 어젠다를 중심으로 10년 기간의 대규모 프로젝트를 진행하고 있다. 이제 아연은 지난 50여 년 동안 축적된 연구 경험과 현재 진행 중인 '인문 한국' 사업의 성과, 각종 동북아 지역 연구 지원, 국내외 소장 학자 교류 지원 프로그램 등을 기반으로 해 〈아연동북아총서〉를 발간한다. 이 총서의 성과가 동북아 공동의 문제를 해결하고 조율하며 바람직한 미래를 모색하는 장이 될 수 있기를 기대하면서, 관심 있는 분들의 격려와 질정을 바란다.

아세아문제연구소장 이종화

머리말

저자가 동북아 국제정치 특히 한중일 지역 협력 문제에 열정과 관심을 갖게 된 것은 3국 협력사무국(TCS) 창설에 관여하게 되면서다. 2010년 5월 제주도에서 개최된 한중일 3국 정상회의에서 상설 사무국 설치가 합의됐다. 세 나라 간 협력을 체계화, 제도화하기 위한 목적이었다. 사무국을 한국에 유치한 우리 정부는 초대 사무총장으로 저자를 추천했다. 중국과 일본에서 보낸 오랜 외교관 생활이 배경이 되었을 것이다. 2011년 5월 21일, 한중일 3국 외교장관들이 공동으로 서명한 임명장을 받았다. 3국 정부가 공동으로 특정 인사를 공직에 임명한 사상 최초의 사례일 것이다. 사무국 창설의 임무가 부여됐다. 예기치 못했던 인생의 큰 반전이었다. 미지의 세계, 새로운 일에 대한 기대는 저자를 흥분케 하기에 충분했다.

예산을 확보하고 사무실을 얻고 직원을 뽑는 일부터 시작했다. 새로 탄생하는 조직에 대한 자부심이 워낙 컸기 때문에 직원뿐만 아니라 사무실이 들어갈 빌딩 심지어 인테리어까지 모든 면에서 최고여야 한다고 생각했다. 한국 외교부에서 파견 받은 직원(최광진 과장)과 함께 밤낮없이 뛰었다. 그해 9월 1일 서울 중심부 광화문 인근의 에스타워 빌딩 20층에서 사무국이 정식으로 문을 열었다. 중국과 일본 러시아 미국 등이 각축했던 구한말 조선의 왕궁 덕수궁이 내려다보이는 건물이다. 사무국 개소식에는 김성환 외교장관과 주한 중국·일본 대사를 포함하여 많은 국내외 귀빈들이 참석했다. 저자를 포함하여 20명이 사무국의 최초 멤버였다. 한중일 3국에서 파견된 7명의 외교관과 세 나라에서 공개 채용을 통해 선발한 13명의 직원들이었다. 직원들을 공채했을 때는 세 나라에서 수많은 인재들이 모여 들었다. 필기시험과 직접 인터뷰를 통해 글로벌 역량을 갖춘 최고의 엘리트들을 선발했다. 초대 사무총장의 주요한 임무는 정부 간 국제기구로서 출발한 사무국의 운영과 관련한 기본 인프라를 만드는 것이었다. 사무국 설립협정에 사무국의 기능과 역할 등이 포괄적으로 명기되어 있지만 실제 활동은 백지에 그림을 그리는 것과 마찬가지였다. 중국과 일본에서 파견되어 온 두 사무차장(여성 외교관이었다)과 사무국 운영을 두고 격한 논쟁을 벌일 때가 많았다. 3자 간 컨센서스에 의한 조직 운영은 그중 한 구성원의 반대만 있어도 진행될 수 없는 것이다. 더구나 한중일이라는 쉽지 않은 관계의 세 나라가 동거하는 조직의 초기 운영은 어려움이 더할 수밖에 없었다. 미니 국제기구의 첫 CEO로서 무척 힘들었던 기억이 남아 있다.

당시 저자는 삼청동에 캠퍼스가 있는 북한대학원대학교 박사 과정에 적을 두고 있었다. 바쁜 생활 중에도 저녁과 주말 시간을 활용하여 수업에 참석했다. 대부분 손아래 나이인 교수와 학생들과 함께 어울려 공부하는 것이 즐거웠다. 사무실의 스트레스가 오히려 이곳에서 많이 풀렸다고 하는 게 옳을 것이다. 박사 논문의 주제를 잡는 과정에서 저자는 북한을 둘러싼 한반도 주변 정세에 착안했다. 그 중에서도 저자가 가장 잘 알고 실천적으로 관여하고 있던 한중일 3국을 중심으로 한 동북아의 지역 협력(regional cooperation)과 통합(integration) 문제에 포커스를 맞추었다. 한중일 3국 협력과 북한 문제의 관련성도 관심사였다. 동북아 최초의 지역 협력 사무국의 수장으로서의 경험을 연구하고 정리해 두는 것이 이 분야에서 기여할 수 있는 일이라고 생각했다. 알다시피 21세기 국제정치의 가장 주목할 변화는 중국의 급부상이라고 할 수 있다. 경제 규모, 군사력, 국제사회에서의 영향력 등 여러 면에서 미국 다음의 넘버 투(No. 2)로 확고히 자리 잡았다. 한국의 부상도 놀라울 정도다. 19세기 말과 20세기 초, 중국과 일본의 양 강대국 사이에서 침략과 식민 지배의 대상이 되었던 약소국이 한 세기가 지나 세계의 톱 10 국가 수준으로 부상했다. 세계에서 일곱 번째의 20~50 클럽 국가가 되었다. 1인당 국민소득 2만 달러, 인구 5,000만 명이 넘는 국가다. 유럽의 영국 프랑스 이태리 독일이 이러한 카테고리에 속한다. 반만 년 한반도 역사상 최고의 국제적 위상을 확보했다. 일본은 2010년을 전후하여 경제 규모 면에서 중국에 추월당했지만 여전히 세계 3위의 경제 대국이다. 제2차 세계 대전의 전쟁 책임 등이 있지만 19세기 말 메이지 유신 이래 아시아의 부동의 강자임에 틀림이 없다. 세계가 주목하는 이 세 나라가 지정학적으로 모두 동북아에 위치하고 있다. 국제 정치 경제 군사 면에서 동북아가 갖는 의미가 각별하다고 할 수밖에 없다. 이들 동북아 트리오 3국이 서로 적극적으로 협력할 경우 세계의 평화와 번영에 기여할 수도 있고 또 새로운 국제질서를 창출해 낼 수도 있을 것이다. 반면 갈등과 분열이 노출될 경우 동북아는 물론 세계의 불안정 요인이 될 수 있다. 저자의 연구는 이러한 문제의식에 기반을 둔 것이었다. 저자는 2015년 초 '한중일 3국 협력의 제도화 연구'를 주제로 박사 학위를 받았다.

이 책은 앞의 학위 논문을 학술 서적 출판에 맞게 상당 부분 수정 보완한 것이다. 책의 내용은 크게 세 부분으로 나뉘어져 있다. 첫째는 3국 협력이 1999년 최초의 정상회합을 시작으로 약 15년간의 기간을 거치면서 발전해 가는 과정이다. 공개된 자료를 중심으로 최대한 실증적으로 재구성했다. 둘째는 3국 협력사무국의 기능, 조직 및 운영, 법적 성격, 제도화 과정 등에 대한 내용이다. 저자의 초대 사무총장으로서의 경험이 이 장을 쓰는 데 큰 도움이 되었음은 물론이다. 셋째는 3국 협력 발전의 동인에 관한 연구다. 저자는 이를 '정치적 의지(political will)' 요인이라는 분석 모델을 만들어 설명했다. 3국 협력의 발전에는 3국의 정치지도자들이 자신의 정치적 신념 또는 비전을 실현시키려는 특별한 '정치적 의지'가 결정적인 역할을 했다고 보았다. 다만 학문적으로 엄격한 분석 모델이 되기에는 아직 미흡하리라 생각한다. 마지막 결어 부분은 저자의 3국 협력 미래 발전 방향에 관한 주장이자 견해이다. 특히 3국 협력사무국을 대폭 강화해야 할 필요성을 강조했다. 3국 협력 발전에 대한 각별한 관심과 애정이 이 부분을 쓰게 했다. 이 책은 이 분야에 관한 본격적인 연구서로는 최초라고 생각한다. 그런 점에서 특별한 자부심을 느낀다.

저자는 한중일 간의 지역 협력 및 동북아 통합 문제에 대해 앞으로도 계속 관심을 가지고 추구해 나갈 생각이다. 유럽 통합의 아버지로 불리는 장 모네(Jean Monnet)의 꿈을 좇아서 파리 근교의 생가까지 찾아갔던 기억이 난다. 유럽 통합도 유럽 석탄철강공동체(ECSC)라는 기능적 국제기구에서 출발했다. 동북아라고 불가능할 것도 없다고 생각한다. 3국 협력사무국이 미래의 동북아 통합을 위한 초석이 될 수 있기를 기대해 본다. 일본의 나카가와 마사하루(中川正春) 중의원 의원(전 문부대신)은 2012년 10월 서울 신라 호텔에서 개최된 3국 협력 국제포럼에서 기조연설을 했다. 한 대목이 특별히 기억에 남는다. "한국의 젊은이들이 서울, 도쿄, 베이징 어디에서 취직할까 고민하고, 중국 기업인들이 상하이, 부산, 아이치 어디에 투자할까 고민하고, 일본인들이 카루이자와, 제주도, 하이난도 어디에 별장을 지을까 고민할 때 비로소 공동체가 현실로 다가오는 것이다." 저자가 생각하는 통합은 꼭 물리적인 것을 의미하는 것은 아니다. 3국 국민들 간의 '마음의 통합(integration of mind)'이 중요하다.

이 책의 기본이 된 박사 학위 논문을 완성하기까지에는 지도 교수였던 북한대학원대학교의 구갑우 교수님의 도움이 컸다. 또 논문 심사위원으로 참여해 주신 최완규 총장님, 함택영 교수님과 경남대의 이수훈 교수님, 성균관대의 이희옥 교수님께도 감사드린다. 외국 학계에서는 존스 홉킨스대 SAIS의 켄트 칼더(Kent Calder), 프린스턴대의 길버트 로즈만(Gilbert Rozeman), 버클리대의 펨펠(T.J. Pempel) 교수님과의 잦은 교류가 큰 도움이 되었다. 동북아 국제정치와 통합 문제와 관련해서는 세계 최고의 대가들이다.

황무지로 보였던 이 분야에서도 선구적인 활동을 해온 분들이 있었다. 3국 원로 지성들의 모임인 한중일 30인회를 이끌어 온 이홍구 전 총리님, 중앙미디어그룹의 홍석현 회장님을 필두로 『원아시아 모멘텀』을 저술한 매일경제신문사 장대환 회장님, 동북아위원회 위원장을 지낸 문정인 교수님, 한반도미래포럼의 구천서 이사장님, 동북아공동체연구재단의 이승률 이사장님 같은 분들이 그들이다. 학계에서는 아시아경제공동체포럼(AECF)을 이끌어 온 인천대의 박제훈 교수님, 카톨릭대의 최영종 교수님 등이 있다. 저자에게 많은 인스피레이션을 주신 분들이다. 한승수 전 총리님, 황병

태 전 주중대사님, 박재규 경남대 총장님, 반기문 유엔 사무총장님, 윤병세 외교장관님은 저자의 활동과 연구에 깊은 이해를 가지고 격려와 지원을 아끼지 않으셨다. 특별히 감사를 드리고 싶다. 또 지난 십수 년간 3국 관계의 발전을 위해 묵묵히 일해 온 한국 외교부 실무진들의 노고에 감사를 표한다. 광화문 외교부 청사의 불 꺼지지 않는 밤에는 이들의 많은 헌신과 희생이 있었다. 조선일보의 지해범 논설위원, 중앙일보의 남정호 논설위원 등 많은 언론인들은 3국 협력과 사무국 활동을 지면을 통해 적극적으로 소개해 주셨다.

이 책을 내기까지에는 고려대 아세아문제연구소의 동북아 총서로 발간을 결정해 준 이종화 소장님, 손기영·이정남 교수님 등 아연 관계자들 그리고 편집을 맡아 준 권영준 님의 수고가 있었다. 무엇보다도 4년 반이라는 짧지 않은 기간 동안 대학원에 적을 두고 주말을 반납하며 지낸 저자를 이해해 주고 끊임없이 격려해 준 아내 미숙의 도움이 제일 컸다. 아내는 내가 쓰는 모든 글의 최종적인 비평자가 되어 주었다. 그리고 세 아들 양호 정호 주호 그리고 며느리 지영의 정신적 후원도 든든한 배경이 되었다.

2015년 6월
서초동 사무실에서
저자 신봉길

1장

서론

21세기 국제정치에서 가장 주목할 변화는 지정학적으로 아시아가 세계의 중심축으로 부상하고 있는 것이다. 그리고 아시아 중에서는 특히 동북아가 이러한 국제정치적 변화의 핵심에 자리 잡고 있다. 동북아의 부상은 세계 인구의 20%를 차지하는 인구 13억의 대국 중국의 경제적·정치적·군사적 급부상과 밀접한 관련이 있다. 이와 함께 세계 3위의 경제 대국으로서의 일본의 존재, 아시아의 주변국가에서 세계 10~15위권의 경제국가로 성장한 한국의 도약도 동북아를 세계 정치 경제의 중심축으로 만든 요인이다.[1] 이와 같이 동북아의 핵심 국가들이라고 할 수 있는 한중일 3개

1_동북아(Northeast Asia)를 어떻게 정의하느냐는 문제를 보는 시각에 따라 다를 수 있다. 순수한 자연 지리적 관점에서는 한반도와 중국, 일본, 러시아의 극동지역에다 몽골까지를 포함하는 지역을 상정할 수 있을 것이다. 홍콩, 대만까지를 포함시켜보려는 시각도 있으나 홍콩 대만은 좀 더 광범위한 지역개념인 동아시아 지역개념에 포함시키는 것이 옳을 것이다.

국이 모두 정치·경제적으로 국제정치의 주요 행위자로 등장했다. 거기다가 지난 20여 년의 세월을 거치면서 한중일 3국은 경제적 상호 의존성이 크게 강화되면서 정치·경제적으로 서로 긴밀히 연계되기 시작했다. 정상회의를 포함하여 3국 정부 간의 고위급 협의체도 다수 생겨나 가동되기 시작했다. 3국 간의 관계가 단순한 개별 국가들의 집합이 아니라 지역 협력의 큰 흐름 속에서 제도화되어 가고 있다.

1999년 11월 3국 간 첫 정상모임이 시작된 것을 기점으로 볼 때에 한중일 3국 협력은 15년여의 세월이 흘렀다.[2] 그동안 3국 간에는 연례적인 정상회의 이외에도 외교 재무 통상 환경 문화 농업 등 18개 분야의 장관급 회의가 설치되어 운영되고 있다. 실무 대표급 회의까지를 포함할 경우 약 60여 개의 각종 정부 간 협의 메커니즘이 작동하고 있다. 오랜 우방국이라

국제정치적 측면에서 보는 동북아는 순수한 지리적 차원보다 정치군사적 차원에서 생성된 지정학적 지역으로 보는 것이 타당하다. 이 경우에는 남북한과 중국, 일본, 러시아에다 미국을 포함하는 6개국을 상정하는 것이 적절할 것으로 생각한다. 미국은 2차 세계 대전 이래 한·미 미·일 군사동맹 등을 통해 동북아 국제정치에 깊이 연계되어 있는 나라이기 때문이다. 참조; 박종철 외, 『한국의 동북아시대 구상』(서울: 도서출판 오름, 2006), pp. 21-24.

2_이 책은 한중일 세 나라 간의 국명을 표기하는 순서와 관련 한국 중국 일본의 순서로 통일한다. 국가명 표기순서는 유엔 등의 경우 알파벳 표기순서로 쓰는 경우가 많다. 그러나 한중일 3국의 경우는 그동안 발표된 공식문서를 보면 일반적으로 당해 연도 정상회의 개최국을 공동문서의 맨 앞에 쓰고 차기 의장국을 다음에 쓰는 순서로 표기해 온 것을 알 수 있다. 매년 국명 표기순서가 바뀐 셈이다. 그러나 3국의 언론 등에서는 일반적으로 세 나라의 나라 이름 조합 시 쓰는 순서가 사실상 고정되어 있다. 한국에서는 '한중일'이고 중국에서는 '중일한' 그리고 일본에서는 '일중한'이다. 이런 상황을 감안하여 이 책에서는 편의상 3국의 국가이름 순서를 '한중일'로 고정한다. 3국 협력의 영문 표기와 관련해서는 2003년 최초의 공동문서인 '한중일 협력에 관한 3국 정상 공동선언' 이래 'Tripartite Cooperation'과 'Trilateral Cooperation'으로 혼용해 왔으나 2008년 '3국 협력 증진을 위한 행동계획' 문서부터는 'Trilateral Cooperation'으로 통일하여 쓰고 있다.

고 할 수 있는 한국과 미국 그리고 일본 간에도 양자 또는 3자 간의 고위급 정례 협의 채널이 거의 없음을 생각할 때 한중일 3국 간에 정상회담을 포함한 각종 고위급 회담이 정례적으로 개최되어 왔다는 것은 놀라운 일이라 하지 않을 수 없다. 2011년에 들어와서는 3국은 협력을 체계화 제도화하기 위한 상설 사무국까지 설립했다. 동북아 지역 국제정치에 큰 의미의 변화가 일어나고 있는 것이다. 한중일 3국 협력사무국의 설립으로 3국 간의 협력은 이제 상당한 제도화의 틀을 형성해 나가고 있다. 동북아 지역에 최초의 지역 협력 제도화의 움직임이 나타나고 있는 것이다. 이러한 변화는 당장에는 그 의미가 크게 부각되지 않을 수도 있다. 그러나 중장기적으로 보면 3국 협력사무국의 출범이 역사적인 의미를 갖는 큰 변화의 시작일 수 있다. 60여 년 전 EU 통합의 단초가 된 유럽 석탄철강공동체(ECSC: European Coal and Steel Community)의 출범 시에도 마찬가지였다. 프랑스 이태리 독일과 베네룩스 3국 등 6개국이 참여한 직원 몇 십 명의 미니 국제기구로 출범한 ECSC가 지금의 유럽연합(EU: European Union)의 모태가 되었다는 것은 시사하는 바가 적지 않다.

그러나 이러한 중요한 동북아 지역에서의 지역 협력의 움직임에도 불구하고 3국 협력이 어떻게 형성되고 제도화되고 있는가에 대한 이론적, 경험적인 연구가 거의 없는 실정이다. 선행 연구가 없는 것이나 마찬가지다. 3국 협력을 아직 지역 협력이나 통합 수준의 연구 주제로 보지 않은 면이 있을 수 있고 또 현재 진행 중인 사안이라 연구를 위한 자료들을 확보하기가 어려운 면도 있을 것이다. 그러나 앞에서 본 바와 같이 3국 협력이 엄연한 실체로 등장하고 있고, 또 3국 협력이 갖는 국제정치적 의미의 중요성을 생각할 때 이에 대한 이론적, 경험적인 연구가 필요한 시점이 되었다고 생각한다. 특히 한중일 3국 간에 역사상 최초로 설립된 정부 간 국제기구이며 3국 협력 제도화의 첫 중요한 발걸음이라고 할 수 있는 3국 협력사무국(TCS: Trilateral Cooperation Secretariat)에 대해서는 심층적인 연구가 필요하다. 3국 협력사무국이 출범하게 된 배경과 기능, 활동, 조직의 특수성 등을 동남아시아 국가연합(ASEAN: Association of Southeast Asian Nations) 사무국 등 여타 지역 협력기구 사무국들과도 비교하면서 심층적으로 분석할 필요가 있다. 따라서 이 책은 한중일 3국 협력이 실제로 어떻게 형성되어 왔고 또 제도화가 실제로 어떻게 이루어져 왔는가 하는 것을 구체적으로 밝힘으로서 지금까지 한 번도 포괄적이고 경험적인 연구가 없는 분야를 새로 개척하는 데 일차적 목적이 있다.[3]

그동안 지역 협력과 통합의 문제에 관한 연구는 EU의 경험을 배경으로 주로 서구학자들에 의해 수행되어 왔다.[4] 이들 학자들은 지역 협력과 통합의 진전을 위해서는 일정한 정치적 조건과 환경이 필요하다는 가설을 주장

3_저자는 현재의 한중일 3국 협력 상황을 '3국 협력체제'로 규정하여 쓰기로 한다. 체제는 일반적으로 어떤 정해진 목적 또는 목표를 달성하기 위하여 각 구성요소 혹은 부분이 전체와 유기적으로 관련되어 조화롭게 기능하는 관계의 집합 내지 단위를 의미한다. 현재의 한중일 3국 협력이 정상회의 및 18개 분야의 장관급 정례회의 등으로 상당히 체계적으로 운용되고 있고, 또 2011년부터는 상설 사무국까지 설치되어 제도화가 진행되고 있음을 감안할 때 이를 하나의 '체제'로 파악해도 무방하다고 생각한다. 2013년 6월 박근혜 대통령의 방중 시 시진핑 주석과의 정상회담 후 발표된 한중 미래 비전 공동성명(2013년 6월 27일 베이징) 5항(지역 국제무대에서의 협력)도 한중일 3국 협력을 '3국 협력체제' 라고 명명하고 있다. "한중 미래 비전 공동성명 원문" 참조; http://cms.mofa.go.kr/countries/asiapacific/countries/20110804/1-22623jsp?menu=m(검색일: 2014년 5월 15일).

4_지역 협력(regional cooperation)의 의미는 주로 지역적 범위에서 자국의 이익을 추구하기 위한 주권국가 간의 교섭과 협상의 과정(process) 또는 상태(condition)를 말한다. 반면 지역 통합(regional integration)은 주권을 넘는 변화의 의미를 내포하는 통합의 과정과 상태를 의미한다. 참조; 손열 외, 『동아시아와 지역주의』(서울: 지식마당, 2006), pp. 13-18.

했다. 이러한 가설에 따라 정치, 안보, 역사, 영토 등의 문제로 첨예하게 대립하고 있는 동북아에서는 지역 협력과 통합의 진전이 어렵다는 주장을 해왔다. 그러면서 지난 반세기여 동안 동북아 지역에서는 이렇다 할 지역 협력기구가 없는 현상을 동북아에서의 지역 협력기구 부재(organizational gap) 현상이라고 명명했다. 이들 입장에서는 그동안의 한중일 협력은 이벤트성에 지나지 않았다. 3국 협력의 진전과 제도화 가능성에 대해서도 매우 부정적이었다. 말하자면 동북아는 기존의 지역 협력 통합 이론의 관점에서는 지역 협력 및 통합이 일어나기 매우 어려운 사례였다. 그러나 이들 이론에도 불구하고 실제로는 동북아에서 지난 15년간 3국 협력이라는 지역 협력의 메커니즘이 상당 부분 형성되어 왔고 또 제도화까지 진전되고 있다. 3국 간의 협력을 체계화 제도화하기 위한 상설 사무국이 설립된 것이 이를 웅변적으로 말해 주고 있다. 일각에서 주장해 온 바와 같이 이 지역에서 지역 협력과 통합의 방해 요인인 역사 영토 안보상의 첨예한 갈등이 반복적으로 등장하고 있음에도 불구하고 한중일 3국 협력은 지속적으로 발전되어 온 것이다. 유럽의 경험에 입각한 전통적 지역 협력과 통합의 이론에 입각한 분석들로서는 설명할 수 없는 현상이 동북아에서 일어나고 있는 것이다. 이제 기존의 통설과 달리 동북아에서 상당한 다이내믹을 가진 지역 협력과 통합이 일어나고 있는 상황에 대한 이론적 설명이 필요해 졌다.

이밖에 한중일 3국 협력이 북한 문제에 갖는 함의도 이 책의 특별한 관심사다. 북한의 핵 문제와 한반도 분단 문제는 동북아 지역의 최대의 불확실성 요인이다. 한중일 3국은 이러한 북한 핵 문제와 한반도 분단 해소 관련하여 미국과 함께 가장 중요한 당사국들이다. 그동안 한중일 3국은 연례적으로 개최해 온 정상회의를 통해 북한과 관련된 문제를 협의해 왔으며 정상회의 발표문이나 공동선언 등을 통해 북한 관련 사안에 대한 3국의 입장을 밝혀 왔다. 지금까지는 북한 문제에 관해선 핵과 미사일 문제, 납치 문제 등 비교적 제한적 의제에 한정하여 협의해 왔으나 금후 협의의 범위가 넓어질 수도 있을 것이다. 또한 한중일 3국이 자유무역협정(FTA: Free Trade Agreement) 체결을 통한 경제 공동체 형성 노력 등 지역 협력과 통합의 움직임을 강화해 나갈 때 이는 북한의 개혁·개방과 한반도 통합 과정에도 큰 영향을 미치게 될 것이다. 이와 같이 북한을 둘러싼 동북아 3강국의 협력과 공조는 금후 북한 문제의 향방에 큰 영향을 끼치지 않을 수 없다. 따라서 이 책의 또 다른 중요한 관심사는 3국 협력이 북한 문제에 대해 갖는 함의다. 북한을 둘러싼 주변 국제환경에 대한 연구는 북한 연구의 불가결한 한 부분이라고 생각한다.

1. 동북아 지역 협력의 특징과 현황

아시아 지역은 지난 수십 년간 경제적으로 지속적인 발전을 해왔으며 지역 국가들 간의 경제적 상호 의존성도 크게 증대되어 왔다. 그러나 이러한 경제적 번영과 지역 국가들 간의 상호 의존성 증대에도 불구하고 역사 문제나 영토 문제 등을 둘러싼 분쟁과 정치적 갈등은 오히려 증대되는 현상이 계속되어 왔다. 국제정치학자들은 이러한 현상을 아시아의 패러독스(Asian Paradox)라고 불러왔다.[5] 특히 이러한 현상은 동북아 지역에서 두드

5_이 용어는 William H. Gleysteen, Jr., 전 주한 미국대사와 Alan D. Romberg가 처음 썼다. "KOREA: ASIAN PARADOX," Foreign Affairs(Summer,1987). 또 미 국무성의 아시아 문

러지게 나타나고 있다. 동북아 지역은 기존의 경제 강국인 일본에 이어 중국의 급부상, 한국의 약진을 통해 한중일 3국이 전 세계 GDP의 20%를 차지하는 거대 경제권을 형성했다. 그러나 3국 간의 높은 경제적 상호 의존도에도 불구하고 정치적으로는 역사와 영토 갈등, 북한 핵 문제 등으로 상호 갈등 국면이 계속되어 왔다. 불과 20여 년의 짧은 기간 동안에 동북아는 미국, EU와 함께 국제질서의 3대 축의 하나로 부상했으나 이 지역의 정치 안보 협력은 아직 초보적 수준에 머무르고 있다. 유럽이나 미주, 중동아프리카 등 세계 전역에서 지역 협력 현상이 강화되고 지역 협력기구가 적극적 역할을 하고 있음에 비해 동북아 지역에서는 이렇다 할 지역 협력기구가 부재한 현상이 계속되고 있는 것이다. 특히 이러한 다자 메커니즘 부재 현상은 동북아 지역이 두드러진다. 아시아 지역 전체에는 ASEAN, 아시아태평양 경제협력체(APEC: Asia-Pacific Economic Cooperation), 아세안지역 안보포럼(ARF: ASEAN Region Forum), 남아시아 지역협력연합(SAARC: South Asian Association for Regional Cooperation) 등 다양한 지역 협력 노력들이 있으나 세계 정치 경제의 중심축으로 부상한 동북아에서는 다자 메커니즘의 빈곤 현상이 계속되었다.[6] 이러한 동북아에서의 지역 협력기구 부재 현상의

제 고문으로 있던 로버트 매닝(Robert A. Manning)이 1993년 발표한 논문에도 나온다. 아시아 태평양지역이 과거 역사상 어느 때보다도 평화와 번영을 누리고 있으나 과거 역사 문제로 인한 후유증으로 시달리고 있으며 미래의 불확실성에 직면하고 있다는 현실 진단을 표현했다. 참조; Robert A. Manning, "The Asian Paradox: Toward a New Architecture," World Policy Journal, Vol. 10, No. 3(Fall, 1993), pp. 55-64.

6_지역주의(regionalism)는 보통 공통의 정체성 운명 공동체적 의식에 기반을 둔 것으로서 이러한 공동체 의식을 표현하는 제도적 기구를 출범시킨다. ASEAN, APEC, ARF 같은 것이 그 예다. 지역주의의 세 가지 특징적 요소는 정부 주도에 의한 하향식(top-down) 창설 과정, 공식적인 정부 간 협정, 그리고 반 영속적 구조의 제도화라는 점이다. 반면 지역화

원인은 무엇인가? 동북아에서는 왜 이러한 지역주의(regionalism) 발육 부진 현상이 나타나고 있는 것일까?[7]

동북아에서의 지역 협력 특히 한중일 3국 간의 다자 협력 가능성에 대해서는 기존의 학문적 이론들이 대부분 이를 매우 부정적으로 보아 왔다. 지금까지의 동북아 지역에서의 소위 지역 협력기구 부재 현상 설명에는 크게 두 가지 학문적 입장이 있다.[8] 하나는 국제정치학에서의 현실주의 패러다임이다. 즉 국제관계에서 가장 중요한 행위자로서의 국가 그리고 국가 이익, 힘의 균형 등의 개념에 의한 분석이다. 현실주의적 입장의 설명은 다음과 같다. 우선 첫 번째 설명은 역사적 갈등의 문제다. 한중일 3국 간에는 역사적 갈등이 너무나 커서 가까운 미래에 이를 극복할 가능성은 희박하며 이에 따라 3국 간의 진정한 지역 협력 또는 통합 노력을 기대하는 것은 매우 어렵다는 것이다. 즉 역사적으로 매우 불행했던 관계 속에 아직 매몰되

(regionalization)는 특정한 지역적 공간 내에서 경제적 교류나 인적 교류의 증대로 나타나는 현상이며. 지역 국가들 간의 국경을 넘어서는 협력으로서 상향식(bottom-up) 프로세스라고 할 수 있다. 기업과 같은 비정부 기구나 NGO 같은 단체들이 주요 행위자다. 참조; T.J. Pempel, *Remapping East Asia*(New York: Cornell University Press, 2005), p. 6, p. 19, p. 196.

7_길버트 로즈만 교수는 동북아 지역의 지역주의 현상을 분석하는 데 있어 EU를 잣대로 하는 것은 너무 높은 것이며 ASEAN 지역주의(정상회의는 잦지만 substance는 부족한 현상)를 잣대로 하는 것도 타당하지 않다고 주장한다. 그는 동북아의 지역주의는 그 중간 정도 단계의 기준을 가지고 분석하는 것이 타당하다고 주장하면서 아래 5개의 기준을 제시했다. 1) 경제 통합의 공동 전략을 기반으로 급격히 증가하는 경제적 유대 2) 공동의 대응 목표들을 설정하는 정상회의 등을 통한 증가하는 정치적 유대 3) 노동력의 이동이나 비즈니스 네트워크 등을 통한 사회적 통합의 진전 4) 글로벌리제이션의 물결 앞에 지역적 정체성에 대한 자각공유 5) 안보 어젠다의 확대. 참조; Gilbert Rozman, *Northeast Asia's Stunted Regionalism*, p. 6.

8_Kent Calder, *The Making of Northeast Asia*, pp. 22-26.

어 있는 3국이 지역 협력으로 나아간다는 자체가 현실성이 없다는 것이다. 현재도 3국 간에는 역사 문제와 영토 문제를 둔 국민들 사이의 민족주의적 성향이 간헐적으로 분출되고 있으며 이와 같은 뿌리 깊은 역사적 갈등이 지역 협력과 지역 협력기구의 탄생을 어렵게 한다는 주장이다. 펨펠은 동아시아에서는 지역주의와 민족주의가 서로 경합하여 각각 구심력과 원심력으로 작용하면서 지역 협력의 제도화를 지연시키고 있다고 설명한다.

두 번째 설명은 동북아 지역에서의 미국의 압도적 영향력이 원심력으로 작용해서 3국 간 협력을 어렵게 한다는 것이다. 2차 세계 대전 전후 처리로 샌프란시스코 강화 조약 체제가 탄생했다. 샌프란시스코 강화 조약 체제는 미국과 아시아 국가들을 소위 '중심과 테두리(hub-and-spoke)'의 관계로 묶었다. 미국은 아시아 동맹 국가들에게 안보조약을 통해 안전을 제공하고 또 미국의 시장을 제공했다. 한국과 일본도 미국과 군사동맹 관계에 있다. 안보와 경제면에서 미국의 우산 하에 있는 한국과 일본으로서는 미국이 없는 동북아 지역만의 지역 협력기구 운용을 고려할 여지가 없었던 것이다. 한국, 일본과 달리 중국은 2차 세계 대전 후 냉전과 데탕트(detente)를 거치면서 동북아에서 미국과 각을 유지해 왔다고 할 수 있다. 그러나 21세기 들어 정치 군사적으로 급부상하면서 2005년부터는 오히려 미국과 최고위급 전략 대화를 운용해 오고 있고, 시진핑(習近平) 주석 취임 이래는 신형대국 관계 이론에 입각, 양국 관계를 상호 협력적인 관계로 조율해 나가려고 시도하고 있다. 말하자면 한중일 3국은 모두 미국과 특별한 관계를 유지해 왔고 또 이러한 특별한 관계를 3국 간의 다자 협력보다 더 중시해 왔다. 3국 모두가 미국과의 관계를 자국 외교의 최우선순위로 생각하고 있는 것이다. 이와 같은 미국과의 양자 외교 중시 정책이 이 지역의 다자외교를 어렵게 하고 있으며 이것이 다른 한편으로 지역 협력기구의 발전을 저해해 왔다는 설명이다.

세 번째 설명은 지역 협력의 발전과 제도화에는 그 지역 핵심 구성국들 간의 힘의 균형이 전제되어야 한다는 입장이다.[9] 예를 들어 유럽의 경우를 보면 전통적으로 지배적 위치에 있던 국가들의 힘이 대등해서 어느 특정국가가 유럽 전역을 지배하는 것이 불가능했다. 독일과 프랑스가 유럽 대륙의 전통적인 라이벌로서 두 나라 간에 힘의 균형이 유지됨으로서 안정이 유지되었다고 주장한다. 이러한 견해는 지역 내 주요국들의 힘의 균형을 지역 협력 제도화의 불가결한 전제조건으로 본다. 아시아의 경우 중국이 정치·경제·군사 등의 면에서 압도적인 국가인데다 지역적으로도 아시아의 중심에 위치함으로서 중국을 중심으로 한 헤게모니가 형성될 가능성이 높다고 본다. 이와 같은 상황에서 유럽형의 힘의 균형은 아시아에서는 형성되기 어려우며 의미 있는 지역 협력체제의 등장이 어렵다는 이야기다. 길버트 로즈만 같은 학자가 바로 이런 입장에 있다. 그는 동북아는 러시아, 중국, 일본 그리고 미국 간의 복잡한 지정학적 관계로 한 번도 이와 같은 힘의 균형이 지속된 적이 없었다고 말한다. 그리고 이러한 힘의 균형의 부재가 동북아에서 지역 협력기구의 부재로 이어졌다고 주장한다. 중국의 부상과 미·중 간의 상호 경쟁이 동북아 지역 협력을 어렵게 한다는 설명도 있다. 이러한 상황을 세력 전이 이론(power transition theory)의 입장에서 설명하기도 한다. 중국의 급격한 부상은 아시아 지역과 미국에게 위협으로 작용하여 이 지역에 큰 혼란과 위험을 가져올 것이라는 입장이다. 즉 세력 전이 이론상의 헤게모니 국가인 미국과 이에 도전하는 국가인 중국의 충돌

9_*Ibid.*, p. 29.

로 동북아의 안보 환경이 극도로 혼란에 빠질 것이라는 견해다. 반면 이러한 전통적인 현실주의자들의 가정과는 반대로 한 지역에 압도적인 힘을 가진 헤게모니 국가의 존재가 오히려 지역 협력의 제도화를 앞당긴다는 주장도 있다. 이들은 제도화되어 법과 규칙에 의해 운용되는 기구의 존재는 지역을 지배하는 국가나 지배받는 국가들 모두에게 바람직한 시스템이라는 것이다. 월터 매틀리(Walter Mattli) 같은 학자들은 성공적인 지역 통합을 위해서는 오히려 한 지역에서 지배적 위치에 있는 국가의 존재가 필요하다고 주장한다. 이러한 지배적 위치에 있는 국가가 지역의 규칙과 규정, 그리고 정책을 조율하는 중심점이 될 수 있고 또 지역 내의 긴장을 완화시키는 역할을 할 수 있다는 것이다.[10]

동북아에서의 지역 협력기구 부재 현상을 설명하는 또 하나의 학문적 입장은 제도주의적 입장(institutionalist)이다. 제도주의는, 새로운 제도의 발전은 이전에 존재하던 제도의 확산 효과에 따라 진화적 발전을 한다고 주장한다. 즉 구성원들 간의 자유로운 협의와 상호 작용에 따라 갑자기 새로운 제도가 탄생하는 게 아니며 기존의 제도를 바탕으로 점진적으로 발전한다는 것이다. 지역 국가들 간의 제도 또는 문화적 차이가 지역 협력기구의 발달의 차이를 나타내고 있다는 것이다. 피터 카젠스타인과 다카시 쉬라이시는 『네트워크 파워(Network Power)』란 저서에서 아시아 국가들의 두 가지 특징적인 요소가 이 지역에서의 공식적인 제도 및 기구의 발전을 저해해 왔다고 설명한다. 하나는 국가와 사회 간의 위계적인 질서다. 아시아에서는 국가와 일반 사회 간에 위계적인 질서가 강하며 이것이 공동체라는 개념,

---

10_Walter Mattli, *The logic of Regional Integration*, p. 56.

즉 수평적이고 평등한 개념의 공동체 의식의 발달을 저해하고 있다고 한다. 즉 아시아에는 역사적으로 공동체(community)라는 개념이 발달되지 못했으며 이것이 이 지역에 지역 협력기구 부재 현상으로 나타나고 있다는 설명이다. 다른 하나는 국가구조와 관련된 설명이다. 카젠스타인 교수는 어떤 국가구조는 지역 통합을 위한 공식적인 기구를 만들어 내는 데 더 적합하고 다른 국가구조는 그렇지 못하다고 말한다. 그는 서구사회의 특징인 웨버(Weber)형의 관료적 법치주의(法治主義)적 정부가 아시아에서와 같은 제국형의 국가제도보다 지역 통합에 유리한 환경으로 작용한다고 말한다.[11]

제도적 입장의 또 하나의 설명은 문화적 차이가 지역 협력 및 지역 협력 제도화의 장애 요인이라는 것이다. 아시아 지역의 경우 구성원들 사이의 문화적, 언어적, 종교적 차이가 심해서 이것이 이 지역에서 지역 협력기구의 발달을 저해하고 있다고 한다. 지역 협력 제도의 발전 과정에서 자주 비교되는 유럽의 경우 기독교 문명이 오래 지속되어 온 것과 대조되어 아시아에서는 중화권 문명, 일본권 문명, 불교, 유교, 기독교, 이슬람교들이 뒤섞여서 어떤 동질성을 만들어 내지 못하고 있다는 이야기다. 그러나 이러한 주장은 문화적, 언어적, 종교적으로 동북아 지역보다 더욱 다양하고 분리되어 있다고 할 수 있는 동남아시아가 오히려 동북아보다 지역 협력의 제도화 면에서는 더욱 앞서 있다는 점을 설명하지 못한다. 동북아에는 아직 지역 협력기구가 충분히 발전하지 못한 반면, 동남아시아에는 ASEAN이라는 지역 협력기구가 수십 년째 작동하고 있다. 이러한 대표적 이론들과 달리 길버트 로즈만은 이러한 이론들이 동북아 현상의 일부분만을 보는

11_Kent Calder, *The Making of Northeast Asia*, pp. 30-31.

것으로써 충분하지 못하다고 보면서 사회학적 입장에서 이 문제에 접근, 동북아에서의 지역주의의 발육 부진은 글로벌리제이션이 충분히 이루어지지 않은 상태에서 근대화(modernization)가 이루어진 것이 주된 이유라고 설명했다. 즉 수십 년 동안 국가별 이해집단이 비균형적으로 발전하면서 외부에 대해 매우 폐쇄적인 태도로 나온 것을 주 이유로 들었다. 이러한 상황이 대담한 전략을 필요로 하는 급격한 변화의 시대에 편협한 태도를 만들어 내어 장애물이 되었다는 설명이다. 즉 동북아의 핵심 국가들이 중요한 시기에 민족주의의 벽을 넘어서지 못하고 이에 굴복하고 있는 것을 지역 협력 부진의 중요한 한 요인으로 설명했다.[12]

위와 같이 동북아의 지역 협력과 통합 문제에 대해서는 비관적인 설명들이 전통적 이론으로서 주류를 이루어 왔다. 즉 동북아 지역은 역사, 영토 문제 등을 둘러싼 정치적 갈등의 첨예화, 핵심 구성 국가들 간의 힘의 불균형, 미국의 원심력, 문화적 차이 등으로 지역 협력 및 통합의 길은 매우 어렵다는 이야기다. 앞서 소개한 칼더 교수의 저서와 같이 동북아의 지역 협력 제도의 발전을 긍정적으로 보면서 동북아에서 발생한 여러 차례의 중대한 위기 국면이 오히려 지역 협력과 제도화를 만들어 가는 동력이 되고 있다는 이론 모델이 나오긴 했다. 그러나 아직 이론적 주류가 되고 있지는 못하는 것 같다.

문제는 위와 같이 동북아 지역은 구조적으로 지역 협력과 지역기구 형성이 매우 어렵다는 여러 가지 학문적 설명에도 불구하고 이 연구가 상정하고 있는 지난 15년간 동북아 지역에서는 지역 협력이 상당히 진전되어

12_Gilbert Rozman, *Northeast Asia's Stunted Regionalism*, pp. 1-2.

왔고 근래 들어서는 제도화까지 진전되고 있다는 현실이다. 즉 유럽을 중심으로 한 전통적 통합 이론상의 통합을 가로막는 구조적 문제점에도 불구하고, 이 지역은 근래 들어 상호 의존성, 연계성, 응집성이 갈수록 강화되고 있는 것이다.[13] 특히 상호 응집성은 무역 투자 국경을 넘는 생산라인, 금융, 기술협력, 대중문화의 상호 침투와 운송, 커뮤니케이션 그리고 환경 분야 협력 등으로 인해 발생한 것이다. 이러한 상호 연계가 심화되면서 최근에는 한중일 3국 협력을 견인하는 정부 간 국제기구까지 출범했다. 지역 협력 제도화의 현상이 나타나고 있는 것이다. 이러한 현상은 그동안 이 지역에서의 지역 협력 가능성에 매우 부정적 입장이었던 다수의 이론을 무색케 하는 것이라고 할 수 있다.

먼저 동북아 지역의 지역 협력은 시장과 민간 분야 주도의 지역 협력, 즉 지역화 현상으로 나타나기 시작했다. 국가 간 경제 분야의 대표적 지표라고 할 수 있는 무역, 투자, 인적 교류 면에서 한중일 3국 간의 발전은 괄목할 만한 것이었다. 한국과 중국은 1992년 수교 당시, 64억 달러의 무역량을 기록했으나 2013년에는 약 2,289억 달러로 증가했다.[14] 2013년 대중국 투자액은 48억 달러, 대중 투자 누계액은 616억 달러로 중국은 한국의 제2위 투자 대상국이 되었다.[15] 한중 간 인적 교류도 2013년을 기준으로 삼았을 때 방한 중국인이 432만 명, 방중 한국인이 396만 명에 이르렀다.[16]

13_동북아 특히 한중일 3국은 오히려 동질성이 이만큼 큰 나라들도 없다고 생각한다. 정치 경제 문화적 측면에서 볼 때 이들 3개국은 모두 세계 경제에서 상위 15위안에 들어가는 나라들이다. 둘째, 인구 면에서 모두 5천만을 넘는 인구 대국들이다. 셋째, 모두 유교문화권에 속하는 나라들이다.

14_출처: 한국무역협회.

15_출처: 산업통상자원부, 한국수출입은행.

한일 간의 무역량도 1965년 국교 정상화 당시 2.4억 달러에 불과했으나 2013년에는 946억 달러에 달했다. 투자 면에서도 일본의 대한 투자는 2013년까지 누계액이 12,733억 달러로 미국에 이어 제2위를 기록했다. 한국의 대일 투자액도 2013년까지 누계액 4,731억 달러를 기록했다. 인적 교류 면에서도 방한 일본인 수가 2013년 274만 명에 달했으며 방일 한국인 수도 245만 명에 달했다.[17]

제도적인 측면에서도 변화가 나타나기 시작했다. 1997년 발생한 아시아 경제 위기 이전까지는 APEC이 아시아 지역의 주요 지역 협력 포럼이었다. 그러나 아시아 경제 위기는 동아시아 국가들 간의 제도적 연계를 강화시키는 중요한 촉진제 역할을 했다. 아시아에서 발생한 외환 위기로 인도네시아와 태국뿐만 아니라 한국까지 휘말리게 되자 동아시아 국가들은 이제 글로벌화한 경제 시스템 하에서는 개별 국가의 국경을 넘어서는 대처가 필요하다는 것을 절감하게 되었다. 1997년 12월 ASEAN 정상회의에 한중일 3국 정상이 초청된 것은 이러한 상황 전개에 따른 것이었다. 말레이시아에서 개최된 ASEAN 창설 30주년 기념 정상회의에 한국, 중국, 일본의 정상들을 초청하는 형식으로 최초의 ASEAN+3 정상회의가 개최된 것이다. ASEAN+3 메커니즘의 시작이었다. 이후 ASEAN+3 정상회의는 1998년 베트남 하노이 개최 정상회의를 계기로 정례화되어 지금에 이르고 있다.

아시아 외환 위기와 함께 중국의 대외 관계, 특히 동아시아 국가들과의 관계에 큰 변화가 나타나기 시작했다. 아시아 외환 위기 이전까지 중국은 지역 협력에 무관심하거나 소극적인 태도를 보였다. 그러나 아시아 외환

16_출처: 한국관광공사, 중국국가여유국.

17_출처: 한국관광공사, JNTO.

위기로 중국의 주요 경제 파트너들이 큰 혼란에 빠지자 중국도 더 이상 고립된 자세를 취할 수가 없었다. 공동 대처가 필요한 사안임을 절감하게 된 것이다. 중국은 ASEAN+3 메커니즘에 참여했을 뿐 아니라 외환 위기 방지를 위한 아시아 지역의 공동기금 모금에도 적극 참가했다. 창마이(Chiang Mai, Thailand) 이니셔티브가 그것이다. 한편으로 중국의 적극적인 대외 정책 변화는 일본의 경계감을 불러 일으켰다. 일본은 ASEAN+3에 호주 뉴질랜드 인도 등 중국을 견제할 수 있는 국가들을 포함시킨 동아시아 정상회의(EAS: East Asia Summit) 발족에 주도적 역할을 하는 것으로 중국에 대응했다.

한편 1997년부터 ASEAN+3 메커니즘에 참여하던 한중일 3국은 ASEAN+3 참가 기회를 활용 1999년부터 한중일 3국 간 정상모임을 개최하기 시작했다. 동북아 지역 협력의 중요한 전기가 마련된 것이다. 한중일 정상회의는 당초 ASEAN+3 협력체제 내의 다양한 분야의 관심사항을 협의하되 주로 3국 간 경제 협력, 사회 문화 인적 교류 그리고 대 ASEAN 협력 문제를 논의하기 위한 느슨한 형태의 비공식 협의체로 시작됐다. 그러나 한중일 정상회의는 2002년부터 공식 회의 형태로 격상되었고 의제도 북핵 문제 등 외교 사안을 포함하게 되면서 3국 간의 보다 포괄적이고 공식적인 협의체로 발전했다. 또한 2002년 3국 정상회의에서는 중국이 한중일 3국 간 자유무역협정 체결을 제안했으며 이에 따라 가능성 검토를 위한 공동 연구가 시작되었다. 이후 한중일 정상회의는 각종 후속조치 이행을 위해 3국 외교 재무 통상 장관 회의 기타 고위급 회의(SOM) 및 국장급 회의 등이 개최되면서 더욱 체계화되었다. 특히 2003년 10월의 발리 정상회의에서는 3국 정상회의 역사상 최초의 공동선언이 채택됐다. 그리고 공동선언상의 협력을 연구, 기획하고 조정하기 위해 3자 위원회도 설치되었다.

ASEAN+3 체제 내에서 진행되어 오던 한중일 정상회의는 2008년부터는 한중일 3국 간의 독립적인 별도 정상회의로 발전되었다. 이와 함께 2011년에는 한중일 3국 간 협력을 체계화, 제도화하는 3국 협력사무국이 출범하여 3국 협력의 큰 이정표가 마련되었다.

다만 2011년 들어 중국과 일본 간에 센카쿠(尖閣, 동의어: 조어도(釣魚島)) 열도를 둘러싼 영유권 분쟁이 심화되고 또 일본의 아베 정권 출범과 우경화 현상으로 한중일 간에 역사 문제에 대한 갈등이 표면화되면서 그간에 비교적 순조롭게 진행되어 오던 3국 협력이 장애물을 맞아 주춤거리는 현상이 나타나고 있다. 그리고 이러한 어려움으로 2013년과 2014년에는 그동안 연례적으로 개최되어 오던 3국 정상회의가 개최되지 못하는 상황이 전개됐다.

물론 앞으로 동북아 지역에서 벌어질 상황에 대해서는 서로 다른 견해가 있을 수 있다. 한편으로는 한중일 3국이 역사 영토 문제로 인한 갈등을 지혜롭게 극복해 나가면서 미래지향적인 3국 협력의 길을 계속 개척해 나갈 것이라는 낙관적인 견해가 있다. 또 하나는 한중일 3국과 같이 전통적 라이벌 구조에 있는 국가들이 역사와 영토 그리고 민족주의라는 현실적인 벽을 넘기는 매우 어려우며 상당 기간 이러한 반목과 갈등의 역사가 지속될 것으로 보는 견해다. 3국이 순조로운 발전의 길로 나아가게 될 경우에는 동북아 지역은 협력과 통합의 큰 흐름 속에서 지역 협력의 구도 그리고 지역 협력의 제도화가 한층 더 속도를 내게 될 것이다. 물론 그 반대의 경우는 21세기 들어 국제 정치·경제의 핵심 축으로 급부상한 동북아가 지역 및 전 세계의 공동 번영과 발전을 견인하는 축이 되지 못하고 오히려 세계 갈등과 혼란의 한 요인이 될 수도 있다. 이러한 아시아 및 동북아의 미래에 관해서는 중국의 부상이라는 요인을 가지고 그 영향을 분석하는 학계의 노력도 있다. 반면 자유주의 제도주의자들의 입장은 다르다. 현실주의자들의 힘 그리고 세력이 물론 문제가 되겠지만 그것이 지역정치와 지역경제의 운명을 일방적으로 결정하게 되지는 않는다고 본다. 이해관계, 규범 그리고 공동의 정체의식이 안보 딜레마, 영토 문제 등을 넘어 지역 협력을 증진하게 될 것으로 보는 견해다. 경제의 상호 의존성의 증대, 사회문화적 교류, 그리고 생산, 투자 등으로 연결된 비공식 네트워크가 지역의 분쟁의 에스컬레이션을 방지하게 될 것이라는 낙관적 입장이다.[18] 중국의 부상도 동아시아 지역 내의 상호 협력을 만들어 나가는 데 하나의 기회를 제공하게 될 것으로 본다. 중국은 북핵 문제와 관련한 6자회담에서 보여 준 바와 같이 지역 문제에서 적극적이고 중재적인 역할을 시도해 왔으며 아시아에서 다자주의적인 협력관계, 즉 제도주의적인 협력에 상당한 관심을 가지고 이를 추진해 왔다.

2. 동북아 지역 협력 설명 모델

1) 중대 위기 국면 모델

최근 들어 동북아 지역 협력의 발전과 변화에 대해 새로운 이론 모델이

18_John G. Ikenberry and Moon Chung-In, *The United States and Northeast Asia* (Lanham: Rowman & Littlefield Publishers, 2008), p. 3.

발표되고 있다. 켄트 칼더의 '중대 위기 국면 모델(critical juncture framework)'이 그것이다. 그는 2010년 발간된 저서 『동북아의 형성(The making of North East Asia)』에서 동북아 지역 협력체제의 형성을 중대 위기 국면 모형이라는 이론 모델로 설명했다. 가장 최근에 나온 연구 업적인 데다 지역적으로는 동북아에 초점을 맞춘 매운 드문 연구이다.[19]

그는 동북아의 지역 협력 발전을 연구하면서 1945년 2차 세계 대전 종료 이래 동북아에서 발생한 여러 차례의 중대 위기 국면 상황에서 이 지역의 주요 행위자들이 어떻게 대응했으며 또 이러한 대응이 이 지역의 지역 협력 제도화에 어떤 역할을 했는가를 연구 분석했다. 그리고 이러한 연구 결과를 바탕으로 단순한 설명이나 해석이 아니라 동북아의 지역 협력 제도화와 관련한 일반 이론을 만들어 내고자 했다.

그의 이론적 분석 작업은 동북아라는 특정 공간에 초점을 맞추었다는 점에서 그동안 나온 대부분의 아시아 일반 이론과 차별화된다. 그는 그동안의 아시아 또는 동아시아를 분석 범위로 한 이론들이 대부분 ASEAN에 대한 분석에 초점을 맞추었고 특히 아세안 방식(ASEAN way)이 분석 준거가 되었다고 설명한다. 그리고 그러한 아세안 방식은 동북아를 설명하는 모델로는 관련성이 떨어진다고 주장한다.

그는 동북아가 정치 경제 그리고 전략적 차원에서 별도의 하나의 지역으로 분명히 부각되고 있다고 주장했다. 그 이유로 그는 몇 가지 사항을 들었다. 첫째는 동북아 국가들은 동아시아 국가 중 경제적으로나 군사력, 기술력 등 모든 면에서 압도적으로 크고 중요한 나라들로 구성되어 있다. 동

19_Kent Calder, *The Making of Northeast Asia*(Stanford: Stanford University Press, 2010).

아시아의 중요한 일원인 아세안 국가들과 비교해 볼 때도 동북아 3개국의 GDP(Gross Domestic Product)는 동아시아 전체의 대략 80%를 차지한다. 또한 정치적, 군사적 영향력도 압도적으로 보아야 한다고 설명했다. 두 번째는 첫 번째와 관련된 것으로서 동북아의 핵심 국가인 한중일 3국의 이합집산은 이들 3국의 크기, 기술력, 상호 보완성 등으로 인해 전 세계적인 전쟁과 평화 문제에 큰 함의를 지니고 있다. 즉 한중일 3국이 역사적인 갈등과 분쟁을 극복하고 통합으로 나아갈 경우 이 지역은 유례없는 세계적인 정치, 군사 그리고 경제면에서 힘의 중심으로 등장할 수 있다. 반대로 이들 동북아 국가들이 분열적 상황을 극복하지 못할 경우에는 정치, 군사적 대결 구도의 악순환이 나타나 세계의 안정을 저해하게 될 것이다. 그만큼 이 지역의 앞으로의 동향이 중요할 수밖에 없다는 것이다. 세 번째 이유는 동북아 지역의 역내 연계가 지난 10여 년간 엄청나게 넓고 깊게 발전되어 온 것과 관련된다. 경제적, 사회적으로 최고 수준의 상호 의존도를 보이는 정책 네트워크, 지방정부 간 그리고 기업 엘리트들 간의 연계 등 다층적인 네트워크가 동북아 협력이라는 아이디어를 산출하고 또 공동 행동을 위한 구체적 제안들을 만들어 내고 있다는 것이다. 네 번째는 동북아가 지금 지정학적으로 엄청난 변화의 정점에 와 있다는 것이다. 동북아 3국 간에 냉전을 청산하는 엄청난 드라마틱한 돌파구가 만들어지고 있다고 보고 있다.

그는 아시아에서의 중요한 정책 결정은 어떤 위기나 상황에 대한 대응의 형태로 나타나는 경우가 대부분이며 이에 따라 지역 내의 제도적 혁신은 정치지도자들의 리더십, 이니셔티브에 절대적으로 의존한다고 본다. 중대한 결정이 필요한 시기에서의 정책 결정권자들의 다이내믹한 상호 작용이 지역 협력 제도의 형태와 기능을 결정한다는 것이다. 말하자면 도전에 대응하는 과정에서 취한 조치들이 새로운 제도를 창설하는 경우가 많다는 것이다. 이와 같이 지역 내의 정치경제적 위기 상황들은 오히려 지역 국가들 간의 정책 면에서의 혁신과 정책 네트워크의 발전을 조장하고 정치지도자들로 하여금 정책 면에서의 이니셔티브를 적극적으로 만들어 내게 한다고 주장한다. 이러한 분석에 의하면 역내의 영토, 역사, 핵 문제 등의 국가간 분쟁은 오히려 네트워크 형성의 기회와 인센티브를 제공한다는 것이다. 국가 간 긴장 국면이 오히려 국가 간 제도 형성을 조장한다는 것이다. 이러한 설명은 확실히 그동안 서구 중심적인 통합 이론, 즉 동북아시아에서는 영토 분쟁 또는 역사 분쟁 등이 지역 협력과 그 제도화를 막고 있다는 설명과는 상반되는 것이다. 또한 그는 위기와 이에 대응한 국가 간 정책 네트워크가 함께 지역 협력 제도의 발전을 조장한다고 주장한다. 즉 정부 간 정치경제 네트워크의 발달이 지역 협력 제도의 발전에 중요한 조건으로 작용할 수 있다고 말한다. 그는 위기 국면 이론과 역사적 제도주의 이론을 비교하면서 둘 다 기존의 제도의 틀을 중요시하지만 제도주의가 새로운 제도는 기존의 제도의 부산물이라는 입장인 데 반해 위기 국면 이론은 새로운 제도는 지도자의 창조성과 혁신의 결과물이라는 입장이다.

그렇다면 이 이론이 주장하는 중대 위기 국면은 구체적으로 어떻게 규정될 수 있는 것인가? 그는 중대 위기 국면은 역사적인 결정이 필요한 시점으로서 아래와 같은 몇 가지 측면을 가지고 있다고 정의한다. 첫째는 기존의 시스템의 정당성에 대한 심각한 의문을 가져오게 하는 상황이다. 시스템은 공식적 비공식적 제도적 그리고 헤게모니적인 것을 망라한다. 이러한 상황은 불가피하게 변화의 기회를 열며 새로운 제도에 대한 요구를 불러일으킨다. 위기는 전략적인 것이거나 경제적인 것일 수 있고 또는 양쪽 모두의 혼합일 수도 있다. 1962년 쿠바 미사일 위기, 1971년 브레턴우즈 시스템(Bretton Woods system)의 붕괴, 1973년과 1979년의 오일 쇼크 그리고

1989년의 동유럽 붕괴, 1991년 소련 붕괴, 1997년의 아시아 경제 위기 같은 것이 이러한 범주에 들어간다. 둘째는 이러한 위기 상황은 공통의 문제에 대응하기 위한 집단적 대응을 필요로 하며 이것은 또 새로운 제도의 공급을 촉진한다는 것이다. 그러나 이 지역의 행위자들이 이러한 문제를 해결하기 위한 새로운 제도적 혁신을 창출할 역량을 갖추고 있지 못할 경우 위기는 문제 해결 역량을 갖춘 행위자들이 등장할 때까지 계속된다는 것이다. 셋째는 시간적 긴박성이다. 위기 국면의 상황은 정책 결정권자들로 하여금 긴박하고 중대한 결정을 해야 하는 상황으로 내몰며 때때로 이러한 상황이 새로운 제도 창출에서 중대한 함의를 가지게 된다.

제도의 창출과 유지에는 대체로 두 가지 프로세스가 있다. 즉 일상적인 경우와 위기에 몰리는 경우 두 가지다. 일상적인 상황에서의 새로운 제도의 창출은 창조적이고 체계적인 제도 창출을 매우 어렵게 한다. 그러나 위기 국면에서의 정책 결정은 드라마틱하고 단속적일 수 있으며 창출되는 기구의 역할, 기능, 특별한 권능 등이 재규정될 수가 있다.

칼더는 지역 협력의 제도 창출에 있어서 동북아가 다른 지역보다 더 위기 요인이 크게 영향을 미친다고 주장한다. 국내적 측면에서는 동북아의 국가들의 조직 문화가 현상유지적, 관료적 경향이 강하여 제도적 혁신을 만들어 내는 데 적합하지 않다고 한다. 그래서 새로운 제도가 만들어지기가 쉽지 않다. 개별 지도자가 어떤 새로운 제도 발전에 호의적이라 하더라도 이를 받쳐 주는 관료 집단이 이에 저항하는 경우가 많다는 것이 동북아 조직 문화의 특성이라고 주장한다. 따라서 동북아에서의 제도적 발전을 위해서는 특별한 위기 상황이라는 요소가 필요하다는 것이다. 이와 함께 외부적 요인으로서 동북아는 구성원들 간의 분쟁 발생이 다른 어떤 지역보다 높고, 재정적 위기 요인까지 겹칠 가능성이 있다는 점이다. 이와 같은 고도로 관료화된 정책 결정 구조와 외부로부터의 강력한 안보 및 재정적 압력 요인이 동북아 지역으로 하여금 다른 지역보다 특별히 위기 구조적 요인에 의존하게 한다는 것이다. 이러한 가정 하에 칼더는 지난 60여 년간의 동북아 국제정치에서 일어난 세 가지 주요한 위기 국면, 즉 1950년의 한국전쟁과 1997년의 아시아 경제 위기 그리고 2008년의 글로벌 경제 위기를 분석하고, 이러한 위기 국면이 각각 동북아에서 어떠한 지역 협력 제도를 발전시켜 왔는가를 분석했다.

2) '정치적 의지' 요인에 의한 분석

앞에서 최근에 나온 칼더의 중대 위기 국면 모델을 소개했다. 전체적으로 볼 때 동북아 지역 협력 발전에 비관적이었던 학문적 입장에도 불구하고 동북아 지역의 핵심 국가인 3국 간에는 지난 십수 년간 놀라울 정도의 변화가 일어나고 있다. 지역 협력의 심화와 제도화 현상이 나타나고 있는 것이다. 이러한 변화를 이끌어 내는 동력은 무엇인가? 지금까지 소개된 특정 이론 모델만으로는 설명할 수 없는 상황이 한중일 간에 전개되고 있다고 할 수 있다. 즉 지역 협력과 관련 기존 연구의 이론적 틀만으로는 3국 협력의 진전이 제도화된 형태로 발전되어 온 사실을 설명하기 어려운 점에서 새로운 이론적 설명 논리 그리고 모델 구축의 필요성이 제기된다.

저자는 한중일 3국 협력사무국의 초대 사무총장으로 일한 경험과 그동안 3국 협력 관련 문제를 연구하는 과정에서 3국 협력의 발전 과정에는 3국 정상회의에 참석했던 정상들의 '정치적 의지(political will)'가 결정적 역할을 했다고 판단했다. 즉 어떠한 장애 요인에도 불구하고 자신의 정치적 신념과 비전을 실현시켜 나가려는 강력한 정치적 리더십, 이니셔티브가 3국 협력의 발전의 가장 중요한 동력이라는 것이다. 개별 국가 이익을 능가하는 정치지도자의 비전이 역사를 움직인 측면이 있었다. 그렇지 않고는 3국 협력이 역사 문제, 영토 문제 등 정치적 장애물을 돌파, 지금에까지 이른 상황을 설명할 수가 없었다. 유럽 통합 연구에서 나온 기존의 이론만으로는 설명할 수 없는 상황이 한중일 3국 간에 전개되고 있는 것이다. 이에 따라 이 책은 3국 협력이 전통적인 현실주의 패러다임의 여러 장애 요인에도 불구하고 지금에 이르기까지 상당한 발전의 경로를 걸어온 것을 '정치적 의지' 요인을 가지고 설명한다.

'정치적 의지'는 정치지도자가 자신의 정치적 신념, 비전 또는 국가 이익을 실현시키려는 특별한 의지 또는 결단을 말한다. '정치적 의지'는 단순한 정치적 비전 또는 신념의 소유가 아니라 정치적 비전과 신념을 적극적으로 실현시키려는 고도의 정치적 결의, 결단을 의미한다. 정치지도자들의 '정치적 의지'는 보통 기존의 상황이나 조류를 바꾸는 새로운 변혁이나 변화를 의미하는 경우가 많다. 때때로 보좌진이나 관료 집단의 판단이나 의견을 거스르는 형식으로 나타날 수도 있다. 기존의 상황이나 조류를 단순히 그대로 유지하는 것이라면 굳이 정치지도자의 정치적 의지가 필요할 리가 없기 때문이다.

외교 정책 결정 과정에서의 정치지도자는 바로 국가 원수나 행정 수반을 의미한다. 대통령 책임제 하에서의 한국은 대통령이고 내각 책임제 하의 일본에서는 총리라고 할 수 있다. 또 중국에서는 국가주석이나 총리를 정치지도자 범주로 분류할 수 있다. 이들 정치지도자들이 누구보다 중요한 외교 정책 결정 요인이고 외교 정책 행위자이다. 물론 정치지도자를 보좌하는 관료 집단이나 전문가 집단도 중요한 외교 정책 결정 요소이다. 각국의 외교부 관료 집단이나 대통령 총리 국가주석 등을 직접 보좌하고 있는 외교안보 분야 보좌 팀들이 이들이다. 그러나 정치적 의지 모델이 상정하고 있는 핵심 행위자는 행정 수반급 이상의 정치지도자를 의미한다.

이러한 '정치적 의지' 요인은 기존의 외교 정책 결정 이론에서는 외교 정책을 담당하는 최고지도자나 관료 개인이 갖는 여러 특성이나 특질을 중시한 개인 의사 결정 모델의 범주에 들어간다고 볼 수도 있다. 중요한 외교 정책을 판단하고 결정 실행하는 것은 결국 자연인인 인간이 하는 일이다. 따라서 한 인간이 갖는 이성이나 감성, 정치적 신념이나 비전 등이 정책 결정 과정에 중요한 요소로 작용하는 것은 당연하다. 그러나 '정치적 의지' 요인은 최고 지도자의 특성이나 특질 중에서도 최고 지도자의 특별한 '정치적 의지'를 외교 정책 결정 요인 중에서 가장 중요한 동력으로 보았다는 점에서 차별성이 있다고 하겠다.[20] 특히 한중일 3국 협력의 발전이라는 특수한 시간적, 공간적 범위 안에서는 이 프로세스에 참여한 3국 정치지도자들의 '정치적 의지'가 그간의 3국 협력의 장애 요인을 극복하고 지금의 3국 협력의 발전을 이루어 낸 핵심적 동력이라는 판단이다.

앞에서 말한 바와 같이 '정치적 의지'는 기존의 시스템을 바꾸는 과정에

20_다나카 히토시(田中均) 일본 전략문제연구소 이사장(전 일본 외무성 외무심의관)은 일본 외교에 있어서 최종적인 책임은 총리에게 있으며 총리의 리더십이 대단히 중요하다는 점을 강조했다. 본인이 일본 외무성의 고위관료로 재직 중 있었던 오끼나와 후텐마(沖繩普天間) 미군기지 이전 문제 결정, 일본의 전쟁책임에 대한 반성과 사죄를 담은 무라야마 담화 발표, 고이즈미 총리의 방북과 일북 정상회담 개최 등은 각각 하시모토 류타로(橋本 龍太郎) 총리, 무라야마 도미이치(村山 富市) 총리, 고이즈미 준이치로(小泉 純一郎) 총리의 강력한 정치적 의지가 있었기에 가능했다고 회고했다. 물론 전문적인 관료들의 보좌가 있었지만 총리들의 개인적인 특별한 관심과 의지를 배경으로 한 '총리관저 주도외교'가 없었으면 불가능했을 것이라는 주장이다. 참조; 田中均, 『外交の力』(東京: 日本経済新聞出版社, 2009), pp. 230-232.

표 1-1 | 한중일 지역 협력과 '정치적 의지'의 작용

구분	내용
'정치적 의지'의 공급	○ 정치적 비전 실현을 위한 강력한 이니셔티브의 발휘 - 동아시아 공동체 비전 - 미국의 원심력 극복 - 역사 문제 극복 - 중국의 부상에 대한 대응 등
	○ 정부 관료들의 소극성, 반대 등 저항 극복
	○ 재임 중 외교적 성과 달성을 위한 강력한 추진력 발휘
환경 조건	- 새로운 비전을 가진 정치지도자의 등장, 정권 교체기, 특히 여·야가 뒤바뀌는 상황 - 동북아에서의 미중일 간 경쟁 양상
	- 관료주의가 강한 정부 시스템 존재 - 정치지도자와 관료 시스템 간의 경쟁, 갈등
	- 비교적 단기간 내 정치권력이 바뀌는 시스템(예: 한국, 일본) - 정상회의 의장국이 연례적으로 바뀌는 경우
기대 목표와 결과물	- 기존의 외교 정책의 큰 흐름 변경 - 동북아에서의 지역 협력의 정례화 제도화 추진 : ASEAN+3 정상회의의 기회를 활용한 한중일 3국 정상회의의 개최 : 한중일 3국의 독립 정상회의 개최 등
	- 미국의 원심력 극복 - 지역 협력의 제도화 추진 : 지역 협력 사무국(예: 3국 협력사무국) 설립 등
	- 지역 협력의 제도화를 위한 구체적 성과물 도출 : 사이버 사무국 설립 : 지역 협력 사무국(예: 3국 협력사무국) 설립 등

서 나타나며 상당한 정치적 리스크가 따르는 것이다. 한중일 3국 간 외교 정책 결정 과정에서의 '정치적 의지'는 다음과 같은 형태로 나타날 수 있다.

첫째는 기존의 외교 정책의 큰 흐름을 바꾸려는 과정에서 나타날 수 있다. 정치지도자들이 나름의 정치적 비전과 신념을 실현시키기 위해 기존의 제반 외교 정책의 물꼬를 근본적으로 바꾸려고 시도하는 경우이다. 한중일 3국 모두 정권 교체기에 이러한 현상이 나타날 수 있다. 특히 정치세력 간 정권 교체, 즉 여야가 뒤바뀌는 상황들에서 이러한 현상이 나타나기 쉽다. 동북아의 경우는 기존에 절대적으로 미국에 의존하는 외교 정책에서 탈피

하여 아시아로 균형추를 움직여 나가는 것과 같은 외교 정책의 변화 또는 급부상하는 중국에 어떻게 대응하느냐는 문제 등이 외교 정책의 큰 흐름을 바꾸려는 과정에 나타나는 주요 현안이다.

둘째는 정책 결정 과정에서 정부 관료 등의 소극성이나 반대를 강력한 의지로 극복해 나가는 형태로 나타날 수 있다. 때때로 극심한 관료주의가 정치지도자들의 정치적 신념 실현을 위한 노력에 발목을 잡는 경우가 일어날 수 있음을 감안할 때 이러한 상황도 가능하다. 특히 한국이나 일본과 같이 관료주의가 뿌리 깊게 자리 잡은 정부 시스템 하에서는 주요 외교 정책 결정 과정에서 정치지도자와 관료 시스템 간의 경쟁과 갈등이 전개될 수 있으며 정치지도자의 비전과 신념도 때때로 관료 시스템을 극복하지 못할 수가 있기 때문이다.

셋째는 CEO적 자질을 가진 정치지도자가 자신의 재임 중에 큰 업적을 만들어 내기 위해서 특별한 관심과 추진력을 동원하는 형태이다. 한국과 일본같이 비교적 단기간에 정치권력이 바뀌는 시스템 하에서는 새로 정권을 잡은 정치지도자가 자신의 재임 중에 외교 분야에서 업적을 남기려는 강력한 의지가 작동할 수 있다. 특히 ASEAN이나 한중일 정상회의 메커니즘과 같이 정상회의 의장국이 연례적으로 바뀌는 것과 같은 경우 이러한 현상이 더욱 두드러진다.

2장

3국 협력의 역사적 전개 과정[1]

3국 협력의 역사적 전개 과정을 보면 몇 차례 특정 시점에서 제도화 면에서 큰 도약과 발전이 있었다는 것을 알 수 있다. 이에 따라 3국 협력의 역사적 전개를 제도화 측면에서의 발전 단계별로 구분, 태동기, 발전기, 도약기, 조정기로 분류 서술한다.

1_3국 협력의 경과 및 성과와 관련한 기본적인 사실들 참조; 외교부, 『2013 한일중 협력 개황』(서울: 외교부, 2013); http://www.tcs-asia.org(검색일: 2014년 7월 2일); http://www.mofa.go.kr(검색일: 2014년 7월 2일); http://www.fmprc.gov.cn(검색일: 2014년 7월 2일); http://www.mofa.go.jp(검색일: 2014년 7월 2일).

1. 태동기: 1999년 ASEAN+3 계기 첫 3국 정상모임

1) 배경

한중일 3국 협력체제의 형성은 우선 2차 세계 대전을 거치면서 단절된 한중일 3국 관계가 공식 복원된 시점으로 돌아가야 한다. 1945년 일본의 항복으로 2차 세계 대전이 종료되자 일본은 패전국의 입장이 되었으며 한반도는 일본으로부터 독립, 1948년 남북한에 각각 독립 정부가 출범하였다. 그리고 중국 대륙은 국민당 정부와 공산당 정부의 내전 끝에 공산당이 승리, 중국 대륙에 중화인민공화국이 수립되고 국민당 정부는 타이완으로 옮겨 갔다. 상당한 기간 한국과 일본은 대륙의 중화인민공화국 정부를 공식 인정하지 않고 있었으며 타이완의 국민당 정부를 중국의 합법 정부로 인정하고 있었다. 이와 같은 상황에서 현재의 한중일 3국이 모두 상호 간에 정상적인 국가관계를 만들기까지에는 거의 반세기의 시간이 걸렸다.[2]

우선 한일 관계는 1965년이 되어 정상화되었다. 일본의 패망 후인 1949년 연락대표부 체제로 시작된 양국 관계는 1965년 12월 18일 한일 기본관계 조약 및 부속 협정이 발효되어 대표부 체제가 대사관 체제로 승

2_2차 대전 종료 후 전승국인 미국을 포함한 연합국들과 패전국인 일본은 1951년 9월 8일 미국의 샌프란시스코에서 강화 조약을 체결했으나 중국은 중화인민공화국(중국 본토)과 중화민국(타이완) 간의 정통성 문제로 대한민국과 조선민주주의인민공화국은 교전국으로서의 지위 부재 등을 이유로 미국 주도의 강화 조약 협상에 초대받지 못했으며 당사국으로 강화 조약에 서명하지도 못했다. 따라서 한일 관계 및 중일 관계는 그 후 별도의 협상을 통해 정상화되었다.

격됨으로서 국가관계가 공식 정상화되었다. 중일 관계는 1949년 중화인민공화국이 성립된 이래 적대적 관계가 지속되었으나 1972년 9월 일본의 다나카(田中角栄) 총리가 중국을 방문, 양측이 국교 정상화에 합의하고 중일 공동성명(1972년 9월 29일)을 발표함으로서 정상화되었다. 중일 관계는 특히 1978년 8월 중일 평화우호조약이 체결되면서 관계의 급진전을 이루었다. 상호 불가침·내정 불간섭·평화 공존 등을 주요 내용으로 한 평화우호조약 체결 후 일본은 대중 경제 진출을 통한 국익 증진에 박차를 가했고 중국도 개혁 개방 정책 추진을 위해 불가결했던 일본의 자본과 기술 유치에 모든 노력을 기울였다. 한중일 3각 중 마지막으로 남은 한중 관계는 1992년이 되어서야 정상화되었다. 1992년 8월 24일 양국이 한중 수교 공동성명에 서명함으로서 거의 반세기에 걸친 한국과 중국 대륙과의 적대관계가 청산되고 한중 간의 국교가 정상화되었다. 따라서 한중일 3국의 3각 관계가 완전히 정상화된 것은 1992년이 기점이라고 할 수 있다.

한중일 3각의 마지막 1각인 한중 관계가 정상화된 것은 1980년대 말 냉전체제의 청산을 배경으로 하고 있다. 1988년 출범한 노태우 정부는 취임사에서 이념과 체제가 다른 북방 대륙의 국가들과의 새로운 관계 구축을 새 정부의 핵심 외교 정책으로 천명하였다. 한중 간의 관계 정상화는 증가하는 양국 간 민간 교류 및 경제 교류가 가장 큰 동력이 되었다고 할 수 있다. 중국은 1986년 9월 서울에서 개최된 아시안 게임에 선수단을 파견했고 1988년 9월 서울 올림픽에도 참가했다. 이어 한국 선수단은 1990년 9월 베이징 아시안 게임에 참가했다. 양국 간의 증가하는 교역도 큰 영향을 주었다. 서울 올림픽 당시 한중 양국 간의 무역량은 이미 연간 31억 달러 수준에 달했으며 크게 증가할 수 있는 잠재력을 가지고 있었다. 이를 배경으로 한중 양국은 우선 무역사무소 개설 문제를 협의한 끝에 1991년 1월

주 베이징 한국 무역대표부를 개설했고 그해 4월에는 중국 국제상회가 주 서울 대표처를 개설했다. 이어 한중 양국은 1991년 12월 무역협정에 서명했고 1992년 5월에는 투자보장협정에 서명했다. 이러한 상황에서 1992년 8월에는 이상옥 한국 외무장관이 중국을 방문 첸치천 중국 외교부장과 회담하고 8월 24일에는 한중 수교 공동성명에 서명했다. 중공군의 한국전 참전 등 거의 반세기에 걸친 한중 간의 적대관계가 공식 청산된 것이다.

수교하던 해인 1992년 한중 간 무역량은 64억 달러 수준이었으며 1999년에는 226억 달러에 도달했다.[3] 수교 후 불과 7년의 기간에 교역량이 3배 이상으로 증가한 것이다. 2003년에 이르러서는 중국은 한국의 제1위 교역 상대국이 되었다. 수교 후 10여년 만에 중국이 기존의 한국의 최고 무역 파트너였던 미국과 일본을 제치고 제1위 교역 상대국이 된 것이다. 이와 같이 한중 관계는 수교를 통해 그동안의 양국 관계 발전을 가로막던 장애물이 제거되자 경제를 중심으로 급속도로 발전하기 시작했다. 중일 경제관계도 비슷한 상황에 있었다. 이와 같이 한중일 3각 관계는 기본적으로 경제를 중심으로 급속히 발전하기 시작했다. 1992년 당시 3국의 경제력을 보면 전반적으로 일본의 경제력이 중국 한국을 크게 앞서고 있었다. 국내총생산(GDP)을 기준으로 할 경우 1992년 당시 한국 3,382억 달러, 중국은 4,882억 달러, 일본은 3조 8,528억 달러 규모였다.[4] 일본의 국내총생산

3_수교 20년이 지난 2012년 기준 한중 간 무역량은 2,151억 달러로서 1992년 수교 당시 교역량인 61억 달러의 35배에 달했다. 한국의 대외교역에서 차지하는 교역비중도 4%에서 20.1%로 증가했다. 참조; 외교부, 『2013 중국 개황』(서울: 외교부, 2013).

4_IMF, "IMF World Economic Outlook Databases: Oct. 2012"(electronic bulletin board); http://www.imf.org/external/pubs/ft/weo/2012/02/weodata/index.aspx(검색일: 2014년 8월 19일).

이 중국의 8배, 한국의 11배 규모였다. 한국과 중국의 국내총생산이 아직 일본에 비해 크게 못 미치는 규모였다. 이후 중국이 급속한 경제성장을 이루면서 2010년에는 국내총생산 면에서 일본을 앞지르기 시작한 것을 생각하면 한중일 3국 관계가 경제를 중심으로 얼마나 역동적인 변화를 이루어 왔는가를 알 수 있다. 또한 한중일 3국 협력체제의 초기 단계에는 경제가 3국 관계 및 지역 협력을 이끈 핵심 동력이었으며 경제를 중심으로 지역 협력이 진전되어 왔음을 알 수 있다.

앞서 본 바와 같이 1992년 한중 간의 국교 수립을 마지막으로 한중일 3각 관계가 정상화된 이래 한중일 3국 관계는 무역 투자 등 경제를 중심으로 비약적인 발전을 이룩했다. 인적 교류도 대폭 확대되면서 한중일을 3각으로 하는 동북아 지역의 지역화 현상이 두드러지기 시작했다. 그럼에도 불구하고 3국을 모두 포함하는 지역 협력 메커니즘은 발전되지 못했으며 정치 및 경제 분야의 협의는 양자적 차원에서 주로 다루어졌다. 지역 협력 메커니즘이라는 것이 부재했다고 할 수 있다. 특히 중국은 오랫동안 서방권으로부터 고립되어 있었으며 1970년대에 이르러서야 미국 및 일본 등과의 국교 정상화로 겨우 외교적 돌파구를 만들어 가고 있는 상황이었다. 자연 1990년대 초반까지 중국은 미국 등과의 양자 관계를 증진시켜 나가는 데 주력하고 있었으며 다자적 지역주의에 적극 참여할 만한 여력과 준비가 되어 있지 않았다. 이웃 국가인 한국과 국교가 수립된 것도 1992년에 이르러 이루어진 것이다. 당시 중국은 국내적으로 덩샤오핑의 도광양회 정책 지침에 따라 은인자중하며 내부적 실력을 기르는 데 주력하고 있었다. 특히 동북아 지역 협력 면에서는 당시 일본의 경제력이 중국을 압도하고 있는 상황이어서 지역 협력이 강화되고 지역 협력기구가 만들어지면 일본이 리더십을 차지하게 될 것을 우려하는 면이 있었다.

이러한 상황에서 중국이 아시아 지역 협력에 처음으로 참가한 것은 1994년 ASEAN 주도로 창설된 아세안지역 안보포럼(ARF: ASEAN Regional Forum)이었다. 당초 소극적 참가자였다고 할 수 있으나 점차 ARF 등 지역 차원의 다자 협의 채널을 중국에 우호적인 채널로 적극적으로 평가하기 시작했다. ARF 경험이 중국의 다자주의 수용의 큰 계기를 만들었다고 할 수 있다.

1996년 아시아유럽 정상회의(ASEM: Asia-Europe Meeting)의 출범과 1997년 발생한 아시아 금융 위기는 중국이 다자주의 외교에 적극적으로 참여하는 전환점이 되었다. ASEM에서 유럽의 정상들과 맞대면한 동아시아의 정상들은 처음으로 통합 유럽의 정체성과 힘을 느끼기 시작했다. 그리고 통합된 유럽과의 대화를 위해서는 아시아 지역도 보다 긴밀한 역내 협력 및 협의 채널을 구축할 필요가 있다는 것을 절감하게 됐다. 이와 함께 1997년 발생한 아시아 금융 위기는 이러한 역내 협력을 결정적으로 촉진시키는 계기를 만들었다. 당시 한국을 비롯한 아시아의 대기업들은 경제의 활황 속에서 달러화 베이스의 막대한 자금들을 단기 차입 형식으로 차용했는데 결국 이것이 태국 방콕을 시작으로 한국을 포함한 아시아 전역의 금융 위기 사태를 불러 일으켰다. 그러나 이러한 금융 위기에 대해 미국과 서방국가들의 대응은 소극적이었으며 국제통화기금(IMF: International Monetary Fund)의 대응도 아시아 국가들을 만족시키지 못했다. 이러한 위기 사태가 아시아, 특히 동북아 3국으로 하여금 처음으로 지역 협력을 심각하게 생각하도록 만들었다. 월남전에 이은 베트남의 공산화 사태가 ASEAN 창설이라는 지역 협력을 창출해 냈듯이 1997년의 아시아 금융 위기 이후 한중일 3국은 지역 문제에 공동으로 대응해야 할 필요성을 절감하게 된 것이다.

아시아 금융 위기 발생 직전에도 일본의 이니셔티브로 아시아에 금융 분야의 다자 협력을 만들려는 시도가 있었다. 아시아통화기금(AMF) 창설 제의가 그것이었다. 그러나 미국과 IMF의 반대 입장으로 이러한 시도는 좌절되었다. 또 당시 아시아의 여타 국가들도 이러한 지역 협력 움직임에 절실함을 느끼지 못하고 있었다. 그러나 아시아 금융 위기는 이러한 상황을 일변시켰다. 아시아 금융 위기에 미국이 개입치 않자 아시아 국가들은 스스로의 자구책을 구하지 않을 수 없었다. 당시 중국과 일본은 이러한 금융 위기에서 약간 비켜나 있었지만 아시아 금융 위기가 가져올 위험성에 노출되지 않을 수 없었다. 중국과 일본도 처음으로 지역 국가들 간의 협력을 심각하게 생각하기 시작했다. 아시아 금융의 중심지였던 홍콩이 1997년 중국으로 반환된 것도 역할을 했다. 중국도 이러한 상황에서 방관자로서 남을 수 없었던 것이다. 특히 중국은 아시아 지역금융 협력체제 수립의 필요성과 중요성을 심각하게 느끼기 시작했으며 그 결과 경제 및 금융 분야에서의 지역 협력 참여 및 협력 강화에 적극적으로 나섰다.

마침 이러한 상황에서 ASEAN 창설 30주년을 기념하기 위해 예정된 ASEAN 정상회의 모임에 주최국인 말레이시아가 한중일 3개국 정상을 초청했다. 한중일 정상이 참석하면서 제1차 ASEAN+3 회의가 1997년 12월 말레이시아에서 개최되었다. 지역적으로 순수하게 동아시아 지역 국가들만의 회합으로서는 최초의 일이었다. 그해 동남아에서 발생한 금융 위기가 ASEAN 국가들과 동북아의 한중일 3국의 회합, 즉 동남아와 동북아를 연결시키는 데 중요한 모멘텀을 만들었다.[5] 한중일 3개국이 한 묶음으로 국

5_ASEAN+3 정상회의의 출범 배경 경과 의의 등에 관한 전반적 사항 참조; Takashi Terada, "The birth and growth of ASEAN+3," in Bertrand Fort and Douglas Webber, ed.,

제회의에 참가한 것도 ASEAN+3 메커니즘이 최초였다. 한중일 3국 협력 체제 형성의 단초가 ASEAN을 매개로 이때 처음 시작된 것이다. ASEAN+3 정상회의는 이듬해인 1998년 하노이 개최 정상회의를 계기로 정례화되어 연례적으로 개최되고 있다. 미래의 동아시아 지역 통합의 가능성을 생각할 때 가장 유망하고 의미 있는 플랫폼이다.

아시아 금융 위기의 여진이 계속되고 있는 상황에서 1999년 11월 ASEAN+3 정상회의가 필리핀 수도 마닐라에서 열렸다. 이 회의에 참석한 ASEAN 10개국과 한중일 3국 정상 등 13개국 정상들은 금융 분야에서의 공동 협력을 가장 중요한 어젠다로 토의했다. 특히 이 회의에서는 처음으로 동아시아 협력에 관한 공동성명을 채택함으로서 이 지역의 지역 협력에 대한 '정치적 의지'를 표시했다. 이 회의의 다른 중요한 성과는 한중일 3국 정상들이 별도로 비공식 조찬 모임을 가진 것이다. 한국의 김대중 대통령, 중국의 주룽지(朱鎔基) 총리, 일본의 오부치 게이조(小渕 恵三) 총리가 조찬 모임에 참석했다. 한중일 3국 정상들의 역사상 최초의 회합이었다. 한중일 정상들 간의 협의 채널이 처음으로 만들어져 동북아 지역 협력의 중요한 전기를 만든 것이다. 이러한 3국 간의 협의 채널이 만들어진 것은 ASEAN+3 협의 채널이 가동되면서 ASEAN이라는 지역 협력체를 형성하고 있던 동남아 10개국에 상응하는 동북아 국가들의 협의 메커니즘 필요성이 제기된 점도 배경에 있었다.[6]

이러한 상황에서 ASEAN+3 국가들의 재무장관 회의가 2000년 5월 태

Regional integration in East Asia and Europe: convergence or divergence? (New York: Routledge, 2006), pp. 218-236.

6_배긍찬, "한중일 3국 협력의 도전과 과제," 『주요 국제문제 분석』 07호(2004), pp. 1.

국의 창마이에서 열렸다. 여기에서 나온 것이 미래의 금융 위기 재발을 막기 위한 ASEAN+3 국가들 상호 간의 통화스왑을 주 내용으로 하는 창마이 협정이다. 동아시아의 지역 협력 역사에 큰 획을 그은 사건이었다. 특히 창마이 협정은 미국과 여타 국제 다자기구가 참여하지 않은 동아시아 국가들만의 이니셔티브라는 점에서 동아시아의 정체성을 만드는 데도 크게 기여했다. 또한 한중일이라는 동북아 3개 국가들이 스왑 협정 보장을 위한 기금마련에 압도적 금액을 내놓았다는 점에서 동북아 3국의 역할의 중요성이 크게 드러난 결과를 낳았다. 또 창마이 협정의 성사에는 3국 정부의 최고 지도자들의 리더십이 큰 역할을 했다는 점도 주목할 만한 일이었다.[7]

이때를 고비로 중국은 아시아 지역에서의 다자 협력에 적극적인 관심을 가지고 참여하기 시작했다. ASEAN+3 메커니즘도 중국의 대국화에 위협을 느끼고 있던 동남아 인근 국가들의 위협감을 해소하고 신뢰를 구축하는 중국 외교의 중요한 수단이 되었다. 중국은 2000년 세계무역기구(WTO: World Trade Organization)에 가입한 이후에는 무역관계 이슈들을 중심으로 한중일 3국과의 협의에 적극적으로 나섰다. 또 자체적으로 몇 가지 중요한 지역 협력 이니셔티브를 취하기도 했다. 2000년에는 주룽지 총리가 중국-ASEAN 간 자유무역협정(FTA: Free Trade Agreement) 체결을 제의했고, 2001년에는 중국의 주도로 보아오 포럼(Boao Forum for Asia)이 창설됐다. 2002년 들어 중국은 북한 핵 문제 해결을 위한 6자회담을 주도적으로 이끌어 나갔다. 중국이 아시아를 중심으로 한 다자 협력에 점점 더 자신감을 가지고 참여하기 시작한 것이다. 이러한 중국의 다자 협력에 대한 자신감

7_Kent Calder and Min Ye, *The Making of Northeast Asia* (Stanford: Stanford University Press, 2010), pp. 94-95.

은 그 후 중국이 한중일 3국 협력에도 적극적으로 참여하기 시작하고 또 3국 협력사무국이라는 상설기구 설립에도 적극 대응한 배경이 되었다.

한편 미국은 지리적으로는 동북아 국가라고 할 수 없지만 외교 안보 경제면에서 한중일 등 동북아 국가들 및 ASEAN 국가들과 밀접히 연계되어 있는 국가다. 따라서 동아시아 지역 협력 및 한중일 협력에 대한 미국의 태도는 이 지역의 지역 협력체제의 발전에 매우 중요한 요소라고 할 수 있다. 미국은 당초 아시아만을 구성원으로 한 지역 협력에 부정적 입장이었다. 마하티르 말레이시아 총리가 1990년 제안한 동아시아 경제코커스(EAEC: East Asian Economic Caucus)가 미국의 반대로 무산되고 1997년 일본 재무성이 주창한 아시아통화기금 창설 제안이 미국과 국제통화기금의 반대로 무산된 것도 미국의 영향력 때문이었다. 그러나 미국은 ASEAN+3 정상회의 프로세스에는 적극적인 반대 입장을 보이지 않았다. 일본이 ASEAN+1에 주력하던 입장에서 ASEAN+3 정상회의에 적극적인 태도를 보인 것은 이러한 미국의 태도를 읽었기 때문이다.[8] 미국으로서는 아시아인을 위한 아시아를 주창하던 마하티르 총리 때와 여러 면에서 바뀐 상황적 측면을 고려하지 않을 수 없었다. 미국은 1997년 아시아 지역에서 발생한 금융 위기에도 적극적인 구원에 나서지 않았다. ASEAN+3개국들이 자구책으로 창마이 협정을 탄생시킨 것은 전술한 것과 같다. 그 후 미국은 동아시아 정상회의에 참여하는 형식으로 아시아 지역 문제에 대한 관심을 놓지 않고 있지만 동아시아 내지는 동북아에서 나타나고 있는 지역 협력 강화 현상에 대해서는 과거와 같이 적극적인 관여를 하지 않고 있다.

8_Takashi Terada, *The Birth and Growth of ASEAN+3*, pp. 228-229.

2) 주요 이니셔티브 및 외교 전략

한중일 3국 정상들의 최초의 회합이 이루어지기까지에는 한국의 김대중 대통령 그리고 일본의 오부치 게이조 총리 등의 중요한 외교적 비전과 이니셔티브가 있었다. 비슷한 시기에 집권한 한국의 김대중 대통령(1998년 3월 ~ 2003년 2월)과 일본의 오부치 게이조 총리(1998년 7월 ~ 2000년 4월)는 모두 아시아 지역 협력 문제에 대한 비전과 의지를 가진 지도자들이었다. 특히 김대중 대통령은 아시아 지역 협력과 관련 나름의 큰 구상과 비전을 가지고 있었고 이러한 구상을 동아시아 비전그룹(EAVG: East Asian Vision Group) 설치를 통해 실현하고자 했다. 그는 특히 1965년 한중일 국교 정상화 다음으로 보다 높은 차원의 한일 화해의 길의 첫 걸음이라고 할 수 있는 1998년 10월 8일의 한일 공동선언을 오부치 총리와 함께 만들어 냈다. '21세기를 향한 새로운 한일 파트너십'으로 발표된 공동선언은 한일 간의 과거 역사 문제를 극복하고 새로운 미래를 다짐하는 11개 항의 내용을 담고 있다. 한일 정상은 "1965년 국교 정상화 이래 구축되어 온 양국 간의 긴밀한 우호협력 관계를 보다 높은 차원으로 발전시켜 21세기의 새로운 한일 파트너십을 구축한다는 공통의 결의를 선언"하고, 오부치 총리는 "금세기의 한일 양국 관계를 회고하고 과거 한 시기 식민 지배로 한국 국민에 다대한 손해와 고통을 안겼다는 역사적 사실을 받아들이고 이에 대해 통절한 반성과 마음으로부터의 사죄"를 밝혔다. 김대중 대통령은 "오부치 총리의 역사 인식 표명을 진지하게 받아들이고 이를 평가함과 동시에 양국이 과거의 불행한 역사를 뛰어 넘어 화해와 선린 우호협력에 입각한 미래지향적 관계를 발전시키기 위해 상호 노력하는 것이 시대의 요청"임을 표명했다."[9] 공동선언은 5개항의 행동계획을 부속서로 첨부하고 있다. 과거 역사 극복

문제는 한일 정치인들에게 모두 매우 민감한 문제임을 감안할 때 김대중 대통령과 오부치 총리는 이러한 어려운 문제를 정면으로 다루고 이를 상당한 분량의 정치적 문서로 남긴 비전과 용기를 지닌 지도자들이었다.

(1) 김대중 대통령의 동아시아 비전그룹 제안

아시아 금융 위기의 와중인 1998년 집권한 한국의 김대중 대통령은 동아시아 통합에 대한 비전과 역사의식을 가진 정치지도자였다. 특히 한중일 세 나라 간의 협력 증진에 큰 관심을 가지고 있었다. 오랜 야당 지도자로서의 경력을 배경으로 그동안의 전임 정부들이 아시아보다는 미국과의 관계 강화에 주력했던 것에 비하면 훨씬 리버럴한 정책 마인드를 가지고 있었다. 대북 정책에서도 포용 정책을 추진, 사상 처음으로 남북 정상회담을 성사시켰고 이를 통해 노벨 평화상을 수상하기도 했다. 일본과의 역사 문제에 대해서도 매우 전향적인 입장이어서 일본과의 과거 역사 문제를 넘어서는 미래지향적인 한일 관계를 추구했다. 이를 배경으로 1998년 10월 도쿄에서 개최된 오부치 총리와의 한일 정상회담에서 '21세기 새로운 한일 파트너십 공동선언'을 채택했다.

김대중 대통령은 1998년 11월 베트남 수도 하노이에서 개최된 ASEAN+3 정상회의 참석 시 향후 ASEAN+3 회의의 발전 방향과 포괄적인 지역 협력 증진 방안을 논의하기 위한 민간 주도의 동아시아 비전그룹(EAVG) 창설을 제의, 합의를 이끌어 냈다.[10] 아시아 금융 위기에 대한 미국과 IMF의

9_외교부, 『2012 일본 개황』(서울: 외교부, 2012), pp. 210-211.
10_외교부, 『2013 한일중 협력 개황』(서울: 외교부, 2013).

냉정한 대응 속에서 아시아 국가들이 자구책을 찾아나서야 할 때였다. 또한 EU 와 NAFTA가 지역 협력을 강화해 나가고 아프리카 국가들도 아프리카 연합(AU: African Union)을 출범시킨 상황에서였다. 타이밍 면에서도 아주 적절한 시점이었다. 그는 1997년 동아시아 외환 위기로 이 지역의 여러 국가들이 엄청난 피해를 입었음에도 불구하고, 동아시아에 지역경제 협력기구 부재로 효과적인 공동 대처가 어려웠다고 강조했다. 동아시아 비전그룹은 한중일 3국을 포함한 동아시아 13개국에서 각 2명씩 민간 인사 26명으로 구성되었다. 한국의 한승주 전 외교장관이 대표를 맡았으며 사무국 기능도 한국의 대외경제정책연구원(KIEP: Korea Institute for International Economic Policy)이 맡았다. 첫 회의는 1999년 10월 서울에서 열렸다. 비전그룹의 주요 목표는 역내 무역과 투자 증진, 산업 및 자원 분야에서의 협력 강화 등이었다.

동아시아 비전그룹은 출범 후 2001년 5월까지 다섯 차례의 회합을 가진 후 협력의 기본 방향과 6개 분야에서의 중장기 협력 비전을 담은 보고서를 만들었다. 6개 분야는 경제, 재정, 정치 및 안보, 환경과 에너지, 사회문화 교육, 그리고 제도에 관한 것이었다. 정치 안보 측면에서는 역내 분쟁 예방과 평화 증진, 경제적 측면에서는 무역 투자 금융 분야의 안정 도모, 사회적 측면에서는 인적 개발과 인간 안보 증진 등을 내용으로 한 것이었다. 특히 이 보고서는 ASEAN+3 정상회의를 동아시아 정상회의(EAS: East Asia Summit)로 확대 발전시키고 동아시아 포럼을 창설하는 등의 내용이 포함되어 있다. 동아시아 공동체(EAC: East Asia Community) 설립의 비전이라고 할 수 있다. 그리고 경제적 측면에서는 동아시아 자유무역지대(East Asia Free Trade Area) 형성 필요성을 강조하고 있고 또 동아시아 통화기금과 같은 지역금융기구 설립을 위한 금융 통화 분야의 비전을 제시하고 있다. 이 보고서는 브루나이에서 개최된 2001년 11월 ASEAN+3 정상회의에 제출되어 채택되었다. 전체적으로 이 보고서가 제시한 동아시아 협력의 비전은 역내 국가들 간 동아시아 공동체를 형성하는 것이었다고 할 수 있다. 이 보고서는 정치·경제·통상·문화 등 동아시아 지역 협력과 관련한 모든 의제들이 제기되어 검토되었다는 데 의의가 크다. 또한 동아시아 자유무역지대 창설과 지역 금융협력기구 설치 추진과 같은 당시로서는 매우 혁신적인 아이디어들이 논의되었다는 것은 이 지역의 지역 협력 비전을 한 단계 끌어올린 계기를 만들었다.

동아시아 비전그룹을 계승한 것이 동아시아 연구그룹(EASG: East Asian Study Group)이다. 동아시아 연구그룹은 동아시아 비전그룹 보고서를 토대로 동아시아 공동체 구현을 위한 구체적 행동계획을 작성했으며 이 보고서는 2002년 11월 캄보디아 프놈펜에서 개최된 제6차 ASEAN+3 정상회의에서 채택되었다. 동아시아 연구 그룹의 구체적 행동계획은 17개의 단기적 과제와 9개의 중장기적 과제들로 되어있다. 두 보고서는 동아시아 지역 협력의 청사진과 행동계획을 마련한 데 큰 의의가 있으며 2005년 동아시아 정상회의 쿠알라룸푸르 개최의 기반이 되었다.

김대중 대통령이 주도한 동아시아 비전그룹 구상, 특히 동아시아 정상회의 개최 구상에 대해 전통적으로 ASEAN의 리더를 자처해 온 인도네시아, 싱가포르 등은 ASEAN의 역내 주도적 지위가 한중일의 참여로 흔들리지 않을까 하는 우려로 유보적 입장이었다. 그러나 이 제의는 그 후 동아시아 정상회의에 미국, 호주, 뉴질랜드 등 기타 국가들도 참여하는 형식으로 확대되면서 결국 실현되었다. 김대중 대통령의 동아시아 관련 비전이 결국 이 지역의 지역 협력 강화 확대의 큰 모멘텀을 만든 것이다.

(2) 오부치 총리의 동아시아 구상

1997년의 아시아 통화 위기와 1998년 8월의 북한 미사일 발사 사태, 그리고 인도 파키스탄에 의한 핵 실험은 일본으로 하여금 일본의 아시아에서의 역할과 비전을 생각하게 하는 계기를 만들었다. 오부치 총리는 1998년 7월에 총리로 취임하기 전, 외무장관 시대 때부터 아시아 태평양 지역의 평화와 번영을 일본의 중요한 외교 과제라고 주장하고 있었다. 1998년 5월에 싱가포르에서 한 연설에서는 글로벌화된 세계 경제에서 아시아를 경제성장 센터로 다시 한 번 부활시키기 위해 일본이 아시아의 평화와 번영을 실현해야 할 책임과 노력을 다해야 한다고 표명했다. 그때 오부치 외무장관은 아시아의 중장기적 과제로 평화의 달성, 번영의 확보, 지적 상호협력 등을 꼽아 동아시아의 전망을 제시하면서 동시에 일본이 아시아에서 할 수 있는 역할을 구체적으로 제시했다.

1998년 7월에 취임한 오부치 게이조 총리는 1998년 12월 베트남 하노이 방문 시 '아시아의 밝은 미래의 창조를 향해' 제하의 연설에서 싱가포르 연설을 더 구체화시켜 아시아 협력에 대한 비전을 제시했다. 오부치 총리는 "21세기 아시아의 비전으로 아시아적 가치(근면, 인내, 착실함, 동정심)를 살리고 협력하면서 인간의 존엄에 입각한 평화와 번영의 세기를 만들어야 한다"고 주장했다. 그는 비전 달성을 위한 기초로서 ASEAN을 본받은 동북아의 이니셔티브의 중요성을 강조했다. 이를 위해 한중일 3국의 대화 네트워크 구축 필요성을 제시했다. 그리고 동북아의 평화와 안정 확보를 위해 4자회담을 일본과 러시아를 포함한 6자회담으로 확장할 것을 주장했다.[11]

1998년 7월에 취임한 오부치 총리는 21세기에 일본이 가져야 할 비전을 정리하기 위해 일본 유명 인사들을 모아 '21세기 일본의 구상 간담회'를 설치했다. 이 간담회는 일본 사회가 직면한 여러 문제들을 5개의 분과위원회에서 검토하여 2000년 1월 오부치 총리에게 보고서를 제출했다. 보고서의 제목은 '일본의 프론티어는 일본 내에 있다'였다.[12] 간담회 제1분과 '세계에서 살아가는 일본'에서는 이오키베 마코토(五百旗頭眞) 고베대 교수를 비롯하여 기타오카 신이치(北岡伸一) 동경대 교수, 소에야 요시히데(添谷芳秀) 게이오대 교수 등이 참여하여 새로운 국제관계의 틀을 정리하여 일본의 국익과 국제적 역할을 재정의 하려고 했다. 1999년 7월에 마무리된 보고서는 일본이 앞으로 국민의 이익을 증진하면서 외국의 이익도 우회적으로 증진하는 중장기적, 간접적 접근을 도모하는 '개방된 국익'을 추구할 것을 제안했다. 그 맥락에서 동아시아의 공동 이익에 주목하며 지리적 역사적 대립을 완화시키는 것이 일본의 이익이라고 정의하고 동아시아 다국 간 협력 체제를 중층적으로 구축할 것을 권고했다.

한편 오부치 총리는 통화 위기로 큰 타격을 입은 아시아 지역경제를 지원하는 데 있어 일본의 역할을 조사하기 위해 일본 경제단체연합회 오쿠다 히로시(奧田碩) 회장을 단장으로 하는 '아시아 경제 재생 미션'을 설치하여 보고서를 내게 했다. 이 보고서는 아시아경제의 재생에 있어 서로가 파트너로서 공존하는 쌍방적인 관계를 구축해야 한다는 점을 강조하면서 협력 관계 유지를 위해 아시아 국가들 간의 지속적인 대화를 권고했다. 또한 일본은 아시아 지역의 사람, 물건, 돈의 흐름에 대해 아직 개방되어 있지 않다고 지적하며 아시아에 대한 '제3의 개국'을 권고했다.

11_오부치, "베트남 국제관계학원 연설"(1998년 12월 16일) 참조; http://www.mofa.go.jp/mofaj/press/enjetsu/10/eos-1216.html(검색일: 2013년 4월 16일).

12_田中明彦,『アジアのなかの日本("日本の現代")』(東京: NTT出版, 2007), pp. 259-262.

이 두 보고서는 오부치 총리의 외교 정책을 아시아 중시로 자리매김하게 한 것으로 보인다. 오부치 총리는 아시아 안정을 위해 대규모의 지원을 실시했고 미·중·한·러를 중심으로 다면적인 외교를 펼쳤다. 오부치 총리는 북한이라는 위기 요소에 대해 직접적으로 관여할 의지와 지역의 공동 이익이라는 관점에서 한중일 대화 강화를 주장했는데 기존에 있던 냉전적인 사고로는 할 수 없는 독자적인 외교라는 평가가 있었다. 이에 적극적으로 대응한 한국과 중국도 마찬가지일 것이다. 한중일 협력은 결국은 개방된 국익 증진이라는 수단의 일환이자 일본의 국제주의적 외교 태도의 표출로 이해할 수 있다.

오부치 총리는 아시아 통화 위기와 북한 미사일 발사 등 긴급한 외교 과제에 직면하여 일본의 외교 기본 정책을 미국의 아시아 관여로 뒷받침되는 아시아 태평양 지역의 안정과 번영으로 정의했다. 그리고 그 기본 정책을 실현하기 위한 수단으로 아시아 외교의 중요성을 인식하며 지역적 대화 네트워크 강화를 도모했다. 특히 한중일 협력과 6자회담의 제안은 동북아 지역의 신뢰를 조성하는 중요한 틀로 인식해서 총리 재임 기간 중 기회가 있을 때마다 한중 양국에 제안했다. 이와 같이 아시아 통화 위기와 북한의 미사일 발사 등은 일본으로 하여금 냉전 후의 국제관계와 지역적인 불안정을 어떻게 이해하고 대처해야 하는지를 고민하게 했다. 오부치 총리는 그 해답으로 21세기의 새로운 국제환경에 걸맞은 아시아의 평화(안보)와 번영(경제)이라는 비전을 내세우고 그 기초 작업으로 다국 간 협력체제의 중첩적인 구축을 도모했던 것이다. 이 노력은 같은 지역적 문제에 직면한 중국이나 한국의 지지를 받아 1999년 ASEAN+3 회의 시 한중일 정상 조찬회 개최까지 이르렀다. 여기서 이해할 수 있는 것은 아시아의 안정과 번영이라는 궁극적인 비전과 그 방법으로 협력 강화와 신뢰 조성의 중요성을 3국 정상들이 공유했다는 것이다. 그러므로 한중일 협력의 시작은 냉전 후의 국제환경에 대응하려 하는 3국의 비전과 정치적 리더십이 일치한 결과라고 할 수 있다.

(3) 장쩌민 체제의 개혁 개방 지원 외교

중국의 외교 전략은 1978년의 중국의 개혁 개방 정책 시동과 함께 큰 변화를 맞는다. 1978년 12월 개최된 중국공산당 제11차 중앙위원회 제3차 전체회의(11차 3중 전회)에서 당과 정부의 업무 중심을 경제 건설로 결정한 것이다. 이러한 정책 방침의 대 조정은 덩샤오핑(鄧小平)을 중심으로 한 당시 지도부의 국제정세에 대한 새로운 판단에 따른 것이었다. 이때 내려진 새로운 정세 판단은 4가지 분야에 대한 것이었다. 첫째는 세계정세가 전반적으로 화평발전의 방향으로 가고 있다는 판단이다. 둘째는 이데올로기가 아닌 국가 이익을 최우선에 두는 정세 판단이었다. 셋째는 당시 중국의 국내 발전을 사회주의 초급 단계 수준으로 본 것이다. 넷째는 사회주의 초급 단계에서의 중국의 기본 임무는 계급투쟁이 아닌 생산력의 발전에 두어야 한다는 것이었다. 이러한 정세 판단은 오랜 마오쩌뚱(毛澤東) 시대를 마감하고 새로운 개혁 개방의 시대를 여는 과정에서의 당과 국가 목표 정립의 기본 논리였다.[13]

이러한 정세 판단 속에서 11차 3중 전회 이래 당과 정부의 모든 업무의 중심은 경제 건설로 고착되었다. 국가 안전의 기본 전제하에 경제 건설이

13_秦亞青 外, 『國際體系與中國外交』(北京: 世界知識出版社, 2009), pp. 129-131.

모든 업무의 중심이 되면서 정부의 외교 업무도 이러한 당과 정부의 핵심 전략을 이행하는 차원에서 추진되어야 했다. 즉 외교도 경제 건설이라는 당과 정부의 핵심 목표에 이바지하는 것이 되어야 했다. 여기에서 국내 경제 건설에 유리한 국제환경을 조성해 나간다는 덩샤오핑 이래의 불변하는 중국 외교의 기본 기조와 목표가 정해진 것이다.[14] 즉 신 중국 성립 이래 일관되어 왔던 사회주의 혁명 성취를 위한 대외적 조건 형성이라는 외교 전략 기본 기조의 일대 전환이다. 덩샤오핑 외교의 유산을 물려받은 장쩌민 체제의 외교의 큰 흐름은 바로 이와 같이 중국의 개혁 개방의 큰 흐름을 지원하는 외교였다. '개혁 개방 지원 외교'라고 할 수 있는 것이다.[15]

위와 같은 개혁 개방 지원 외교의 큰 흐름에 맞추어 나타난 것이 장쩌민 체제 시절 천명된 신 안보관(新安全觀)이다. 처음으로 다자주의를 중국의 대외 정책의 새로운 중요 요소로 천명했다. 그 핵심 내용은 "서로 신뢰하고 서로의 이익을 도모하며 평등과 협력을 추구한다(互信, 互利, 平等, 協作)"는 것이다. 일방적이고 단방면적인 안보 개념에서 벗어나 상호 이익과 협력에 기반을 둔 공동 안보를 추구한다는 내용이다. 중국 정부는 신 안보관이 1954년 저우언라이 총리가 제기한 평화 공존 5원칙 즉 영토 보존과 주권, 상호 불가침, 내정 불간섭, 평등 및 상호 이익, 평화 공존을 시대적 상황에 맞게 변화 발전시킨 것이라고 설명했다. 즉 중국이 과거의 수동적 태도에서 벗어나 능동적으로 국제사회에 참여하고 적극적으로 역할을 하겠

14_*Ibid.*, pp. 127-144.

15_'개혁 개방 지원 외교'는 중국 정부가 공식적으로 사용한 용어는 아니고 저자가 임의로 쓴 말이다. 당시 뚜렷한 외교 슬로건이 등장하지 않았고 장쩌민 체제 외교의 기본 기조가 덩샤오핑이 주창한 중국의 개혁 개방을 지원하는 것이었음을 감안한 것이다.

다는 의지의 표현이다.

중국은 1993년 2월 네팔 카트만두에서 개최된 아시아 교류 및 신뢰 구축 회의(CICA)에서 중국 대표단 발언을 통해 최초로 신 안보관을 제기했다. 이후 1997년 3월 필리핀 개최 아세안지역 안보포럼(ARF) 회의에 이어 1999년 3월 장쩌민 주석이 직접 참석한 스위스 제네바 군축회의 그리고 2002년 9월 유엔 총회 등 국제무대에서 신 안보관을 적극 제창했다. 2002년 7월 아세안지역 안보포럼 외교장관 회의에서는 중국 측이 '중국의 신 안보관에 대한 입장 문건'을 제출하여 체계적으로 설명했다. 그 후 신 안보관은 2002년 11월 공산당 제16차 당 대회 정치 보고와 2002년 12월 국방백서를 통해 하나의 이론으로서 체계화되었다.

신 안보관이 외교 정책으로 구체화된 것은 1990년대 중반부터 본격화된 중국의 적극적인 다자외교 전개와 미국 주도의 동맹 체제를 대체할 새로운 기제로서의 지역 다자 안보기구의 설립이다. 2001년 상하이 협력기구(SCO)의 설립은 신 안보관을 지도 이념으로 설립한 다자 안보조직이라고 할 수 있다. 신 안보관 주장을 통해 중국은 국제사회에 지역 공동 안보의 주창자 선도자로서 자리매김해 나갈 수 있게 되었다. 장쩌민 체제의 신 안보관은 그 후 시진핑 시대의 아시아 신 안보관으로 연결되었다고 할 수 있다.

이러한 외교 전략의 기조 하에 장쩌민 시대 10여 년간 중국은 개혁 개방의 측면에서 큰 진전을 보았다. 2000년에 이르러 국민총생산(GNP) 이 이미 1조 달러에 이르렀다. 홍콩에 대한 주권을 회복했고 세계무역기구(WTO)에도 가입했고 2008년 베이징 올림픽의 개최권을 획득했다. 국제사회의 주류에 진입한 것이다.

장쩌민 시대 이래의 중국 외교의 전개를 이해하는 데 꼭 필요한 두 가지 개념이 덩샤오핑의 도광양회 유소작위 이론이다. 원래 중국 지도부는 정부의 기본 정책이나 전략을 집약적으로 표현하기 위해 사자성어를 활용하는 경우가 많았다. 이 두 사자성어는 80년대 말과 90년대 초 구소련 동구권 몰락과 천안문 사태로 인한 국내외적 위기 상황에서 덩샤오핑이 제시한 28자 외교 방침에 나오는 말이다. 도광양회(韜光養晦)는 "칼날의 빛을 칼집에 감추고 어둠 속에서 힘을 기른다"는 뜻이다. 재능을 감추고 실력을 기르며 때를 기다린다는 의미로 해석된다.[16]

국제적으로 영향력을 행사할 수 있는 경제력이나 국력이 길러질 때까지 대외적으로 나서지 않고 인내하면서 힘을 기른다는 외교 전략이다. 80~90년대를 거치면서 대외적으로 불필요한 마찰을 줄이고 대내적으로 경제 발전에 모든 것을 집중해야 했던 당시 중국의 상황을 잘 담아 낸 외교 전략이라고 할 수 있다. 개혁 개방과 현 대화 건설에 유리한 국제환경을 조성하는 데 주력하며 대외적인 영향력 행사와 국제 문제에 대한 적극 개입을 자제하는 전략이다. 실제 중국은 이 시기 1950년대 이래 불변의 대외정책 기조라고 할 수 있는 평화 공존과 내정 불간섭 원칙 등을 강조하며 어떠한 외교 현안에도 적극적으로 나서지 않았다.

유소작위(有所作爲)는 "할일은 한다"는 말이다. 도광양회가 국제 문제에 대해서 목소리를 내지 않거나 영향력이 없어야 한다는 것을 의미하지는 않으며 은인자중 하나 꼭 해야 할 때는 한다는 의미로 이해될 수 있을 것이다. 언뜻 도광양회와는 모순된 의미같이 보이기도 하나 기본적으로 도광양회

16_하버드대학교의 에즈라 보걸 교수가 저술한 덩샤오핑 평전에 의하면 1991년 8월 고르바초프에 대항한 소련 보수파의 쿠데타가 일어나자 왕전이 당 중앙에 전보를 보내 쿠데타를 지지해야 한다는 의견을 제시하자 덩샤오핑이 도광양회, 절부당두, 유소작위라고 대답했다고 한다. 굳이 다른 나라의 내부사정에 끼어들 필요가 없다는 의견이었다. 참조; 에즈라 보걸(Ezra F.Vogel), 심규호·유소영 공역, 『덩샤오핑 평전』(서울: 민음사, 2014), p. 923.

에 중점이 있고 유소작위는 이를 보완하는 표현이라고 보면 될 것이다. 도광양회와 유소작위는 덩샤오핑 시대에 나온 말이나 그 함의는 그 이후에도 계속되어 중국 외교가 나아가야 할 바를 나타내는 큰 외교 전략의 방향으로서 그 가치가 계속되고 있다.

중국 외교학원의 친야칭(秦亞靑) 교수는 덩샤오핑의 중국 발전 3단계론에 입각, 각각 도광양회와 유소작위의 단계별 실제 적용을 이론적으로 정리했다.[17] 그는 발전의 1단계인 1981~1990년까지의 온보(溫飽) 시기와 2단계인 1991~2000년까지의 시기, 즉 소강(小康) 상태에 도달한 시기에는 도광양회가 위주가 되고 유소작위는 보완하는 차원의 시기로 정리했다. 즉 이 시기에는 중국 외교가 전체적으로 내실 위주로 전개되고 대외 분쟁에 개입하지 않으며 패권을 추구하지 않고 대부분의 역량을 국내 경제 발전에 진력하는 단계로 설명했다. 그리고 적당한 수준에서의 유소작위를 실천하여 꼭 필요한 경우에는 국제 상황에 대한 자신의 입장을 밝힐 수도 있다고 분석했다. 그렇지만 중국의 국가 이익에 확실히 영향을 주는 사안이 아니라면 절대로 너무 깊게 관여하지 않아야 한다는 입장이다. 그는 발전의 제3단계, 즉 2000~2050년까지의 기간은 중국이 기본적으로 빈곤을 탈피하고 중등 발달국가 수준에 도달하여, 종합 국력과 국제사회에서의 영향력과 국제사회와의 상호 의존성이 상당 부분 높아진 시기로서 이때는 도광양회와 유소작위가 동등한 정도의 중요성을 가지고 실천되는 시기로 보았다. 즉 중국 외교가 도광양회의 기조를 견지하면서도 국제정세를 관주하면서 필요시 책임을 부담하고 국제사회의 번영과 안정을 위해 필요한 건설적 공헌

17_秦亞靑 外, 『國際體系與中國外交』, pp. 133-136.

을 해나가는 것이다. 그는 2050년 이후의 중국은 유소작위가 주가 되고 도광양회는 보완적 수준에서 작동하는 시기로 보았다.

도광양회와 유소작위는 근래에 들어서도 중국 내 관변학자들을 중심으로 그 함의와 현실적 적용 문제에 관해 논쟁이 유발되기도 했다. 중국의 정치적 경제적 급부상과 함께 도광양회 전략의 폐기와 국제사회에서의 적극적인 역할 필요성에 대한 주장이 나오고 있는 것이다. 대표적으로는 칭화대학의 국제문제연구소 소장인 옌쉐퉁(閻學通) 교수로 그는 『인터내셔널 헤럴드 트리뷴』지에 기고한 칼럼에서 중국은 도광양회를 폐기하고 강대국으로서 국제적 위상에 걸맞은 대담하고 적극적인 행동을 해야 한다고 주장했다. 그는 중국이 과거와 같은 강대국으로서의 위상을 다시 찾으려면 강대국답게 행동해야 한다고 말했다. 이에 대해 후진타오(胡錦濤) 주석의 대외 정책 브레인으로 알려진 베이징 대학의 왕지스(王緝思) 교수는 '중국의 국제적 위상과 도광양회·유소작위 전략 사상' 이라는 논문에서 도광양회 폐기 주장에 반박했다. 당시는 남중국해 센카쿠 등에서의 중국의 공세적 외교에 대한 중국 위협론이 비등하고 있는 속에서 적극적 공세적 외교 전략은 얻는 것보다 잃는 것이 많다는 주장이었다. 그는 중국이 아시아의 대국이긴 하나 경제 발전 정도, 과학기술, 소프트 파워 등의 면에서 선진국과 여전히 큰 격차가 있는 개발도상국으로 규정하고 대내외적으로 해결해야 할 과제가 산재해 있는 상황에서 적극적 공세적 외교보다는 도광양회·유소작위의 전략을 견지하는 것이 옳다는 주장을 폈다.[18]

18_"중국, 도광양해 새로운 해석," 『문화일보』(인터넷판), 2012년 12월 13일; http://www.munhwa.com/news/news-print.html?no=2012121301031432032002O(검색일: 2014년 2월 25일).

도광양회와 관련한 논란은 그 후에도 계속되고 있다. 외교학원 원장을 지낸 고위 외교관 출신인 우젠민 정협 외사위원회 부주임은 2012년 12월 13일 『인민일보』 해외판 칼럼에서 '세계 2위가 됐는데 아직도 도광양회를 해야 하나?'라는 제목의 칼럼을 통해 도광양회 폐기론에 대해 반박했다. 그는 도광양회가 몰래 숨어서 힘을 기르자는 것이 아니라 겸손하게 힘을 쓰자는 뜻이라고 해석했다. 그리고 할일은 한다는 유소작위는 도광양회와 하나의 개념으로 봐야 한다고 말했다. 그는 세계 2위가 됐는데 아직도 도광양회를 해야 하느냐는 주장이 있는데 이는 졸부의 방자한 태도라고 비난하면서 덩샤오핑의 도광양회와 유소작위의 외교 방침의 진정한 뜻은 겸손하게 자신이 할 수 있는 것을 하는 것이라고 분석했다.[19] 이러한 논쟁에도 불구하고 중국 외교 정책을 포괄하는 근본 개념으로서의 도광양회와 유소작위의 가치와 의의는 계속된다고 보아야 할 것이다.

3) 경과

한중일 3국 협력 초기 단계에서 3국의 제반 외교적 이니셔티브가 3국 협력 발전에 어떤 영향을 끼쳤는가를 보기 위해서는 이 시기를 전후한 3국의 외교 정책을 검토할 필요가 있다. 먼저 일본은 70년대에서 90년대를 거치면서 아시아의 경제 강국으로서 아시아 또는 세계적 차원의 여러 대외

19_"중국, 도광양해 새로운 해석," 『문화일보』(인터넷판), 2012년 12월 13일; http://www.munhwa.com/news/news-print.html?no=20121213010314320320020(검색일: 2014년 2월 25일).

정책을 발표했다. 일본은 다나카(田中 角栄) 내각(1972년 7월 ~ 1974년 11월) 당시 중일 국교 정상화를 이룬 뒤 후쿠다(福田康夫) 내각(1976년 12월 ~ 1978년 12월) 당시인 1978년 8월에는 중일 간에 평화우호조약을 체결한 바 있었다. 중일 평화우호조약의 주요 내용은 상호 불가침, 내정 불간섭, 평화공존 천명과 패권 반대, 제3국 대항 반대, 항구적 우호협력 증진 등을 내용으로 했다. 일본은 중국과의 관계 발전을 통해 자국의 국제정치적 입장을 강화하고 대중 경제 진출을 통한 국익 증진에 노력했고 중국도 개혁 개방 정책 추진에 있어서 일본의 자본과 기술 유치 필요성을 인식하여 대일 관계를 중시했다. 중일 국교 정상화를 이룬 일본은 이후 역대 내각들이 출범때마다 각각 나름의 새로운 외교 정책 구상을 제시했다. 오히라(大平 正芳) 내각(1978년 12월 ~ 1980년 7월)은 태평양 연안 국가 간의 협력 촉진 및 공동번영을 위한 '환태평양 연대 구상'을 제의했다. 스즈키(鈴木 善幸) 내각(1980년 7월 ~ 1982년 11월)은 1982년 6월 스즈키 총리의 '태평양 시대의 도래' 제하의 연설을 통해 태평양지역 국가 간의 협력 강화를 제의한 '태평양 연대 구상' 을 발표했다. 또 나카소네(中曽根 康弘) 내각(1982년 11월 ~ 1987년 11월)은 국제사회 내에서의 일본의 역할과 책임을 강조하는 '국제국가 일본' 외교를 표방했다.

이은 다케시다(竹下 登) 내각(1987년 11월 ~ 1989년 5월)은 '세계에 공헌하는 일본' 외교를 표방하면서 일미 관계를 축으로 한 아시아 중시 외교를 전개했고 가이후(海部 俊樹) 내각(1989년 9월 ~ 1991년 10월)도 아시아 중시 외교를 전개하면서 1989년 6월 천안문 사태에 따른 후유증을 극복해 나가면서 서방권의 대중국 관계 정상화를 선도했다. 미야자와(宮澤 喜一) 내각(1991년 10월 ~ 1993년 8월)은 국제정치적 역할 확대를 추구해 나가면서 새로운 국제질서 형성을 주도하기 위한 정치적 역할 강화를 모색했다. 이를 위해 유엔 안전보장이사회 상임이사국 진출을 추진했으며 유엔 안보리 진출 노력은 호소카와(細川) 연립내각(1993년 8월 ~ 1994년 6월)과 무라야마(村山) 연립내각(1994년 6월 ~ 1996년 1월)에서도 계속되었다. 그리고 하시모토(橋下) 연립내각(1996년 1월 ~ 1998년 7월)은 러시아 중국 중앙아시아 실크로드 지역 국가들에 대한 새로운 유라시아 외교 추진을 천명했다. 위와 같이 80년대와 90년대 일본의 역대 내각들은 세계 경제규모 2위의 경제력을 바탕으로 세계적 차원의 여러 외교 이니셔티브를 주도했다. 비록 일본 경제가 80년대 말 거품 붕괴를 기점으로 하향 곡선을 그리기 시작했지만 미국에 이은 세계 2위 경제 선진국으로서의 지위는 확고히 유지되고 있었다.

한편 한국의 역대 정부는 이 시기 동아시아 차원에서의 여러 협력 어젠다를 내놓기 시작했다. 노태우 대통령은 1988년 10월 유엔 연설을 통해 동북아 평화협의회(Consultative conference for peace in Northeast Asia) 창설을 제안했으나 미국, 중국의 미온적 반응 등으로 무산됐다. 이은 김영삼 정부 때는 1994년 5월 아세안지역 안보포럼(ARF) 고위급 회의(SOM)의 기회를 활용하여 동북아 안보 대화(Northeast Asia Security Dialogue) 설립을 제안한 바 있었다. 협의 의제로는 지역 정세, 경제 협력, 재난 구호, 환경 분야 협력 등이 제시되었다. 김대중 대통령은 재임 중 일본, 중국, 러시아 등과의 정상회담에서 동북아 다자 안보 대화의 필요성을 지속적으로 제기했으나 구체적인 결실을 맺는 데 실패했다. 이와 같이 1980년대와 1990년대를 통해 일본과 한국은 모두 아시아, 태평양, 동북아 등의 지역주의 개념을 내세우며 아시아와 관련한 정책 비전을 제시하고 있었다. 그러나 이러한 정책 비전 제시는 아직 초보적 단계로서 동북아 지역주의로 나타나기에는 미약한 상황이었다.

또한 중국은 이 시기 아직 다자적 관점에서의 대외 관계에는 매우 신중한 태도를 취하고 있었다. 중국은 1978년 개혁 개방 노선 천명 이래 양자주의에 입각 그간의 동아시아 국가들과의 대립관계를 청산하고 화해를 추진해 나갔다. 이후 1986년 들어 중국은 태평양 경제협력회의(PECC: Pacific Economic Cooperation Conference)에 가입하고 1991년에는 APEC에 가입함으로서 처음으로 아시아 태평양을 기초로 한 지역주의에 참가하기 시작했다. 당시 중국은 열린 지역주의를 주창하면서 정치 군사 문제를 제외한 경제 문화면을 중심으로 한 지역주의를 추구하고 있었다. 지역 외교에 대한 입장은 매우 신중하고 수동적이었으며 성급한 제도화나 공동의 정책 추구보다는 점진적 접근을 추구했다.

한중일 3국 협력체제의 초기 단계는 이와 같이 경제 중심의 지역화 단계로서 본격적인 지역 협력의 단계로 발전하기 위한 예비 단계의 성격을 띠고 있었다.

이와 같은 상황 하에서 1999년 ASEAN+3 차원의 한중일 정상 간 회합이 처음으로 실현되었다. 한국의 김대중 대통령과의 교감 하에 일본의 오부치 총리가 적극적으로 나섬으로서 성사된 것으로 보인다.[20] 이와 함께

20_후나바시 요이치(船橋洋一) 전 아사히신문 주필은 중앙일보 김현기 도쿄 특파원과의 인터뷰에서 아시아 경제 위기 이후 생겨난 ASEAN+3 정상회담의 연장선상에서 한중일 정상회담을 개최하는 아이디어는 매달 한 차례씩 개최되었던 오부치 총리 자문단 모임에서 나왔다고 말했다. 오부치 총리가 이 아이디어를 채택했으나 일본이 이를 제의하면 중국이 외면할지 모르고 해서 오부치 총리가 먼저 김대중 대통령에게 은밀히 의사를 타진했고 김 대통령이 장쩌민 주석에게 이야기를 건네 찬성의 뜻을 확인한 뒤 오부치 총리에게 전했다고 한다. 이를 받아 오부치 총리가 정식으로 3국 정상회의를 제의했다고 한다(참조; 김현기, "박근혜 시대 한국, 품위의 소프트 파워 기대," 『중앙일보』, 2013년 1월 9일). 한편 한국 측 인사의 설명은 약간의 차이가 있다. 한국의 유명환 전 외교장관은 2013년 11월 20일 연구자와의 면담 시 한중일이 ASEAN+3 정상회의에 참석하는 기회에 3국 정상회의를 개최하자는 아이디어는 김대중 대통령의 아이디어였다고 말했다. 한국 측은 이 문제를 중국 일본 측에 주도적

1998년 10월 정상회의에서 '21세기 새로운 한일 파트너십 공동선언'을 채택한 바와 같이 김대중 대통령과 오부치 총리가 여러 면에서 의기투합한 점도 기여했을 것이다. 어쨌든 한국과 일본 사이에는 한중일 3국 정상 회합을 추진하는 과정에서 여러 채널을 통한 사전 교감이 있었던 것으로 보인다.[21] 한국과의 사전 교감 후 1998년 말 하노이 ASEAN+3 정상회의에 참석한 오부치 총리는 한국과 중국 정상들에게 3국이 따로 만날 것을 제의했으나 김대중 대통령은 동의한 반면 주룽지 총리는 동의하지 않아 만남이 성사되지 않았다. 최초의 한중일 3국 정상의 만남은 중국의 동의하에 1999년 11월 28일 필리핀 마닐라에서 개최된 ASEAN+3 정상회의 시 비공식 조찬 형식으로 처음 개최되었다.[22] 당초 일본 측의 제의에 대해 중국 측은 부정적 반응을 보였으나 조찬 회담 직전 중국 측에서 동의한다는 연락이 왔다.[23] 1시간 가까이 계속된 조찬 모임에서 3국 정상은 정치적 이슈가 아

으로 제의했고 일본은 당초 한국 측이 주도적으로 나서는 것에 대해 유보적 입장이었으나 첫 모임을 일본 측이 주최하는 형식으로 대응했다고 말했다.

21_한국의 김종필 총리는 1998년 11월 일본 가고시마에서 열린 한일 각료간담회에서 자신이 오부치 총리에게 1998년 12월 베트남 하노이에서 개최될 ASEAN+3 정상회의 참석 기회에 한중일 3국정상이 따로 만날 것을 제의했다고 한국 언론인들에게 설명했다. 참조; "시시각각,"『朝日新聞』, 1998년 11월 30일.

22_한중일 3국정상의 별도 만남을 제의할 당시 일본 측은 미국의 반대가능성을 우려했다고 한다. 미국은 과거에도 미국이 참여하지 않는 아시아 국가들만의 만남(Asia-only forums)에 반대한 사례가 있었기 때문이다. 이에 따라 일본 측은 ASEAN+3 정상회의 참여 기회에 한중일 3국 정상이 자연스럽게 회합하는 것을 생각했다고 한다. 그리고 미국 측에도 3국 정상의 회합을 사전에 통보했다. 참조; Iida Keisuke, *Trilateral dialogue in Northeast Asia*, p. 6; T.J. Pempel, *Economy-Security Nexus in Northeast Asia* (New York: Routledge, 2013).

23_후 잉(Fu Ying) 전 중국 외교부 부부장은 2013년 12월 17일 저자와의 면담 시 필리핀 세부에서의 한중일 정상들의 첫 조찬모임은 매우 갑작스럽게 성사되었다고 말했다. 조찬 모임

닌 경제 이슈를 중심으로 의견을 교환했다. 3국 공통의 문화, 역사, 전통 같은 화제에서부터 세계무역기구(WTO: World Trade Organization)를 중심으로 한 경제 문제 그리고 금후 3국이 아시아와 세계의 안정과 번영을 위해 무엇을 할 수 있을 것인가에 이르기까지 다양한 주제를 가지고 의견 교환이 이루어졌다. 특히 중심 의제였던 경제 문제와 관련해서는 주룽지 총리가 WTO 가맹과 관련한 중미 간의 교섭 타결 경위에 대해 설명했고 WTO 가맹 효과에 대한 공동 연구 등 3국 간 협력에 관한 의견 교환이 있었다. 또한 3국 내의 경제 상황에 대한 의견 교환도 있었다. 이 자리에서 오부치 총리와 김대중 대통령은 각각 주룽지 총리의 방일과 방한을 요청했고 이에 대해 주룽지 총리는 방문 희망을 적극적으로 표시했다.[24] 중국이 민감하게 생각했던 한반도 정세나 대만 문제 등에 대해서는 한 마디도 언급되지 않았으며 주룽지 총리의 전문 분야라고 할 수 있는 경제 문제 토의에 집중했다. 오부치 총리는 금후 3국 정상의 만남을 정례화해 나갈 것을 제의했으나 김대중 대통령은 이에 동의한 반면 주룽지 총리는 대답을 하지 않았다.[25] 중국 측은 조찬 모임이 공식 정상회의가 아니며 단순한 조찬이라고 강조했다.[26] 마닐라 조찬 모임 종료 시 한중일 3국은 2000년 싱가포르

하루 이틀 전 주룽지(朱鎔基) 총리가 수행원들에게 한국과 일본 정상들을 각각 따로 일정을 잡아 만나는 것은 번거롭고 시간잡기도 쉽지 않을 테니 3자가 조찬 때 같이 보는 것도 좋겠다면서 한국과 일본 측에 연락하라고 해서 갑자기 한국과 일본 측에 연락했다고 말했다. 이러한 증언으로 보아 일본 측의 이니셔티브에 중국 측이 현지에서 마지막 순간 동의함으로서 3자 조찬 모임이 성사되었던 것으로 보인다.

24_일본 외무성, "오부치 총리의 ASEAN+3 수뇌회의 등 출석" 참조; http://www.mofa.go.jp/mofaj/kaidan/kiroku/s_obuchi/arc_99/asean99/3shuno.html(검색일: 2014년 4월 4일).

25_『時事通信』, 1999년 11월 29일.

26_한중일 첫 정상모임의 형식이나 분위기와 관련해서는 당시 상황을 보도한 1999년 11월 29

ASEAN+3 정상회의 시 다시 별도로 만나기로 합의했다.

필리핀 마닐라에서의 최초 회합에 이어 3국 정상은 2000년 11월 싱가포르 개최 ASEAN+3 정상회의에서 다시 만났다. 첫 모임과 마찬가지로 조찬 모임 형식으로 개최되었으며 1시간 20분 정도 소요되었다. 이때 일본 측에서는 오부치 총리가 뇌출혈로 갑자기 사망함에 따라 후임 총리인 모리(森 喜朗) 총리가 참가했다. 당시 중국은 3국 정상회의 개최에 좀 더 전향적이 되었으며 정치적으로 민감한 문제를 협의하는 것에도 좀 더 적극적이었다. 중국은 정상회의 개최 전 한국과 일본 측에 북한 문제나 동북아 문제가 어젠다로 나올 경우 중국은 적극적으로 토의할 준비가 되어 있다고 사전에 통보했다. 이와 같이 한중일 3국 정상모임은 당초 이 모임에 다소 소극적이었던 중국이 입장을 바꾸어 전향적으로 나오게 됨에 따라 모임이 진화하게 되었다. 의제도 경제 문제뿐만 아니라 북한 문제와 같은 정치적 이슈도 다루게 되었다. 다만 싱가포르 정상회의에서도 정치적 이슈는 토의되지 않았다.[27]

1시간 20분 정도 걸린 싱가포르 3국 정상회의에서 3국 정상은 ASEAN+3 계기 3국 정상회담을 정례화하기로 합의했다. 김대중 대통령의 정례화

일자 중국『신문망』보도를 통해 잘 알 수 있다. 동 보도는 '한중일 지도자들 조찬모임 참석' 제하 기사에서 주룽지총리는 오부치 총리가 제의한 조찬회형식 모임에 대해 평하면서 '이번 모임은 따로 주인이 있는 것도 아니고 미리 의제를 정한 것도 없는 완전히 자유스런 교류로서 전에는 서로 시간을 잡아 예방을 했지만 이제는 그런 수고도 필요 없어졌다'고 말하고 '식사를 하면서 의견교환도 하니 시간도 반은 절약했다'고 만족감을 표시했다고 보도했다. 첫 회합이 조찬회 형식으로 아주 자유스런 분위기 속에서 시작되었음을 알 수 있다. 참조; "한중일 지도자들 조찬모임 참석,"『新聞網』(인터넷판), 1999년 11월 29일: http://www.chinanews.com(검색일: 2014년 8월 19일).

27_『讀賣新聞』, 2000년 11월 25일.

제안에 주룽지 총리도 동의한 것이다. 마닐라에서 조찬 모임 형식으로 처음 시작된 한중일 3국 간 회합이 이듬해 싱가포르 회담을 거치면서 회담의 정례화를 이룬 것이다. 싱가포르 조찬 모임은 한국의 김대중 대통령이 초대하는 형식이었는데 이 모임에서 차기 조찬 회담은 일본이 초대하는 것으로 합의되었다. 자연스럽게 모임을 3국이 돌아가면서 주최하는 형식이 만들어졌다.[28]

이후 한중일 정상회의는 연례적으로 개최되어 2001년 11월에는 브루나이에서 김대중 대통령, 주룽지 총리, 고이즈미(小泉純一郎) 총리 참석 하에 1시간 20분여 조찬 형식으로 개최되었다. 2001년 4월 집권한 고이즈미 총리는 3국 회합에 대해 더욱 적극적으로 나왔으며 차기 회합부터는 조찬 형식이 아닌 좀 더 공식적인 형태로 회담을 운영할 것을 제의했다. 그리고 ASEAN+3 회의 참석 계기에 3국 외교장관들도 별도로 모임을 가질 것을 제의해 합의하는 성과가 있었다.[29] 또한 미국 내에서의 9·11 테러를 감안한 반테러 문제도 주요 의제로 다루어졌다. 3국 정상 협의 의제가 처음으로 경제, 문화, 인적 교류 등 소프트한 이슈를 넘어 정치적으로 민감한 어젠다까지 포함하는 발전이 이루어졌다. 그리고 3국 싱크탱크들의 제안에 따라 3국 경제통상장관 회의 및 재무장관 회의를 정례적으로 개최하기로 합의했다.[30]

2002년 11월에는 캄보디아 프놈펜에서 김대중 대통령을 대신하여 참

28_일본 외무성, "일중한 수뇌회합의 개요" 참조; http://www.mofa.go.jp/mofaj/kaidan/kiroku/s_mori/arc_00/asean00/gaiyo_3.html(검색일: 2014년 4월 4일).

29_『讀賣新聞』, 2001년 11월 4일.

30_일본 외무성, "일중한 수뇌회합의 개요" 참조; http://www.mofa.go.jp/mofaj/kaidan/s_koi/asean2001/jck_g.html(검색일:2014년 4월 4일)

석한 김석수 국무총리 그리고 주룽지 총리, 고이즈미 총리 간에 3국 정상회의가 개최되었다. 이 회의의 중요성은 3국이 정상회의의 공식화에 합의한 것이다. 비공식 조찬 모임에서 좀 더 공식적인 형태로 회의를 개최할 것을 제안한 것은 중국 측이었다. 이 시기는 소위 켈리(James Kelly) 미 국무차관보의 북한 방문 이후 발생한 소위 제2차 북핵 위기 직후로서 중국은 3국 정상모임을 북한 문제를 토의하는 채널로서 활용하려고 했던 것 같다.[31] 이때를 기점으로 3국 정상회의가 공식화되었다고 할 수 있다. 즉 그동안의 3차례 정상모임은 조찬 회동 형식으로 개최되었으나 이때부터 공식 회담 형식으로 격이 높아진 것이다. 또한 한중일 3국은 처음으로 안보 문제에 관해 깊이 있는 의견 교환의 기회를 가졌다. 북한 문제가 협의된 것도 이때가 처음이었다.

2003년 10월에는 인도네시아 발리 개최 ASEAN+3 정상회의 기회를 활용, 3국 정상회의가 노무현 대통령, 원자바오(溫家寶) 총리, 고이즈미 총리 참석 하에 1시간여에 걸쳐 개최되었다. 한국에서는 참여정부가 새로 출범하여 노무현 대통령이 참석하였고, 중국에서도 새로운 리더십이 출범하여 원자바오 총리가 처음으로 3국 정상회의에 참석했다. 고이즈미 총리는 금번 정상회의가 한국과 중국에서 신정부가 출범한 후 첫 회의로서 한중일 협력의 엔진으로서 지역 협력의 폭을 더욱 확대해야 한다고 말했다. 원자바오 총리는 중국의 신지도부는 한중일 협력을 지지하며 3국 협력이 동아시아 지역의 안정을 위해 매우 중요하다는 입장임을 밝혔다. 고이즈미 총리는 이 지역이 불안정 요인도 있지만 잠재력이 큰 지역이므로 협력을 긴

31_『朝日新聞』, 2002년 11월 5일.

밀히 해나가는 게 중요하다고 지적했다.

이 회의에서 3국 정상은 처음으로 '한중일 협력에 관한 공동선언'을 채택했다. 한중일 협력의 목적, 비전, 원칙, 협력 메커니즘, 협력 분야 등을 포괄적으로 대외적으로 천명했다는 점에서 ASEAN 창설을 선언한 1967년의 방콕 선언에 비교할 만한 중요한 선언이었다. 중국의 이니셔티브에 의한 것이었다. 동북아 지역 정세 안정에 한국과 일본을 끌어 들이려는 동기가 있었던 것으로 보인다.[32] 또 공동선언 후속조치를 위한 3자 위원회 설치에 합의했다. 한중일 3국이 정상 간 공동선언문을 채택한 것은 역사상 처음 있는 일로서 3국 협력의 제도화에도 중요한 이정표가 된 정상회의였다고 할 수 있다.[33] 공동선언문은 무역 및 투자 협력 등 14개 분야에서의 협력의 확대 및 심화 필요성을 강조하면서 안보 대화 강화 및 국방 또는 군인사 간 교류 협력 촉진 문제도 주요 분야의 하나로 포함시켰다. 그 내용으로는 대량 살상 무기 및 운반 수단 확산 억제, 북한 핵 문제의 평화적 포괄적 해결 추구를 위한 협력도 언급되었다.

2004년 11월에는 라오스 비엔티엔에서 ASEAN+3 정상회의가 개최되었다. 이때도 노무현 대통령, 원자바오 총리, 고이즈미 총리 참석 하에 3국 정상회의가 개최되었다. 이때 노무현 대통령은 그동안 ASEAN+3 기회를 활용해서 개최해 왔던 3국 정상회의를 독립된 정상회의로 개최할 것을 제의했다.[34] 3국 중 중간자적 위치에 있었다고 할 수 있는 한국이 독립 정상

32_『每日新聞』, 2003년 10월 8일.

33_일본 외무성, "일중한 수뇌회합의 개요" 참조; http://www.mofa.gp.jp/mofa/area/ asean /jck/kaidan5_gai.html(검색일: 2014년 4월 4일)

34_『日本經濟新聞』, 2004년 11월 29일.

회의 개최 아이디어를 먼저 제시하는 등 적극적으로 나온 점은 3국 협력 발전에 대한 한국의 기여를 보여 주는 좋은 예였다. 아울러 노무현 대통령은 동북아 시대 구상의 일환으로 ASEAN+3가 중장기적으로 동아시아 공동체(EAC)로 발전해야 한다고 말하고 이러한 정치적 모멘텀을 발전시켜 나가기 위해서는 동아시아 정상회의(EAS) 개최를 추진해야 한다는 의견을 표명했다.[35]

2004년 비엔티엔 3국 정상회의 이후 3국 협력은 한동안 어려움을 겪게 된다. 고이즈미 총리의 계속된 야스쿠니 신사 방문 등 역사 인식 문제에 대해 한국과 중국이 3국 협의 메커니즘 차원에서 강력히 문제를 제기했기 때문이다.

4) 성과

1999년 11월 ASEAN+3 정상회의 참석 기회에 최초로 개최된 한중일 정상 회합은 2001년까지는 조찬을 겸한 비공식 회의 형태로 개최되었다. 회의는 중국, 한국, 일본 순서로 윤번으로 주최했다. 이때까지는 경제 협력, 문화, 인적 교류 등 비정치적 이슈와 ASEAN과의 협력 문제 등이 주로 논의되었다. 그러나 2002년 회의 때부터는 공식 회의 형태로 진행되었고 북한 핵 문제, 외교안보 문제 등도 논의되기 시작했다. 이후 한중일 정상회의는 후속조치 협의 등을 위해 외무 재무 통상장관 회의 등 각종 장관급 회의

35_청와대, "한중일 정상회담 결과 브리핑 자료" 참조; http://www.mofa.go.kr/webmodule/htsboard/template/read/korboardread.jsp/typeID(검색일: 2014년 5월 2일).

가 정례화되었고 고위급 회의(SOM) 등도 신설되었다.

(1) 제반 합의문 채택

① 한중일 3국 협력 증진에 관한 공동선언('발리 선언') 채택

2003년 10월 인도네시아 발리에서 개최된 3국 정상회의에서는 3국 역사상 최초로 3국 협력 증진에 관한 공동선언이 채택(2003년 10월 7일)되었다.[36] 노무현 대통령과 원자바오 총리, 고이즈미 총리가 각각 서명한 이 선언은 3국 간에 채택된 최초의 3국 협력에 관한 공동문서였다.

이 공동선언은 한중일 3국이 지리적 근접성, 경제적 상호 보완성, 경제협력 증대, 상호 인적 교류 증가로 상호 간 중요한 경제 무역 파트너로 발전했으며 지역 문제와 국제 문제에 있어서 서로 조정과 협력을 강화해 왔음을 밝히고 있다. 또 그간 정상 간 회합과 여러 분야의 장관급 회의 메커니즘이 가동되어 왔고 경제, 무역, 정보, 환경 보호, 인간 개발, 문화 등의 분야에서 매우 성과 있는 협력을 해왔다고 평가하면서 3국 간 협력 증진을 위한 견고한 기반이 마련되었다고 인식했다.

이와 함께 이 선언은 아시아와 세계의 중요 국가로서 3국은 지역의 평화와 안정 그리고 전 세계의 공동 발전을 위한 책무를 분담하고 있다고 밝히고 있다. 그리고 3국 협력은 개발을 증진하고 동아시아 협력을 강화하며 지역 및 글로벌 차원에서의 평화와 번영을 수호하는 것을 목적으로 하고 있다고 천명하고 있다.

36_"공동선언문" 참조; 외교부, 『2013 한일중 협력 개황』, pp. 144-153.

이러한 입장에서 3국 정상은 아래의 다섯 분야에서 기본적으로 견해를 같이하고 있다고 밝히고 있다. 첫째는 3국 협력은 유엔 헌장 등 보편적 국제 규범에 따라 추구한다는 것, 둘째, 상호 신뢰·존중·호혜를 바탕으로 포괄적 미래지향적 협력을 추구한다는 것이다. 셋째, 3국 간 경제계 학계 및 NGO의 역할 수행을 권장한 것이다. 넷째, 3국 협력이 동아시아 협력의 일부로서 아세안 통합 과정을 지원한다는 것이다. 다섯째, 3국 협력은 투명하고 개방적이며 비 배타적으로 추진한다는 것이다.

이 선언을 통해 3국은 무역, 투자, IT, 환경, 재해 방지, 에너지, 금융, 과학기술, 관광, 어족 자원, 인적 교류, 국제 문제, 아시아 지역 협력, 안보 대화, 초국가 범죄(전염병, 테러, 해적, 인신매매, 마약 거래, 돈세탁, 사이버 범죄) 등 14개 분야에서의 협력 강화에 합의했다.

이 선언은 특히 안보 대화 강화 및 국방 또는 군 인사 간 교류 협력 촉진 의지를 밝히는 등 경제 이외의 정치적 성격의 내용을 공동선언에 포함시킨 점이 돋보였다. 이 선언은 군축 대화 협력을 강화하고 대량 살상 무기 및 운반 수단 확산을 억제하며 북한 핵 문제의 평화적 포괄적 해결 추구와 한반도 비핵화를 위해 노력한다는 내용을 포함시키고 있다.

발리 선언[37]은 한중일 3국이 공동으로 발표한 지역 협력 선언으로서 ASEAN 창립을 선언한 1967년의 방콕 선언과 비견될 수 있는 선언이라고 할 수 있다. ASEAN+3 정상회의에서 ASEAN 이외의 축인 '+3(plus three)' 국가들이 비공식 정상모임을 가진 지 불과 4년 만에 별도의 지역 협력을

37_2003년 발리에서의 '3국 협력 증진에 관한 공동선언'이 ASEAN 발족을 선언한 1967년 '방콕 선언'과 유사점이 있는 점을 감안하여 이 선언을 편의상 '발리 선언'으로 부르기로 한다. 이 선언의 방콕 선언과의 유사점 및 차이점은 제4장에서 구체적으로 설명 한다.

대외적으로 공표한 것이다. 발리 선언은 1967년의 방콕 선언과 같이 협력의 목적, 협력의 기본 원칙, 협력 분야, 협력을 위한 협의 메커니즘 등을 밝히고 있다. 방콕 선언과의 차이점은 방콕 선언이 1항에서 ASEAN이라는 동남아 국가들의 지역 협력 모임을 창설한다고 선언한 반면, 발리 선언은 1항에서 한중일 3자 간 협력(tripartite cooperation) 증진을 위한 견고한 기반이 조성되었음을 인정한다고 한 것의 차이다. ASEAN과 같이 지역 협력체의 공식 명칭이 없고 모임의 이름이 '한중일 3자 협력'이라는 보통명사로 되어 있어 공식적인 지역 협력체로서의 정체성에 한계가 있다. 협력체의 이름에 연합(Association), 기구(Organization)나 공동체(Community)와 같은 공식적인 조직으로서의 성격을 결하고 있는 것이다. 그럼에도 불구하고 발리 선언은 한중일 3국 간 협력을 대외적으로 공식 천명하고 이와 관련한 구체적 방향과 내용을 방콕 선언 이상의 수준에서 밝혔다는 점에서 방콕 선언에 비교될 만한 지역 협력 선언이라고 할 수 있다. 그리고 스스로를 "전 세계와 아시아에서의 중요 국가(important countries)"로 규정하고 "3국이 지역의 평화와 안정 그리고 전 세계의 공동 발전을 위한 책무를 분담하고 있다"고 밝힌 점도 의미가 크다고 하겠다. 한중일 3국 간의 오랜 불화의 역사를 생각할 때 이러한 수준의 선언이 만들어져 대외적으로 공표되었다는 것은 3국 간 역사상 결코 가볍게 볼 수 없는 큰 성과라고 할 수 있다.

② 3국 협력에 관한 행동전략 채택(2004)

또한 이 시기 3국 협력의 중요한 발전은 2004년 라오스 비엔티엔에서 개최된 3자 위원회에서 '한중일 협력에 관한 행동전략'을 채택하고 이어 개최된 3국 정상회의에서 이를 승인한 것이다.[38] 3자 위원회는 반기문 한국 외교장관, 리자오싱(李肇星) 중국 외교부장, 노부타카 마찌무라(町村 信孝)

일본 외무대신이 각각 3국의 수석대표로 참석했다.

3국 대표들은 행동전략 전문에서 3국 간의 경제적 상호 의존관계가 전례 없는 수준까지 높아져 3국 간의 협력 강화를 위한 견고한 기반이 만들어졌다고 판단했다. 또한 급변하는 지역 및 국제 정세에 적절히 대응하기 위해 3국 협력의 양호한 모멘텀이 계속 유지되고 가속화되어야 한다는 데 인식을 공유했다. 이러한 배경 하에 3국 대표들은 3국 정상 공동선언에 기반, 미래의 3국 협력을 위한 가이드라인을 제공할 행동전략을 작성한다고 밝히고 있다.

행동전략은 경제 분야를 필두로 3국이 협력할 수 있는 14개 분야의 협력을 담고 있다. 14개 분야는 무역투자 분야, 정보통신 산업, 환경 보호, 재난 예방 및 관리, 에너지, 금융 협력, 과학기술, 관광, 수산자원 보존, 문화 및 인적 교류, 국제 문제, 아시아 지역 협력, 안보, 사회 및 초국가적 문제로 구성되어 있다. 특히 무역투자 분야는 다시 도하 개발 어젠다(DDA: Doha Development Agenda) 협상 진전, 세관, 운송, 품질 감독, 검사 검역, 지적재산권 보호, FTA, 항공, 직접 투자, 투자 환경 개선, 경제 마찰 해결 등 세부 분야로 나누어 협력 분야를 제시하고 있다. 또한 안보 분야는 3국 국방장관 브루나이 실무 방위당국 인사 간 상호 방문 증진을 제시하고 군축 및 비확산 분야와 6자회담에 대해서도 언급하고 있다.

행동전략은 3국의 실무진들이 3국이 협력하고 있거나 또 앞으로 협력할 필요성이 있는 경제, 안보 등 제반 분야를 망라해서 정리한 선언적 내용이라고 할 수 있다. 경제 분야가 주를 이루고 있으나 문화 및 인적 교류, 지

38_"한중일 협력에 관한 행동전략" 참조; 외교부, 『2013 한일중 협력 개황』, pp. 160-172.

역 협력, 국제 문제, 안보 문제, 북한 핵 문제 등 광범위한 문제를 포괄함으로서 3국 협력이 전 방위에 걸쳐 전개되어 나갈 것임을 선언한 것이다.

(2) 지역 협력의 진전

① 경제 문제를 중심으로 한 3국 협력의 강화

3국 정상회의의 주요 어젠다는 경제 문제가 초점이 되었다. 3국 정상회의 개최 자체가 아시아권의 금융 위기라는 경제 문제를 공동으로 논의할 필요성이 큰 계기가 된데다 3국 정상회의에 참여한 중국이 초기에는 안보 문제 등과 같은 정치적 사안을 다루는 데 대해 소극적이었기 때문이다. 이 시점은 중국이 아시아 지역 다자회의에 처음으로 참여하기 시작한 시점으로서 조심스러운 행보를 보일 때였다고 할 수 있다. 또 주룽지 총리 자신이 중국 정부 내에서 경제를 총괄하는 경제 전문가의 위치에 있었던 것도 한 원인이 될 수 있다고 하겠다.

1999년 11월 조찬회의 형식으로 만난 첫 회동에서 3국 정상들은 3국의 경제개혁 정책과 WTO 뉴라운드에서의 공동 대응 방안 모색, 동아시아 경제 협력, ASEAN+3 회의 시 논할 경제 협력 문제 등을 의제로 의견을 교환했다. 특히 3국 정상들은 3국 경제 협력 증진을 위한 공동 연구를 시행하기로 합의했다.

2000년 11월 싱가포르 회의에서는 3국 간 경제 협력 방안 공동 연구, 3국 간 문화 인적 교류 활성화, 동아시아 비전그룹 활동 지원, IT 및 환경 분야 협력, ASEAN+3 내의 한중일 협력 등이 의제였다. 이 회의에서는 2002년을 '한중일 국민 교류의 해'로 지정하는 성과가 있었다. 2002년에는 한국과 일본이 월드컵을 공동 개최하게 되어 있었고 또 중일 수교 30주년 한중 수교 10주년이 되는 해이기도 했다. 또 3국 정상들은 3국 정상회의를 ASEAN+3 개최에 맞춰 정례적으로 열기로 합의했다. 3국 경제 협력 공동 연구도 공식 출범했는데 한국의 대외경제정책연구원, 중국의 국가발전개혁위원회(NDRC: National Development and Reform Commission), 일본의 종합연구개발기구(NIRA: National Industrial Recovery Act)가 참여키로 결정됐다.

2001년 11월 브루나이에서 개최된 3국 정상회의에서는 3국 간 경협 공동 연구 평가 및 지속적 추진, 3국 경협을 위한 신규 사업 제안, 정보통신 분야 협력, 테러리즘 및 환경 협력 등 초국가적 문제, 3국 협력 추진방향 등이 의제였다. 특히 테러리즘 문제 등 정치 이슈가 최초로 주요 의제로 논의되었다. 브루나이 회의에서는 3국 정상회의가 궤도에 오른 상황을 반영, 정부 및 민간 차원의 협의 메커니즘이 많이 만들어졌다. 3국 외교장관 회의가 신설되고 3국 경제통상장관 회의 및 재무장관 회의 연례 개최에 합의했으며, 3국 경찰당국 간 협조체제 구축에 합의했다. 또한 민간 차원의 3국 비즈니스 포럼 창설에 합의했다.

2002년 11월 캄보디아 프놈펜에서 개최된 3국 정상회의에서는 3국 간 협력 현황 검토 및 전망, 3국의 국내 경제 현황, ASEAN과의 협력 방안, 여타 문제 등이 의제로 협의되었다. 여타 문제 의제 시에는 북한 핵 문제도 협의되었다. 3국 정상회의에서 북한 핵 문제가 협의된 것은 이때가 처음이었다고 할 수 있다. 이 회의에서 3국 정상회의의 공식화가 합의되었다. 또한 비즈니스 포럼의 성공적 개최를 통해 동북아 기업인 간 실질적 협력의 토대가 마련되었고 3국 연계 관광 방안 및 스포츠 교류 증진에 합의한 성과가 있었다. 또한 3국 경제 공동 연구 평가 및 향후 3국 간 투자 분야 협력 강화 필요성이 강조되었다.

2003년 10월 인도네시아 발리에서 개최된 3국 정상회의에서는 3국 간 번영을 위한 협력(경제 분야), 3국 간 평화를 위한 협력(안보 분야), ASEAN과의 협력 및 여타 사항, 3국 정상 공동선언문 채택 문제 등이 의제로 다루어졌다. 이 회의에서 '한중일 협력에 관한 3국 정상 공동선언'이 채택되었다. 그리고 공동선언 후속조치를 위한 3자 위원회 구성을 추진키로 합의했다.

이어 2004년 11월 라오스 비엔티엔에서 개최된 3국 정상회의에서는 3국 협력 실적보고서 및 행동전략 평가, 동아시아 지역 협력, 역내 및 세계 문제(북한 핵, 유엔 개혁) 등이 의제로 다루어졌다. 이 회의에서는 3국 협력 실적보고서 및 행동전략 채택이 승인되었고 역내 환율 안정을 위한 3국 협력 필요성에 합의했다. 또한 동아시아 공동체 추진을 위한 동아시아 정상회의 개최 필요성에 공감했다. 북핵 문제도 토의되었는데 6자회담의 조속한 재개를 위한 공동 노력 필요성에 인식 일치가 있었다.

② 3자 위원회 설치

이 기간 중 3국 협력 메커니즘에서 진전의 하나는 2003년 10월 채택된 '한중일 협력에 관한 3국 정상 공동선언'을 통해 3자 위원회(Three Party Committee)가 설치된 것이다. 3자 위원회(수석대표 : 3국 외교장관)는 3국 간의 기존의 협력 사업과 공동선언상에 제시된 제반 협력 사업을 연구 기획 조정 모니터하며 진전 사항에 관한 보고서를 연례 정상회의에 제출하도록 임무가 부여되었다. 3자 위원회 첫 회의는 2004년 6월 21일 중국 칭다오에서 개최되었다.

이후 3자 위원회는 2004년 11월 라오스 비엔티엔 회의, 2005년 5월 일본 교토 회의, 2007년 1월 필리핀 세부 회의, 2007년 11월 싱가포르 회의를 통해 3국 협력 실적보고서 평가 및 채택 등의 일을 처리하였으나 2007년 이래 3국 외교장관 회의가 3국 내 순환 개최되면서 3자 위원회 활동도 중단되었다.

(3) 북한 문제 토의

앞에서 서술한 바와 같이 한중일 3국 정상은 1999년 11월 28일 마닐라에서 개최된 첫 회동에서는 경제 문제 등 비정치적 이슈를 중심으로 의견을 교환했다. 최초의 회합인 데다 자칫 정치 문제를 의제로 토의할 경우 3국 간에 처음부터 의견 불일치 등이 노정될 수도 있기 때문이었을 것이다. 특히 북한이 한중일 3국 정상들의 회합에 민감하게 반응했다. 북한은 1999년 12월 10일 발표된 조선중앙통신사(KCNA: Korean Central News Agency) 보도를 통해 한국과 일본 당국이 마닐라에서의 3국 정상 회동을 한반도 문제를 다루는 모임으로 만들려는 기도를 했다고 비난하면서 한반도 문제가 장래에 3국 정상회의에서 논의되는 것은 한반도 문제 해결에 아무 도움이 되지 않을 뿐 아니라 오히려 문제를 복잡하게 할 뿐이라고 비난했다.[39] 그러나 이 문제는 중국 측이 2000년 11월 싱가포르 개최 3국 정상회의 전 북한 문제나 동북아 문제가 의제로 채택될 경우 중국이 적극적으로 토의에 나설 의사가 있다는 것을 밝힌 뒤 최소한 의제 문제에서의 제한은 없어진 셈이 되었다.

경제 이슈가 아닌 정치적 이슈가 의제로 본격적으로 다루어지기 시작한 것은 2001년 11월 브루나이 3국 정상회의 때부터라고 할 수 있다. 이때 테러리즘 및 환경 협력 등 초국가적 문제가 의제로 다루어졌다.

39_Iida Keisuke, "Trilateral Dialogue in Northeast Asia," in T.J.Pempel, ed., *Economy-Security Nexus in Northeast Asia* (New York: Routledge, 2013), p. 7.

2002년 11월의 캄보디아 프놈펜 회의에서 처음으로 여타 문제의 하나로 북한 핵 문제가 의제로 다루어졌다. 이때는 2002년 10월 3일 미 국무성 차관보인 제임스 켈리 특사의 방북과 농축 우라늄 사태와 관련이 있었다. 당시 평양을 방문한 켈리 특사 일행은 북한 당국이 1994년 미북 간 핵 관련 제네바 합의를 위반 비밀리에 농축 우라늄 기술을 통한 핵 개발을 시도하고 있다고 주장하면서 북한 당국자들과 논쟁을 벌였으며 이후 미국의 대북 중유 공급 중단 등 강경 조치로 북한 핵 문제가 악화일로를 걸은 바 있다. 프놈펜 회의에서는 이런 상황을 배경으로 한중일 3국 정상이 이 문제를 가지고 의견 교환을 한 것이다. 프놈펜 정상회의에서는 고이즈미 총리가 일북 간 국교 정상화 교섭 재개에 관해 설명했다. 또한 핵 및 미사일 문제를 포함한 북한 문제가 국제사회의 주요 관심 사항인 점을 감안하여 중국과 일본의 건설적인 관여에 대한 기대를 표명했다. 이에 대해 한국의 김석수 총리는 북한의 핵 개발은 동아시아 안정에 심각한 영향을 주는 중대한 문제인 만큼 투명성 있는 해결을 위한 국제협력이 필요하다고 말했다. 주룽지 총리는 평화적 협상에 의한 해결을 주장했다.[40]

2003년 10월의 인도네시아 발리 정상회의에서도 3국 간 평화를 위한 협력(안보 분야) 의제 하 북한 문제를 포함한 안보 문제가 광범위하게 협의되었다. 직전인 8월에 중국이 주도한 북핵 6자회담이 시작된 것과도 관련이 있다고 할 수 있다. 고이즈미 총리는 한반도의 비핵화는 불가결하며 북한의 핵 개발은 용인할 수 없다는 입장을 밝혔다. 그는 납치 문제를 포함한 한반도를 둘러싼 제반 문제의 포괄적 해결을 지향한다고 말했다. 금후에도

40_"일중한 수뇌회합의 개요(아시아 2002년 11월)" 참조; http://www.mofa.go.jp/mofaj/area/asean/jck/kaidan4_gai.html(검색일: 2014년 4월 4일).

일북 평양 선언에 의거, 핵과 미사일 문제를 시작으로 한 안전 보장 문제와 납치 문제 등을 해결하여 일북 관계의 정상화를 실현하겠다는 생각에 변함이 없다고 말했다. 그는 또 중국의 6자회담 개최 노력에 사의를 표하고 납치 문제 해결을 위한 한국과 중국의 이해와 협력을 요청했다. 원자바오 총리는 한반도의 항구적 안정이 중요하다고 말하고 중국도 비핵화 실현을 위해 노력하겠다고 말했다. 6자회담에 대해서도 컨센서스가 이루어지도록 기초 작업을 해나가겠다고 말했다. 노무현 대통령은 한반도의 평화와 번영을 위한 중국과 일본의 노력에 사의를 표하고 중국의 6자회담 개최 노력에도 감사의 뜻을 표시했다.[41] 발리 정상회의 후 채택된 공동선언문(2003년 10월 7일)에도 북한 문제는 14개 주요 협력 필요 사항 중의 하나로 발표되었다.

다시 북핵 문제가 주요 이슈로 논의된 것은 2004년 11월의 라오스 비엔티엔 회의에서였다. 북핵 문제 해결을 위한 6자회담은 2003년 8월 1차 회담을 시작으로 2차 회담(2004년 2월), 3차 회담(2004년 6월)이 진행되었으나 구체적인 합의를 이루지 못한 채 차기 회담 일정을 잡지 못한 상황에 있었다. 비엔티엔 3국 정상회의에서는 이러한 상황에 대한 의견 교환과 함께 6자회담의 조속한 재개를 위한 공동 노력 필요성에 인식을 같이했다. 특히 북핵 문제의 평화적 해결이 3국의 가장 중요한 안보 과제라는 점을 재확인함으로서 6자회담의 조속한 재개와 진전을 위한 협력을 강화하는 계기를 마련한 점에서 큰 의미가 있었다. 한중일 3국은 모두 6자회담의 당사국으로서 3국의 정상들이 이 문제를 직접 중요한 의제로서 다룬 것이다. 고이즈미 총리는 5월 방북 시 김정일 국방위원장에게 핵의 포기가 북한에게도 큰

41_"일중한 수뇌회합의 개요(아시아 2003년 10월)" 참조; http://www.mofa.go.jp/mofaj/area/asean/jck/kaidan5_gai.html(검색일: 2014년 4월 4일).

이익이 될 것임을 설득했다고 소개했다. 또한 납치 문제 해결과 관련하여 한국과 중국의 계속적인 협력을 요청했다. 노무현 대통령은 북핵 문제 해결을 위한 중국과 일본의 노력을 평가하고 6자회담의 조기 재개와 성공을 위해 계속 노력해 나가겠다고 말했다. 원자바오 총리는 한반도의 비핵화는 매우 중요하며 대화를 통해 평화적으로 해결되어야 한다고 말했다. 그는 6자회담에서 그동안 중요한 진전이 있었으나 아직 많은 어려움이 남아 있다고 말하고 계속 6자회담의 조기 재개를 위해 노력하겠다고 말했다.[42]

한편, 비엔티엔 3국 정상회의 개최 이틀 전에 개최된 3자 회의(한국 반기문 외교장관, 중국 리자오싱 외교부장, 일본 노부타카 마찌무라 외무대신 참석)에서도 북한 문제가 논의되었으며 이때 채택된 행동전략에서는 6자회담을 별도 항목으로 처리, 6자회담을 통한 북한 핵 문제의 평화적 해결을 위한 협력과 긴밀한 협의 증진, 그리고 6자회담에서 조기에 실질적 진전을 이룰 수 있도록 협력을 강화한다는 내용이 포함되었다.

5) 고이즈미 총리 시기의 3국 정상회담 연기

이와 같이 순조롭게 발전하던 3국 협력은 2005년 들어 한중일 3국이 영토 문제, 역사 문제, 고이즈미 총리의 야스쿠니 신사 참배 문제 등으로 크게 갈등을 보이면서 난항을 겪기 시작했다. 야스쿠니 신사는 일본의 전몰자들을 추모하는 대표적인 신사로서 특히 태평양 전쟁의 A급 전범 14인의 위

42 "일중한 수뇌회합의 개요(아시아 2004년 11월)" 참조; http://www.mofa.go.jp/mofaj/area/asean/jck/kaidan6_gai.html(검색일: 2014년 4월 4일).

패도 봉안되어 있는 일본 군국주의의 상징과 같은 곳이다. 당초 한일 관계는 1998년 3월 출범한 한국의 김대중 대통령이 미래지향적인 한일 관계를 천명하고 1998년 10월 김대중 대통령과 오부치 총리 간의 도쿄 정상회의에서 '21세기 새로운 한일 파트너십 공동선언'을 채택하면서 매우 우호적인 분위기가 지속되었다. 양측은 적어도 연 1회 정상회담을 하고 무엇보다 한국 내에서(영화, 음반, 게임, 방송 등) 일본 문화를 개방해 나가기로 합의했다.

그러나 2001년 고이즈미 정권이 출범한 이래 고이즈미 총리가 매년 야스쿠니 신사를 참배(2001년 8월, 2002년 4월, 2003년 1월, 2004년 1월, 2005년 10월) 하는 등 우익 보수적 경향이 지속되면서 양국 관계는 냉각되기 시작했다. 고이즈미 총리 이전에 야스쿠니 신사를 현직 총리가 참배한 것은 1985년 8월 15일 참배한 나카소네 야스히로 총리와 1996년 7월 참배한 하시모토 류타로 총리의 두 경우가 있었다. 그러나 두 총리 모두 한국과 중국 등 인근 국가들의 반발이 심하자 추가 참배를 단념했었다.

2005년 들어 본격화한 일본 우익들의 역사 교과서 개정 움직임도 한일 관계를 더욱 악화시키는 계기를 만들었다. 특히 2005년 들어 일본의 시마네 현 의회가 2월 22일을 다케시마(독도의 일본식 이름)의 날로 선포하자 한일 관계는 급냉각되었다. 2003년 3월 출범한 노무현 정부는 당초 전임 김대중 정부의 대일 정책을 물려받아 일본과의 미래지향적인 협력 정책을 계승했으나 시마네 현의 독도 관련 도발이 나타나자 일본을 강력히 비난하고 나섰다. 이와 같은 일본의 역사교과서 개정 움직임 그리고 고이즈미 총리의 야스쿠니 신사 참배에 이은 독도에 대한 일본 측의 도발 등 일련의 사태는 한국의 노무현 정부로 하여금 외교적 측면에서 강경한 대응에 나서게 만들었다. 노무현 정부는 당시 일본이 추구하고 있던 유엔 안보리 상임이사국 지위 획득 문제를 적극 저지하고 나섰을 뿐 아니라 한일 간 FTA 협상도 중단시켰다. 2005년 6월과 11월 두 차례에 걸쳐 한일 양국은 정상회의를 개최하고 역사 문제 야스쿠니 신사 참배 문제와 독도 문제를 의제로 협의했으나 회담은 아무런 성과를 내지 못한 채 끝났다.[43]

이 시점 중일 관계도 비슷한 상황이 전개되었다. 고이즈미 총리의 야스쿠니 신사 참배 문제와 일본 우익 정치인들의 과거사에 대한 도발적 발언 그리고 역사교과서 개정 움직임 등은 중국 국민들을 자극, 중국 내 반일 여론이 급격히 확산되기 시작했다. 급기야 2005년 4월 일본의 역사교과서 검정 발표와 관련 베이징 상하이 등에서 대규모 반일 시위와 일본 제품 불매 운동이 연이어 발생했다. 중국 정부도 일본의 유엔 상임이사국 지위 획득 기도를 강력히 반대하고 나섰다. 중일 간 역사 관련 분쟁은 센카쿠 열도 영유권 분쟁 등으로 확산되면서 중일 관계도 최악의 상황으로 발전했다. 중국은 2004년 10월 베트남 하노이에서 개최된 아시아유럽 정상회의 시 예정되었던 중일 간 양자 정상회의를 취소하였다.[44]

이러한 상황에서 2005년 5월 일본 교토에서 개최된 한중일 3국 외상회의에서 한국과 중국 측은 역사 문제를 중요한 이슈로 제기했다. 이에 대해 일본의 마찌무라 외상은 역사 문제는 양자 차원에서 다룰 것을 제의하면서 3국 차원에서 이 문제가 협의되는 것에 대해 반대했다.[45] 한국과 중국의 불만 표시에도 불구하고 일본의 고이즈미 총리는 2005년 10월 17일 다시 일본 군국주의의 상징이라고 할 수 있는 야스쿠니 신사를 참배했다. 2001년 집권 이래 연례적으로 해오던 야스쿠니 신사 참배를 한중 두 나라의 계

43_田中明, 『アジアのなかの日本("日本の現代")』(東京: NTT出版, 2007), pp. 304-306.
44_*Ibid*, pp. 300-318.
45_『日本經濟新聞』, 2005년 5월 8일.

속적인 불만 표시에도 불구하고 강행한 것이다. 중국 외교부는 이를 즉각 비판하고 나섰고 그해 10월 한국에서 개최된 APEC 정상회의에서의 후진타오 주석과 고이즈미 총리의 회담을 거절했다. 이어 12월 초 중국 외교부는 그해 12월 말레이시아 쿠알라룸푸르에서 개최될 ASEAN+3 정상회의 참석 기회에 개최키로 예정했던 한중일 3국 정상회의를 연기한다고 발표했다. 이러한 정상회의 연기 결정에서 한국과 중국은 공동보조를 취했다.[46]

이와 같이 2005년 12월 말레이시아 쿠알라룸푸르에서 ASEAN+3 정상회의가 개최되었으나 한중일 3국 간의 정상회의는 개최되지 못했다. 한중일 3국 외상회의도 개최되지 못했다. 또 통상 3자 회의 후 별도로 개최되었던 한일, 일중 간의 양자 정상회의도 개최되지 못했다. 3국 정상회의가 연례화된 이래 처음으로 정상회의가 개최되지 못하는 사태가 온 것이다. 일본의 고이즈미 정권 출범 이래 나타난 우익 보수화 경향과 정치인들의 민족주의 정서 이용, 중국 내 민족주의·애국주의 고조 등으로 3국 관계가 극히 악화된 것이 원인이었다. 이 시기 3국 정상회의가 개최되지 못함으로서 통상적으로 정상회의 개최를 통해 만들어지던 3국 정부 간 제반 정치·경제·문화 분야 협력에 관한 합의문서가 한 건도 채택되지 못했다. 2003년과 2004년에는 3국 협력 강화에 관한 중요한 합의가 연이어 나왔으나 2005년에는 3국 정부 간 협력에 관한 문서가 한 건도 나오지 못한 것이다. 한중일 3국 협력체제가 태동 단계에서 첫 시련을 맞았다.[47]

46_『讀賣新聞』, 2005년 12월 5일.

47_고이즈미 총리의 야스쿠니 신사 참배 문제와 관련한 중국 측의 대응과 반응에 관한 상세 사항은 탕지아션 전 중국 외교부장의 회고록 1장 '중일 관계의 험난한 역정' 참조; Tang Jiaxuan, *Heavy Snow & Gentle Breeze* (New York: HarperCollins, 2009), pp. 1-84.

그러나 특징적인 것은 이미 가동 중이던 여타 3국 간 경제 등 관련 장관급 회의는 예정대로 모두 개최된 것이다. 환경장관 회의, 재무장관 회의, 경제무역장관 회의, 인사담당 장관 회의 등이 그것이다. 또한 3국 간 민간 분야의 교류도 꾸준히 확대되었다. 3국 정부 간에 정치적 이슈를 중심으로 대립과 갈등이 이어져 정상회담, 외상회담이 개최되지 못했으나 3국은 여타 분야의 교류 협력의 문은 계속 열어둠으로서 파국은 피하려 한 것이다. 3국 협력을 계속 이어 나갈 필요성에 대한 공감대는 3국 모두가 가지고 있었다고 할 수 있다. 특히 3국 간의 무역량, 투자액 등은 꾸준히 확대되어 3국 간 상호 의존성이 계속 증대되었다. 바로 이 시기가 3국 간 경제적 상호 의존은 심화되어 가면서도 정치 분야의 지역 협력이 정체 현상을 겪는 소위 '동북아의 패러독스'가 극명히 나타난 시기였다.

특히 중일 간에 이러한 현상이 두드러졌다고 할 수 있다. 정치적 분쟁에도 불구하고 경제적으로는 상호 의존관계가 계속 심화되는 즉 '정냉경열(政冷經熱)' 양상이 나타나고 있었던 것이다. 표면적인 정치적 갈등에도 불구하고 경제관계는 계속 확대되는 현상, 즉 경제가 정치를 압도하는 현상이다. 중일 양국 간의 무역량은 2000년대 들어 큰 폭으로 계속 늘어나고 있었다. 중국의 대일 수출은 2001년 451억 달러, 2002년 485억 달러, 2003년 594억 달러, 2004년 735억 달러, 2005년 841억 달러, 2006년 918억 달러 규모로 계속 늘어났다. 대일 수입도 2001년 428억 달러, 2002년 535억 달러, 2003년 742억 달러, 2004년 942억 달러, 2005년 1,005억 달러로 늘어났다. 투자액도 마찬가지였다. 일본의 대중국 직접 투자는 2001년 15억 달러, 2002년 17억 달러, 2003년 31억 달러, 2004년 45억 달러, 2005년 66억 달러, 2006년 62억 달러 규모로 계속 증가했다. 2005년에 비해 2006년 약간의 조정이 있었으나 전반적인 투자 확대 추세는 계속되었다. 2001년 일본의 대중국 투자가 15억 달러 규모였던 것에 비교하면 불과 5년 새에 연간 투자액이 4배 이상으로 늘어난 것이다.[48]

이와 같이 소위 '정냉경열' 현상이 나타날 수 있었던 것은 양국 관계가 비록 정치적으로는 불편했지만 경제적으로는 서로 필요한 관계였다는 점이다. 중국으로서는 아직 경제적으로 일본보다 많이 열세인 상황에서 일본의 투자와 기술 확보가 매우 필요한 상황이었다. 고이즈미 총리의 야스쿠니 참배 등 역사 문제와 관련한 계속적인 도발은 중국 정부와 국민의 자존심을 건드렸지만 경제 발전이 최우선적인 중국 정부의 정책목표인 상황에서 일본으로부터 얻는 경제적 이득이 이러한 정치적 불편함을 감내하게 했다고 할 수 있다. 일본의 입장에서도 당시 중국은 일본 기업의 핵심적인 투자 대상이었다. 그리고 당시는 아직 GDP 등 전반적인 경제력이 중국을 많이 앞서고 있었다. 일본으로 봐서는 상대적으로 여유가 있었고 융통성을 발휘할 공간이 있었다. 이와 같이 양국 간에는 경제적 요인이 정치적 요인의 불편함을 감내하는 상황이 전개되고 있었다.

2. 발전기: 2008년 한중일 별도 정상회의 시작

위와 같이 한중일 3국은 2005년 정상회의를 개최하지 못하는 조정기간을 끝내고 2007년 1월 정상회의를 재가동했다. 고이즈미 총리의 8·15

48_Trilateral Cooperation Secretariat, T*he Trilateral Statistics* (Seoul: Trilateral Cooperation Secretariat, 2012).

야스쿠니 신사 참배가 가져왔던 3국 간의 파국적인 정치관계를 생각하면 1년여의 조정기를 거쳐 3국 협력체제가 재가동되었다는 것은 3국 협력체제의 회복력을 보여 주는 좋은 예다. 오히려 한중일 3국은 3국 협력체제를 한 단계 더 발전시키는 역량을 보여 주었다. 2008년 들어 ASEAN+3 참석 계기와는 별도의 독립된 정상회의를 개최하게 된 것이다. 3국 협력체제 발전에 큰 전기가 만들어졌다고 할 수 있다.

1) 배경

2005년 한중일 정상회의가 개최되지 못하는 어려운 상황을 겪고 난 뒤 3국 협력은 오히려 신속히 회복되고 빠른 속도로 발전하기 시작했다. 역사 문제 야스쿠니 신사 참배 등으로 우익 보수의 노선을 견지했던 고이즈미 정권의 퇴진이 큰 계기가 되었다. 고이즈미 총리는 집권 마지막 해인 2006년 8월 15일에는 자신의 총선 공약이었던 종전 기념일 8·15 참배를 단행하고 1개월 뒤 퇴진했다. 고이즈미 총리 퇴진 후 2006년 9월 새로 집권한 아베 총리는 집권하자마자 중국과 한국과의 관계 개선을 외교의 최우선 과제로 추진하기 시작했다. 당시 일본으로서는 한중과의 계속된 대립으로 인한 아시아 내 고립 상황을 타개하고 중국 내 경제적 이해관계가 큰 일본 재계의 대중 관계 개선 요구 등을 감안하지 않을 수 없었다. 아베 총리는 10월 방중 시 양측이 전략적 호혜관계 구축에 합의함으로서 양국 관계의 전환점을 마련했다. 중일 전략적 호혜관계의 핵심은 정치와 경제의 2개 바퀴를 가동시켜 양자 관계를 긴밀히 하고 지역 문제와 글로벌 이슈 대응에 있어서 공동 노력을 한다는 것이었다. 아베 총리의 방중에 이어 원자바오 총리가 2007년 4월 일본을 방문했다. 아베 총리가 1년여 만에 퇴임한 뒤 후임인 후쿠다 총리의 2007년 12월 방중 그리고 후진타오 주석의 2008년 5월 방일이 이어지면서 양국 관계는 전면적으로 개선 추세를 보였다.

2006년 연례 ASEAN+3 정상회의는 태풍으로 인해 통상적 개최 시기인 2006년 말 개최되지 못하고 2007년 1월 필리핀 세부에서 개최되었다. 그동안 개최되지 못했던 한중일 3국 정상회의가 재개되어 정상 차원의 3국 협력이 재가동되기 시작했다. 이때 3국 정상은 정상회의 사상 처음으로 공동 언론발표문 형식으로 회의 결과를 발표했다. 3국 정상회의의 제도화 과정에서 또 하나의 진전을 이룬 것이라고 할 수 있다. 1년여 전 3국이 역사 문제, 영토 문제 등으로 심각히 대립하였던 것을 생각하면 큰 반전이다.

특히 2007년은 3국 협력이 큰 전기를 마련한 한 해였다. 2007년 6월 한국 제주도에서 송민순 한국 외교장관, 아소 타로(麻生太郎) 일본 외무대신, 양제츠(杨洁篪) 중국 외교부장이 참석한 가운데 개최된 3국 외교장관 회의에서 한국 측은 3국 외교장관 회의를 3국에서 순환 개최할 것을 제의했고, 3국은 이에 합의하였다. 3국이 외교장관 회의를 ASEAN+3 정상회의와 연계하지 않고 독자적으로 개최키로 합의한 것은 3국 협력 메커니즘의 발전에 새로운 진전을 만든 것이다. ASEAN+3 정상회의 참석에서 시작된 3국 협력 메커니즘이 독자적 발전을 시작한 것이다. 3국 외교장관 회의가 순환 개최되면서 비슷한 성격의 3자 위원회 활동은 중단되었다. 그때까지는 3자 위원회 회의가 정상회의 전 열렸다. 이와 같이 3국은 외교장관 회의를 정례화하고 또 3국에서 순환 개최키로 함으로서 ASEAN+3 메커니즘을 넘어선 3국 간 정상회담 별도 개최의 기반을 만들었다.

2009년 9월 일본에서 전후 최초로 본격적인 정권 교체가 이루어져 민주당 정권이 탄생한 것도 한중일 3국 협력에 큰 영향을 준 동북아 정세 변화였다. 민주당은 외교 안보 정책에서도 대담한 변화를 추구했다. 민주당은 '신시대에 맞는 일미 동맹,' '아시아 외교의 강화 및 동아시아 공동체 구축,' '인간 안전 보장의 실현'을 정책공약으로 내세우며 자민당의 현실주의 외교 노선과 상반되는 리버럴한 국제주의 이념에 기초한 적극적인 외교 노선 추구를 지향했다. 민주당이 내세운 외교 이념은 고이즈미 정권 시절의 일미 동맹 중시, 이라크 전쟁 지지 등 대미 추종 외교에 대한 비판에 입각한 것이었다. 이러한 일본 내에서의 아시아 중시 정책의 대두에 맞춰 2009년 1월 출범한 미국의 오바마 정권도 아시아 중시 정책을 외교 정책의 우선으로 부각시켰다. 아시아 특히 동북아가 국제정치의 핵심적 관심 지역으로 명실상부 부상한 것이다. 특히 2010년에는 중국의 국내총생산이 처음으로 일본을 앞질러 세계 2위로 올라서면서 동북아에서 본격적인 세력 전이 현상도 나타났다.

그러나 민주당 정권 초대 내각으로서 현실주의적이라기보다 이상주의적 정책을 추구했던 하토야마 정권은 오키나와(沖縄県) 미군기지 이전 문제를 미숙하게 다루면서 9개월 만에 물러나 그가 주창했던 동아시아 공동체 구상도 비전 이상의 진전을 만들지 못했다. 이어 출범한 민주당의 간 나오토(菅直人) 내각과 노다(野田佳彦) 내각도 중국과 분쟁 중이던 센카쿠 열도를 민간인 명의자로부터 매수하여 국유화하면서 중국의 격렬한 반발을 초래했다. 민주당 내각은 미일 동맹 일변도를 벗어나 아시아 중시 정책을 통해 급부상하는 중국과의 관계 재정립 등 새로운 돌파구를 마련하려 했으나 일중 간의 극도로 민감한 영토 문제를 건드림으로서 오히려 동북아 정세를 혼미에 빠뜨리는 결과를 낳고 말았다.

2) 주요 이니셔티브 및 외교 전략

이 시기 한중일 협력이 역사 문제 등 어려움을 극복해 나가면서 새로운 발전 단계로 나가기까지에는 한국의 노무현 대통령과 일본의 후쿠다 야스오 총리, 하토야마 유키오(鳩山由紀夫) 총리 등의 아시아에 대한 특별한 비전과 아시아 중시 정책이 큰 역할을 했다. 이 시기 한국과 일본에서 집권한 이들 정치지도자들의 비전을 살펴본다.

(1) 노무현 대통령의 동북아 시대 구상[49]

노무현 대통령(2003년 3월 ~ 2008년 2월)의 참여정부는 전임 김대중 정부와 대외 정책 면에서 상통하는 면이 있었다. 리버럴한 정책 기조에다 미국과의 관계 정립에 있어서도 과거 보수적인 정권에 비해 좀 더 독립적인 입장을 취했다. 전통의 맹방인 미국과 새로 떠오르는 인방인 중국 사이에 균형적인 입장을 취하려는 모습을 보였다. 노무현 정부는 출범 시 '평화와 번영의 동북아 시대'를 3대 국정목표의 하나로 설정했다. 이 국정목표는 참여정부의 통일 외교 안보 정책을 포괄하는 핵심적 정책목표이자 21세기 우리나라와 동북아시아가 나아가야 할 비전을 담고 있는 것이었다. 그는 2003년 2월 취임식 연설에서 동북아 시대 구상을 천명하고 한반도와 동북아의 미래에 대한 실천전략을 밝혔다. 그는 동북아 지역이 갖는 무한한 잠재력과 동북아 중심에 위치한 한반도의 진취적 역할 가능성을 강조했다.

49_동북아시대위원회, "참여정부 국정운영백서," 『동북아시대위원회백서』(서울: 동북아시대위원회, 2008), pp. 14-31.

그의 동북아 시대 구상은 그해 8·15 경축사에서 더욱 구체화됐다. 노무현 대통령은 경축사에서 한반도와 동북아 평화의 중요성, EU 통합의 교훈, 동북아 지역에서의 새로운 질서의 필요성 등을 강조했다. 특히 그는 강한 군대와 융성한 경제만으로는 평화를 지켜낼 수 없으며 한반도와 동북아에 통합의 질서, 평화의 체제가 제도적으로 정착되어야 한다는 점을 역설했다.

그의 동북아 시대 구상은 아래와 같은 몇 가지 정세 인식을 기반으로 하고 있었다. 첫째, 냉전 종식과 동북아에서의 한중일의 부상에도 불구하고 동북아에는 대립과 갈등의 구조가 계속되고 있으며 이러한 상황 극복을 위해서는 유럽 통합과 같은 새로운 비전이 필요하고 한국이 주도적인 역할을 할 필요성이 있다는 점이다. 둘째, 19세기 이래의 한반도를 둘러싼 역사적 상황을 성찰할 때 한반도 문제를 동북아라는 큰 틀을 통해 조망하고 해결책을 모색해야 한다는 인식이다. 셋째, 한국의 위상과 국력에 대한 새로운 인식이다. 더 이상 한국은 중국이라는 거대한 세계 중심 국가의 조그마한 변방이 아니며 세계 12위권의 경제력과 군사력을 가진 중견 국가(middle power)라는 인식이다. 이에 따라 한국이 한반도 나아가 동북아의 새로운 질서, 평화와 번영의 새로운 질서를 만드는 데 능동적 주체가 될 수 있다는 인식의 전환이 배경에 깔려 있었다. 이와 같이 노무현 대통령은 동북아를 갈등과 대립이 공존하는 지역, 한반도의 미래를 결정하는 지역이라고 자리매김함과 동시에 한국은 한반도와 동북아의 새로운 질서를 만드는 주체가 될 수 있는 중견 국가라고 인식했다.

노무현 대통령은 동북아 시대 구상의 일환으로 ASEAN+3가 중장기적으로 동아시아 공동체로 발전해야 하고 이를 위한 정치적 모멘텀을 만들기 위해서는 동아시아 정상회의 개최를 추진해야 한다는 입장을 가지고 있었다.[50] 노무현 대통령은 한 걸음 더 나아가 동북아 공동체 추진 구상도 제기했다.[51] 그는 ASEAN을 중심으로 한 동아시아 공동체 구상을 언급하면서 동북아 공동체를 전제하지 않고 동아시아 공동체를 말하는 것은 공허하다고 말하고 동아시아 공동체가 성공하려면 동북아 공동체가 먼저 성공하거나 적어도 병행되어 추진되어야 한다는 입장을 밝혔다.

노무현 대통령은 이 국정목표를 달성하기 위하여 균형적 실용외교를 주창했다. 균형적 실용외교는 가치와 국익, 동맹과 다자 협력, 세계화와 국가 정체성, 한국과 상대 국가 간의 균형과 조화를 이루는 것을 의미했고 한국이 외교 정책의 중심이 되어야 한다는 사고가 자리 잡고 있었다. 이 외교 철학은 동북아 차원에서는 일본, 중국, 러시아와의 관계를 격상시키면서 한국이 중심을 잡고 중일 간의 경쟁을 한미 협력으로 풀어 나가는 해법을 제시했다. 노무현 대통령은 2005년 3월 22일 육군 3사관학교 졸업식 연설에서 동북아의 평화 번영을 위한 균형자론을 제시했다.[52] 이와 함께 노무현 대통령은 이 외교 정책을 구체화시키기 위해 대통령 직속으로 동북아시대위원회(초대 위원장 문정인 연세대 교수, 제2대 위원장 이수훈 경남대 교수)를 설치하기도 했다.

50_"한중일 정상회담 결과 브리핑(2004년 11월 29일)" 참조; http://www1.president.go.kr/news/newsList.php(검색일: 2014년 7월 2일).

51_2007년 11월 13일 한겨레신문 주최 부산 국제심포지엄 기조연설에서 참조하였다.

52_문정인 교수는 균형자론을 패권적 균형자론, 편승적 균형자론과 화합적 균형자론으로 분류하면서 노무현 대통령의 균형자론은 그중 화합적 균형자론으로서 이를 중용의 시각에서 평화 공존과 협력 체계를 구축하려는 외교 정책으로 정의하고 이러한 균형자를 연성균형자(soft balancer)로 불렀다. 참조; 문정인, "김대중 평화아카데미 가을강좌 강의록," 『김대중 평화아카데미(2011년 12월 1일)』, (2011).

(2) 후쿠다 총리의 아시아 외교

2007년 11월에 취임한 후쿠다 야스오 총리(2007년 9월 ~ 2008년 9월)는 기본적으로 고이즈미 내각의 외교 정책 기조를 유지했던 전임자인 아베 총리(2006년 9월 ~ 2007년 9월)의 외교 정책을 아시아 중심으로 전환시켰다. 총리에 취임하기 전인 2006년 6월 이미 후쿠다 외상은 동남아시아와 한국 중국을 포함한 동아시아 공동체 구성을 목표로 노력해야 한다는 입장을 밝힌바 있다. 후쿠다 외상의 이러한 주장은 30년 전인 1977년 부친인 후쿠다 다케오(福田 赳夫) 총리가 발표한 후쿠다 독트린(아시아 중시 정책)과 비교하여 '신 후쿠다 독트린'으로 불리기도 했다. 부친인 후쿠다 다케오 총리의 정치적 신조를 계승한 것이다.

후쿠다 야스오 총리는 취임 후 '평화를 잉태하는 외교'를 기치로 내세웠다. 그는 국력에 어울리는 책임 자각을 통한 국제적으로 신뢰받는 국가를 지향하여 세계 평화에 공헌하는 외교를 전개하겠다고 밝혔다. 구체적 외교 목표로서는 일본인 납치 문제의 해결, 한반도 비핵화, 국제적 테러 대책 강화를 우선적 추진사항으로 내세웠다. 미일 동맹 강화와 아시아 외교의 공명(Synergy)을 표방하며 아시아 각국과의 전략적 호혜관계를 추진하여 아시아의 평화와 번영의 기반을 마련하겠다고 다짐했다. 미국 그리고 아시아 국가들과의 관계가 양호적으로 유지되면 상호 보완적인 효과가 증폭된다는 기대를 표방한 것이었다. 특히 고이즈미 정권에서 악화된 아시아 국가들과의 관계 개선을 외교 정책의 중요 과제로 삼았다. 구체적으로 그는 중국과 전략적 호혜관계 구축 및 한국과 미래지향적 신뢰관계 구축, ASEAN과의 경제 연대 강화, 러시아와의 영토 문제 해결을 추구했다.[53] 특히 중국과의 관계는 2007년 후쿠다 총리 방중에 이어 2008년 5월 후진타오 중국 국가주석의 방일로 관계가 완전 복원되었으며 양국 관계의 미래 발전 방향을 규정한 정치문서를 채택하기도 했다.

이러한 후쿠다 총리의 아시아 중시 외교 정책은 한국과 중국의 환영과 기대를 받았다. 2007년 11월 3년 만에 개최된 한중일 정상회의에서도 중국과 한국은 아시아를 중시하는 후쿠다 정권의 출범을 환영하고 3국 협력 강화의 분위기를 마련했다. 이 자리에서 후쿠다 총리는 한중일 정상회의를 ASEAN+3 정상회의 계기와는 별도로 단독 개최할 것을 제안했고 한국과 중국의 동의를 얻었다. 그동안 한국의 노무현 대통령이 주장해 왔으나 실현되지 않고 있던 것을 후쿠다 총리가 다시 제안하여 실현시킨 것이다. 그런 점에서 그는 한중일 협력체제의 강화에 큰 역할을 했다고 할 수 있다. 후쿠다 총리는 2008년 5월 22일 도쿄에서 개최된 아시아의 미래에 관한 국제회의 연설에서 한중일 3국 관계에서 새로운 시대가 도래했으며 그 중요성은 이제 3국이 아시아와 세계를 향해 공동의 책임을 공유하게 된 것이라고 강조했다. 그는 가을에 3국 정상들이 일본에서 회동할 예정이며 자신은 이 기회를 활용하여 3국 관계의 또 하나의 모멘텀을 만들 것이라고 천명했다.[54] ASEAN 정상회의 계기를 떠난 3국 정상회의의 최초 단독 개최의 의지를 표명한 것이었다고 할 수 있다. 그러나 후쿠다 내각은 1년을 넘기지 못하고 물러났고 한중일 단독 정상회의는 후임자인 아소 내각 하에서 개최되었다.

53_후쿠다 총리, "국회 연설(2007년 10월 1일)" 참조; http://www.kantei.go.jp/jp/hukudaspeech/2007/10/01syosin.html(검색일: 2014년 4월 22일).

54_후쿠다 야스오 총리, "미래의 아시아를 위한 다섯 가지 약속" 참조; http://www.mofa.go.jp/region/asia-paci/speech0805-2.html(검색일: 2014년 4월 22일).

(3) 후진타오 체제 전기의 아시아 지역 협력 외교

중국은 1990년대 들어 세계적인 지역주의 경향에 대응하는 과정에서 비로소 동아시아 지역주의를 중국 외교 전략의 틀로 끌어 들인다. 특히 후진타오 체제 기간인 1997~1998년 기간 중 발생한 동아시아 금융 위기를 겪으면서 중국은 아시아의 전략적 가치를 새롭게 보게 된다. 동아시아 금융 위기에 대응해 나가는 가운데 중국은 이웃국가들의 신뢰를 얻고 동아시아 국가로서의 정체성을 강화하게 됐다.

후진타오 체제 전기의 아시아 지역 협력 외교는 주변국 외교 정책 등 몇 가지 분야에서 기본 정책이 천명되었다. 2002년 후진타오 체제의 출범과 함께 개최된 중국공산당 제16차 당 대회에서는 중국의 주변국 외교 정책으로 "이웃을 선하게 대하고 이웃을 동반자로 삼으며 지역 협력을 강화한다(與隣爲善 以隣爲伴 加强區域合作)"는 기본 입장이 발표되었다.

이어 2003년 APEC 회의에서 후진타오 주석은 처음 국가주석의 신분으로 국제관계에 대한 중국의 입장을 3가지로 요약 설명했다. 첫째, 상호 신뢰의 기초 위에 아시아 태평양 지역의 안정을 유지한다. 둘째, 경제 사회 발전을 촉진하는 유효한 조치를 실시한다. 셋째, 다자 무역체제의 시장을 상호 개방한다. 후 주석은 또 선린 우호와 동반자 정신을 강조하며 공동 번영을 호소했다. 장쩌민 시대의 동반자 외교의 기조를 계승했다고 할 수 있다.

또한 2004년 4월 후진타오 주석은 보아오 포럼 회의 개막식 연설에서 아시아 지역 협력 외교에 대한 기본 입장을 천명했다. "중국은 진정으로 아시아 각국과 전면적인 발전과 긴밀한 동반자 관계를 희망한다. 정치적인 면에서는 상호 평등과 신뢰를, 경제에서는 공동 이익과 번영을, 문화에서는 상호 교류와 연구를 , 안보에서는 상호 대화와 협력을 통해 아시아의 발전을 공동으로 실현할 것'을 제안했다. 같은 해 6월 원자바오 총리는 아시아 협력을 위한 제3차 외교장관 회의 개막식 연설에서 아시아 지역 외교를 새로운 시기 중국 대외 정책의 핵심의 하나로 규정했다.[55]

후진타오 체제 초기에 중국이 아시아 지역 외교 강화에 나선 것은 중국이 고도 경제성장을 배경으로 급부상하면서 미국을 중심으로 한 대중국 견제가 강화되고 있는 것과 관련이 있었다. 즉 당시 중국은 동아시아에서 미국 중심의 대중국 포위망이 결성되는 것을 우려하고 있었다. 중국은 이러한 구도를 사전에 희석 또는 와해시키려고 했다고 볼 수 있다. 당시 중국이 상하이 협력기구를 중시하고 ASEAN에 대한 접근을 강화한 것도 그러한 맥락에서 이해될 수 있을 것이다.

한편 후진타오 체제 전기의 대외 관계를 이해하는 데 있어서 중요한 개념은 화평굴기(和平崛起)다. 화평굴기는 공산당 중앙당교 상무부교장이었던 정비젠(鄭必堅)이 2003년 11월 3일 하이난 섬 보아오에서 개최된 보아오 포럼에서 '중국의 평화적 부상의 새로운 방향과 아시아의 미래'라는 주제의 강연에서 처음 언급한 말이다. 평화적으로 우뚝 선다는 의미로 후진타오를 정점으로 한 중국 제4세대 지도부의 새로운 외교 노선을 의미하는 사자성어로 주목받았다. 평화로운 국제환경 조성을 통해 자신을 발전시키고 자신의 발전으로 세계 평화를 촉진한다는 의미로 해석된다.[56]

정비젠 교수는 화평굴기를 주변국에 위협을 주지 않으면서 모든 국가와 더불어 화목하게 번영하는 것이라고 정의하면서 공동의 발전과 번영이 궁

55_홍정표·장즈롱, 『현대 중국 외교론』 pp. 440-449.

56_한석희, 『후진타오 시대의 중국대외관계』(서울: 폴리테이아, 2007), pp. 117-131; 이희옥, 『중국의 국가대전략 연구』(서울: 폴리테이아, 2007), pp. 72-101.

극적 목표라고 주장했다. 그는 경쟁력 상승에 기초한 화평굴기를 대국굴기와 동일시해서는 안 되며 중국은 패권을 추구하지 않는다고 강조했다. 그는 외교 정책으로서의 화평굴기는 두 가지 유가적 교훈에 기초하고 있다고 설명했다. 하나는 "자신이 하고 싶지 않은 것을 타인에게 강요해서는 안 된다"이고, 다른 하나는 "타인에게 베푸는 것이 스스로를 돕는 것이다"이다. 그는 이 두 원칙에 의거해 중국은 다른 국가에 해를 끼치지 않으며 국제사회에서 부상한 과거 패권국들의 경로를 밟지 않을 것이라고 주장했다.[57]

화평굴기 전략은 개혁 개방 후 중국의 급속한 발전과 부상에 따라 중국 위협론이 확산되는 것에 대한 대응으로 나온 성격이 강해 보인다. 중국의 부상은 어디까지나 평화적 성격의 것이며 외부에 대한 위협으로 작용하지 않을 것이라는 의미다. 그간의 도광양회의 대외 전략이 방어적이고 수동적인 성격이 강했다면 화평굴기 전략은 좀 더 공세적이고 능동적인 성격을 띠고 있다고 할 수 있다. 중국의 굴기는 국제사회에 대한 위협이 아니고 기회이며 국제사회와 함께 발전하는 공동 번영의 논리라고 할 수 있다.

또 하나 화평굴기 전략의 의미는 이 전략이 장쩌민 주석으로 대표되는 제3세대 지도부와의 차별적인 외교 전략으로 나타난 점이다. 전임 장쩌민(江澤民) 주석의 제3세대 지도부는 덩샤오핑의 도광양회를 기본으로 국제사회의 중국에 대한 우려를 불식시키려고 노력해 왔다. 그러나 이러한 중국 위협론의 우려가 해소되지 않은 상황에서 새로운 지도부는 좀 더 적극적인 차원에서 평화와 공동 번영을 강조하는 새로운 외교 전략을 선보인 것이다.

57_문정인, 『중국의 내일을 묻다』(서울: 삼성경제연구소, 2010), pp. 25-40.

3) 경과

2006년 9월 고이즈미 정권 퇴진 후 집권한 아베 총리는 일미 동맹의 강화 등 고이즈미 내각의 외교 정책 기조를 유지하면서도 고이즈미 총리의 야스쿠니 신사 참배 등으로 악화된 중국 한국과의 관계 개선을 우선적으로 추진했다. 당초 아베 총리는 내각의 정책목표로 내정에서는 '전후 레짐으로부터의 이탈' 그리고 외교 면에서는 '주장하는 외교'를 내세웠다. 또 역사 인식의 문제와 관련해서는 소위 '자학사관'을 비판하는 입장에 섰다. 전반적으로 보수·우익적인 입장을 견지하고 있었다고 할 수 있다. 그러나 고이즈미 총리 때부터 시작된 한국 및 중국과의 관계 악화에 대해 미국도 비판적인 상황에서 이를 그대로 방치할 경우 일본 외교의 기반이라고 할 수 있는 대미 외교에도 부정적 영향을 줄 수 있는 상황이었다. 이러한 상황이 아베 총리로 하여금 한국 및 중국과의 적극적인 관계 개선에 나서도록 했다.

이와 관련 아베 총리는 평소의 소신이던 야스쿠니 신사 참배 문제에 대해서도 한국과 중국을 크게 자극하지 않는 선에서 대응했다. 고이즈미 총리가 퇴진 직전 야스쿠니 신사를 참배할 때도 아베 당시 관방장관은 참배하지 않았다. 또한 아베 총리의 지지층인 보수 민족주의자들에게는 불만스러운 일이었다고 할 수 있으나 야스쿠니 신사 참배와 관련 참배를 했다던가, 하지 않았다던가, 앞으로 참배할 것인지, 하지 않을 것인지 등에 대해 명확히 하지 않는 방침을 견지했다. 확인도 부정도 하지 않는 일종의 NCND(Neither Confirm, Nor Deny) 정책을 취한 것이다. 이어 아베 총리는 국회에서 일본의 식민지 침략 전쟁을 반성하고 사죄한 무라야마 총리 담화와 위안부 문제에 관한 고노 요헤이(河野 洋平) 외상의 담화를 계승한다는 입장을 밝혔다.[58]

이러한 사전 분위기 조성 후 아베 총리는 2006년 10월 8일 먼저 중국을 방문하고 이어 한국을 방문했다. 중국은 아베 총리의 방문을 환영했다. 이후 중일 관계는 원자바오 총리의 방일(2007년 4월)과 아베 총리의 후임인 후쿠다 총리의 방중(2007년 12월), 후진타오 주석의 방중(2008년 5월) 등이 교차적으로 이어지면서 전면적으로 개선 추세를 보였다. 한편 아베 총리의 한국 방문 시 노무현 대통령과 아베 총리는 그해 말 필리핀에서 개최키로 예정된 ASEAN+3 정상회의 시 한중일 3국 정상회의를 개최한다는 원칙에 합의했다.

태풍으로 연기되어 2007년 1월 필리핀 세부에서 개최된 ASEAN+3 정상회의 계기에 한중일 3국은 정상회의를 개최했다. 노무현 대통령과 원자바오 총리, 아베 총리가 참석했다. 2005년 말로 예정되었던 정상회의가 개최되지 못하고 1년여 뒤 재개된 것이다. 약 1시간여 진행된 회의에서 3국 정상들은 3국 협력 실적 평가 및 향후 추진방향 협의, 동아시아 협력 추진방안, 북핵 문제, 유엔 개혁 문제 등을 의제로 의견을 교환했다. 또한 이 회의에서는 3국 정상회의 사상 처음으로 공동 언론발표문 형식으로 회의 결과가 발표되었다. 3국 협력체제가 형성되어 가는 과정에서 또 하나의 발전이라고 할 수 있다. 공동 언론발표문에서 3국 정상들은 한중일이 아시아의 주요국으로서 아시아의 평화 안정 및 번영을 유지함에 있어 큰 책임을 져야 한다는 데 의견을 같이하고 미래지향적인 3국 간 협력 필요성을 강조했다.[59]

이 회의에서 노무현 대통령은 북한 핵 문제 등 주요 현안을 조율하는

58_田中明彦, 『アジアのなかの日本(“日本の現代”)』(東京: NTT出版, 2007), pp. 311-318.

59_“2007 한중일 정상회의 공동 언론발표문” 참조; http://www.mofa.go.kr/webmodule/htsboard/template/read.jsp?typeID(검색일: 2014년 4월 16일).

최고위급 창구로 한중일 정상회의를 ASEAN+3 계기와는 별도로 정례적으로 개최할 것을 제의했으나 아베 총리의 소극적 태도로 성사되지 못했다. 당시 아베 총리는 북한의 일본인 납치 문제에 대한 공동 대응을 공동 언론 발표문에 넣을 것을 강력히 주장하는 등 납치 문제에 대한 3국의 공동 대응을 요청했으나 한국과 중국 측이 6자회담과 납치 문제는 별개 문제라는 입장에서 소극적으로 나온 데 대한 불만이 배경에 있었던 것으로 알려졌다.[60]

2007년 11월 싱가포르 ASEAN+3 정상회의를 계기로 개최된 3국 정상회의는 3국 협력체제를 한 단계 끌어올린 중요한 계기를 만들었다. 한중일 3국이 ASEAN+3 정상회의 참석 계기를 활용한 3국 정상회의와는 별도로 3국 내에서 연례적으로 정상회의를 개최키로 합의한 것이다. 3국 정상회의의 연례화는 한중일 협력의 제도화 및 실질 협력 강화의 중요한 계기가 되었다. 이 회의에는 노무현 대통령과 후쿠다 총리, 원자바오 총리가 참석했다.

3국 정상회의의 별도 개최 합의에는 한국의 노무현 대통령의 이니셔티브가 중요한 역할을 했다. 한국의 노무현 정부는 한중일 정상회의의 단독 개최를 위해 여러 계기에 이를 공론화했다. 구체적으로는 2004년 11월 라오스 비엔티엔에서 열린 한중일 3국 정상회의에서 노무현 대통령이 3국 정상회의의 별도 개최를 제안한 것이다.[61] 이어 2005년 5월 일본 교토에서

60_"아세안+3 정상회의 폐막/ 한중일 정상회의 정례화 일 거부로 무산," 『한겨레신문』(인터넷판), 2007년 1월 16일; http://www.mediagaon.or.kr/jsp/sch/common/popup/newsviewpopup.jsp?newsId=01(검색일: 2013년 7월 30일).

61_청와대 홈페이지에 게재된 2004년 11월 29일자 한중일 정상회담 결과 브리핑 자료에 의하면 "노무현 대통령은 한중일 정상회의를 ASEAN+3 정상회의 계기 이외에도 3국 내에서 교대로 개최하는 것을 추진하자고 제안했으며 이에 고이즈미 총리와 원자바오 총리가 지지의

열린 한중일 3자 위원회 회의에서도 한국 측은 정상회의 별도 개최를 제안했고, 3국이 계속 검토하는 데 의견일치를 보았다.[62]

이 문제가 최종 결실을 보게 된 것은 2007년 11월 싱가포르 ASEAN+3 정상회의 계기 시 개최된 3국 정상회의에서였다. 이 회의에서 의장국이었던 노무현 대통령이 다시 이 문제를 제의하여 3국의 합의를 이끌어 낸 것이다. 노무현 대통령의 제의에 3국 정상은 3국 협력이 지역 평화와 번영에 필수적이라는 데 공감하고 향후 상호 편리한 시기에 3국 내 정상회의를 개최한다는 합의를 했다.

이 회의에서 노무현 대통령은 3국 협력 사이버 사무국을 설치할 것도 제의하여 3국의 합의를 이끌어 냈다. 사이버 사무국은 한국 외교부가 주도적으로 웹사이트를 개설했으며 관리도 맡았다. 사이버 사무국은 그간의 3국 협력과 관련한 합의 사항 등 제반 3국 협력 관련 자료들을 올려놓은 것에 지나지 않았지만 그 후 이명박 정부 들어 한국의 주도적 노력으로 서울에 3국 협력사무국이 설치된 것을 생각하면 상설 사무국으로 가는 중간 징검다리 역할을 했다고 할 수도 있다.

이어 이듬해인 2008년 6월 도쿄에서 열린 제2차 한중일 외교장관 회의에서 3국은 별도 개최에 합의한 3국 정상회의 1차 회의를 2008년 9월

사를 표명해 동북아 시대 구상의 기초인 3국 협력이 보다 구체화될 전망이다."라고 설명하고 있다.

62_일본 외무성 홈페이지 2005년 5월 7일자에 게재된 한중일 3자 위원회 개최 개요에 의하면 교토에서 개최된 회의에는 일본의 마찌무라 노무타카(町村 信孝) 외상, 한국의 반기문 외교장관, 중국의 리자오싱(李肇星) 외교부장이 참석했으며 한중일 정상회의의 별도 개최 문제가 협의되었고 특히 한국 측이 적극적인 태도를 보였으나 여러 사정을 감안해 계속 검토키로 의견일치를 보았다고 설명하고 있다.

일본에서 개최하기로 합의했다. 또한 3국 내 외교장관 회의 개최를 정례화 하기로 합의했다. 첫 별도 정상회의를 일본에서 개최키로 결정한 데는 후쿠다 총리의 역할이 컸다. 3국 정상회의의 단독 개최를 제기한 한국의 노무현 대통령의 이니셔티브를 후쿠다 총리가 실천한 것이라고 할 수 있다. 후쿠다 총리는 총리 취임 전인 외상 시절 이미 동남아시아와 한국 중국을 포함한 동아시아 공동체 구성을 일본 외교의 목표로 제시한 일이 있었다. 부친인 후쿠다 다케오 총리의 아시아 중시 정책을 계승한 것이었다. 당시 그의 정책은 신 후쿠다 독트린으로 불렸다. 그는 그해 4월 이명박 대통령과의 회담 및 5월 후진타오 주석과의 회담 시 첫 독립 3국 정상회의의 일본 개최와 그 후 회담의 3국 간 순환 개최 합의를 이끌어 냈다. 그러나 그해 9월 후쿠다 총리가 돌연 사임함으로서 9월 고베에서 예정되었던 3국 정상회의가 연기되었다. 그 후 후쿠다 총리의 후임으로 선출된 아소 타로 총리는 개최지 변경을 추진했으며 이에 따라 자신의 고향인 후쿠오카에서 그해 12월 제1차 한중일 3국 정상회의가 단독으로 개최되었다. 2008년 12월 일본 후쿠오카에서 ASEAN+3 참석 기회와는 별개의 단독 3국 정상회의가 처음으로 개최된 것이다. 이 회의에는 일본의 아소 타로 총리, 중국의 원자바오 총리 그리고 한국의 이명박 대통령이 참석했다. 이 회의에서 3국 정상은 3국 간 협력의 강화가 동아시아는 물론 전 세계의 안정과 번영에도 기여할 것이라는 데 인식을 같이하는 한편, 한중일 정상회의의 중요성에 주목하여 향후 한중일 정상회의의 3국 내 개최를 정례화한다는 것을 공동성명에 명기했다.

한중일 3국의 별도 정상회의 두 번째 회의는 2009년 10월 중국 베이징에서 개최되었다. 그 직전에 실시된 일본 총선에서 야당이 집권함에 따라 베이징 회의에는 하토야마 유키오 총리가 참석했다.

4) 성과

앞에서 기술한 바와 같이 한중일 3국은 2~3년간의 조정기라고 할 수 있는 시간을 지나 2007년부터 3국 협력에 새로운 전기를 만들기 시작했다. 3국 정상은 2007년 11월 싱가포르 개최 ASEAN+3 정상회의 참석 시 별도 회동을 통해 2008년부터 세 나라가 ASEAN 계기와는 별도의 연례 정상회의를 개최하기로 합의하였다. ASEAN 계기와는 별도의 3국 정상회의 정례 개최 합의는 3국이 9년간의 ASEAN을 매개로 한 불완전한 정상회동에서 탈피, 독립적인 정상회담 메커니즘을 가동하게 되었다는 것을 의미한다. ASEAN의 매개 하에 진행되었던 3국 협력이 본격적인 체계화 제도화의 길로 들어선 것을 의미하며 3국 정상회동 9년 만에 3국 협력의 새로운 전기가 마련되었다. 이 시기부터 3국 협력은 본격 궤도에 진입하여 3국 간에 미래 협력을 위한 제반 공동성명과 행동계획 등이 발표되었다. 그리고 민간 분야에서도 3자 간 협력이 본격적으로 시동되어 한중일 30인회 등이 창설되었다.

먼저 2007년 1월 필리핀 세부 개최 ASEAN+3 정상회의 계기에 열린 3국 정상회의에서 3국 정상은 최초로 공동 언론발표문 형식으로 회의 결과를 발표하였다. 이 회의에서는 3국 외교부 간 고위급 협의체 구축 및 3국 외교장관 회의의 3국 내 별도 개최 등 3국 정상회의를 받쳐 주는 여러 정부간 메커니즘 설치가 발표되었다. 2007년 11월 싱가포르 개최 ASEAN+3 계기 3국 정상회의에서는 한중일 3국 정상회의를 3국 내에서 별도 개최하기로 합의했다. 또한 3국 협력 사이버 사무국 설치를 포함한 13개 신규 협력 사업 채택에 합의했다. 이와 함께 한반도 문제 등에 대한 정상들 간의 협의가 있었다.

ASEAN을 떠나 처음으로 2008년 일본 후쿠오카에서 개최된 3국 정상회의의 가장 큰 의제는 국제 금융 및 경제 문제 공동 대처였다. 2008년 9월 발생한 리먼 브라더스(Lehman Brothers) 사태로 한국에 금융 위기가 재발할 상황이 우려되는 속에서 한국은 일본 중국과 각각 통화스왑을 대폭 확대하기로 합의했다. 또한 3국 정상은 3국 중앙은행 총재 회의를 2009년 중국에서 개최키로 합의하였다.

2009년 10월 베이징 개최 3국 정상회의에서는 이명박 대통령이 3국 협력을 체계화 효율화하기 위한 상설 사무국 설립 구상안을 내놓았고 중일 정상들로부터 기본적인 동의를 이끌어 냈다. 특히 동아시아 공동체에 관해 강한 비전을 가지고 있던 일본 하토야마 유키오 총리의 참석이 큰 기여를 했다. 3국 협력의 발전기라고 할 수 있는 이 기간 중 3국은 정상회의 최초의 '공동 언론발표문'(2007년 1월)과 '3국 동반자 관계를 위한 공동성명'(2008년 12월), '3국 협력 증진을 위한 행동계획'(2008년 12월) 등 3국 협력의 미래를 위한 중요한 선언문들을 채택했다. 또한 재난 관리, 국제금융, 과학 혁신, 표준 협력 등 구체적 협력 분야에 관한 공동성명(2008년 12월)도 다수 발표되었다. 3국 협력이 본궤도에 오르면서 3국 모두가 의욕적으로 대처했던 시기다. 이 시기 발표된 3국 협력 관련 주요 성과들은 다음과 같다.[63]

(1) 제반 합의문 채택

① 3국 정상회의 공동 언론발표문(2007년 1월 필리핀 세부)

3국은 외교장관 회의의 3국 내 별도 개최 및 3국 외교부 간 고위급 협

63_외교부, 『2013 한일중 협력 개황』(서울: 외교부, 2013), pp. 16-28.

의회 구축에 합의했다. 또한 투자협정 체결 협상을 개시키로 합의했으며 황사 문제 공동 대응, 에너지 전략 대화 구축, 2007년의 문화 교류의 해 지정 등에도 합의했다. 이와 함께 ASEAN+3 및 EAS 체제를 토대로 동아시아 공동체 구축을 향한 협력을 강화키로 합의했다.

안보 문제에 관한 합의도 발표되었는데 3국은 북핵 문제에 우려를 표시하고 한반도의 비핵화와 6자회담상의 9·19 공동성명 이행을 위해 북한이 분명하고 효과적인 조치를 취할 것을 요청했다.

② 3국 동반자 관계를 위한 공동성명(2008년 12월 일본 후쿠오카)

3국 협력이 이 지역과 국제사회의 평화와 번영 및 지속 가능한 미래를 창조해 나간다는 비전과 책임을 공유하면서 이러한 목표를 달성하는 데 기여하고 있다고 천명함으로서 3국 협력의 기본 목표가 역내 평화와 지속 가능한 발전에 있음을 밝혔다. 또한 한중일 협력이 세계 경제 및 금융 상황 관련 심각한 도전에 대처하는 데 있어서도 매우 중요하다는 데 이해를 같이하고 미래지향적인 자세로 정부 및 민간을 막론한 포괄적인 협력을 추구하기로 합의함으로서 한중일 협력이 정부 간 뿐만 아니라 민간 분야까지 포괄하는 협력임을 분명히 했다.

또한 3국 협력이 개방성, 투명성, 상호 신뢰, 공동 이익 및 문화적 다양성에 대한 존중 등의 원칙하에 이루어질 것임을 천명함으로서 3국 협력의 5대 기본 원칙을 밝혔다. 개방성은 3국 협력이 경우에 따라서는 여타 국가에게도 개방될 수 있는 협력으로서 3국만의 배타적 협력이 아님을 밝힌 것이다. 즉 개방성의 원칙에 따라 금후 동북아 지역의 여타 국가나 미국 등의 참여 가능성도 배제되는 것은 아니라고 할 수 있다. 투명성의 원칙은 3국만의 비밀스런 협력이 아니며 외부에 공개되는 투명한 협력이라는 점을 밝힌 것이다. 상호 신뢰의 원칙은 3국 간 협력이 기본적으로 상호 신뢰에 입각해야 한다는 당위성을 밝힌 것이다. 공동 이익 원칙은 3국 협력이 어느 특정 국가만의 이익을 위한 것이 아니며 3국 공동의 이익을 위한 것임을 천명한 것이다. 마지막으로 문화적 다양성에 대한 존중은 3국 간의 긴밀한 문화적 인적 유대관계에도 불구하고 3국 협력이 기본적으로 각 국가의 문화적 차이와 다양성을 서로 인정하고 존중하는 데 있다는 점을 밝힌 것이다.

향후 한중일 정상회의를 3국 내에서 정례적으로(on a regular basis) 개최하기로 결정했는바 3국 정상회의의 정례적 개최 결정으로 3국 협력의 제도화에 큰 진전이 이루어졌다.[64]

③ '3국 협력 증진을 위한 행동계획' 발표(2008년 12월 일본 후쿠오카)

2008년 12월 일본 후쿠오카에서 개최된 3국 정상회의는 최초의 독립 정상회의에 어울리게 회의 종료 후 3국 간 협력 사업들에 대한 포괄적이고 구체적인 추진계획을 행동계획의 이름으로 제시했다.[65] 행동계획은 1999

64_3국 정상회의의 '정례적' 개최 결정과 관련 '정례적' 개최의 의미에 대해 한동안 3국 간 이견이 있었다. 일본 측은 정례적이란 의미는 그간의 관례로 보아 연례적이란 의미로 해석하고 이에 따라 회의를 주최하는 의장국의 지위도 매년 바뀌어야 한다는 입장이었다. 즉 2012년에 중국이 정상회의 의장국이었으므로 2013년에는 순서에 따라 한국, 2014년은 일본, 2015년은 다시 중국이 의장국이라는 입장이다. 반면 중국은 2013년 이래 정상회의가 개최되지 못하고 있으므로 2013년 의장국 순서인 한국이 차기 정상회의가 열릴 때까지 정상회의를 포함한 고위급 회의 개최를 주관하는 의장국 지위를 계속 맡아야 한다는 입장이었다. 중국은 중일 관계가 매우 악화된 상황에서 2014년 일본이 의장국 지위를 맡는 것에 대해 불편했을 것으로 보인다. 결국 3국 간 타협에 의해 한국이 의장국 지위를 계속 유지하게 되었다. 이에 따라 2013년 이래 3년 연속 한국이 의장국 지위를 유지하면서 3국 차관보급 회의, 3국 외교장관 회의 등 관련 회의를 주최했다.

65_원문 참조; 위의 글, pp. 186-196.

년 최초의 한중일 정상회동 이래 3국 협력이 양적 질적으로 크게 성장해 왔고 이에 따라 다양한 협력 사업들을 체계적으로 관리할 필요성이 있다고 지적했다. 행동계획은 매 사업별 추진현황을 매년 '3국 협력에 관한 실적보고서'를 통해 점검키로 했다. 그리고 2~3년마다 한국 중국 일본이 교대로 작성하기로 했다. 매우 의욕적이고 야심찬 계획이었다.

행동계획은 정치, 경제, 환경 보호 및 기술, 사회, 문화 분야와, 국제무대에서의 협력 등 다섯 개의 분야로 나누어 분야별 추진계획을 밝혔다. 먼저 정치 분야에서는 정치 영역에 있어서 제도화와 교류를 위해 한중일 정상회의, 한중일 외교장관 회의, 한중일 고위급 회의 등을 설치 운영함을 설명하고 연례적 개최 계획을 명기했다. 또한 3국 간 분야별 협력 사업 추진 현황을 실시간으로 점검하고 협력 사업의 데이터베이스 구축을 위해 3국 협력 사이버 사무국을 개설함을 밝혔다. 경제 분야에서는 무역 투자, 금융, 에너지, 물류 등 분야에서의 협력 추진계획을 밝히고 있다. 구체적으로 3국 FTA 공동 연구, 한중일 투자협정, 비즈니스 환경, 3국 에너지 협력, 물류 협력 증진, 세관 분야 협력 증진, 3국 산업 협력 협의체, 금융 등의 분야에서의 협력을 천명했다. 환경 보호 및 과학기술 분야에서는 동아시아 기후 파트너십 출범을 위한 협력 강화, 역내 공해 감소에 관한 3국 환경 협력 강화, '북서태평양 보전 실천 계획(NOWPAP: The Action Plan for the Protection, Management and Development of the Marine and Coastal Environment of the Northwest Pacific Region)' 하에서의 협력을 포함한 해양쓰레기 대처 협력 강화, 철새 공동 보호 및 모니터링, 과학기술 협력 증진, 정보통신 기술 협력 강화 등이 천명됐다. 사회·문화 분야에서는 보건·위생 청소년 교류 문화 등 분야에서의 협력 추진계획을 밝히고 있다. 해양 수색 구조, 보건 협력 강화, 3자 협력 포럼, 청소년 교류, 문화 서틀 사업, 스포츠, 관광 등의 분야에서의 협력을 천명했다. 청소년 교류 분야에서는 '한중일 청소년 우호 만남' 행사를 2009년 한국, 2010년 중국에서 개최하고 '한중일 차세대 지도자 포럼'도 2009년 중국에서 개최함을 밝혔다. 마지막으로 국제무대에서의 협력을 위한 행동계획으로는 기후변화 정책 대화, 3국 아프리카 정책 대화, 아시아 지역 협력, 6자회담 목표 달성을 위한 협력, 유엔 개혁과 군축 및 비확산에 관한 입장을 밝혔다. 행동계획은 비록 세부적인 내용이 결여되어 있긴 하지만 3국이 금후 추진해 나갈 협력 분야를 포괄적으로 망라하여 발표했다는 데 의미가 있다.

④ 재난 관리 협력에 관한 한중일 공동 발표(2008년 12월 일본 후쿠오카)

3국 정상은 3국이 각종 자연재해의 위협에 항상 노출되어 있다는 점을 감안하여 재난의 위험에 공동 대처할 필요가 있다는 데 인식을 같이하고 재난 관리에 관한 3국 정부 기관장 회의를 순번으로 개최하기로 합의했다.[66]

⑤ 국제 금융 및 경제에 관한 한중일 공동성명(2008년 12월 일본 후쿠오카)

3국 정상들은 세계 경제와 금융시장이 직면한 심각한 도전에 효과적으로 대처하기 위해 3국 간 협력을 강화할 필요성에 대해 인식을 같이하고 금융시장의 불안정 대응을 위한 지역 협력 강화의 중요성을 강조했다. 3국 정상들은 3국 간 양자 통화스왑 확대와 3국 간 중앙은행 총재 회의 정례화를 환영했다. 또한 치앙마이 이니셔티브 다자화를 가속화하고 ASEAN 국가들과의 협력 의지를 재확인했다.[67]

66_원문 참조; 위의 글, pp. 198-199.
67_원문 참조; 위의 글, pp. 202-203.

⑥ 한중일 협력 10주년 기념 공동성명(2009년 10월 중국 베이징)

3국 정상들은 3국 협력을 미래지향적 포괄적 협력 동반자 관계로 규정하고 1999년 3국 협력이 시작된 이래 3국의 공동 이익이 지속적으로 증대되었고 대화 메커니즘이 확대되었으며 제반 분야에서의 협력이 지속적으로 증진되어 결실을 거두었다는 데 공감했다. 3국 정상들은 역사를 직시하고 미래를 지향하는 정신으로 협력의 가능성을 모색하고 그 영역을 확대시켜 나가기로 합의했다.[68] 또한 3국 협력이 준수해야 할 기본 원칙으로 상호 존중, 평등, 공동 이익, 개방성, 투명성 및 다양한 문화 존중을 다시 한 번 밝혔다. 한중일 협력이 금후 10년 내에 많은 발전의 기회를 맞이하게 될 것으로 믿고 3국 협력을 보다 높은 단계로 발전시키기 위해 지속적으로 노력해 나갈 것을 밝혔다. 그리고 한중일 협력이 시대의 요구에 부응하며 3국뿐만 아니라 전 세계에 더 밝은 미래를 가져올 것이라고 믿는다고 밝혔다.

3국 정상들은 이를 위해 정치적 상호 신뢰 증진 필요성을 강조했다. 특히 3국은 서로를 상생의 협력 동반자로 인식하여 상호 간의 평화적 발전을 지지한다고 밝혔다. 또한 각자의 주요 관심 사안 및 핵심적 이익을 존중하고 민감한 문제들을 적절히 처리하고 대화와 협의를 통한 분쟁 해결을 추구한다고 밝혔다. 또한 경제적 상호 보완성 및 3국의 높은 발전 잠재력을 활용하여 핵심 분야에서의 협력을 격상하며 인적 교류의 확대를 천명했다. 3국 정상은 ASEAN 통합 및 지역 공동체 구축, ASEAN+3, EAS, ARF 및 APEC과 같은 지역 협력 협의체의 발전을 위해 협력을 강화할 것을 천명했다. 또한 한반도의 비핵화를 위한 6자회담의 조속한 재개를 위한 노력도

68_'역사를 직시하고 미래를 지향하는 정신'이란 어휘는 이후에도 3국 간 역사 문제 등으로 분쟁이 있을 때 3국이 공통으로 합의 가능한 표현으로 사용되었다.

밝혔다. 기후변화, 금융 위기 등 범지구적 문제에 대한 적극적 대응 입장도 밝혔다.[69]

⑦ 지속 가능 개발을 위한 공동성명(2009년 10월 중국 베이징)

3국 정상들은 녹색경제를 발전시키고 사회경제와 자연생태 체제의 선순환을 촉진하며 경제성장과 사회발전의 균형을 도모하고 지속 가능한 개발 실현을 위해 공동 노력을 하기로 하고 특히 녹색경제 성장 분야에서 협력을 강화하기로 합의했다. 특히 3R, 즉 절약, 재사용, 재활용 정신에 기반을 둔 한중일 순환경제 모델 기지 구축을 모색하기로 했다.[70]

(2) 지역 협력의 진전

3국은 사이버 사무국 개설에 합의했다. 사이버 사무국 개설은 2007년 11월 싱가포르 개최 ASEAN+3 계기로 열린 3국 정상회의에서 한국 측 제의로 신규 사업으로 합의되었다. 2008년 12월 일본 후쿠오카 개최 정상회의 시 발표된 '한중일 협력 증진을 위한 행동계획'에 포함되어 있다. 사이버 사무국 개설 목적은 3국 간 분야별 협력 사업 추진현황을 실시간으로 점검하고 미진한 분야를 독려하며 사업 중복을 피함으로서 3국 협력 증진을 꾀하는 것을 목적으로 했다. 우선적으로 3국 정상회의 등 각종 회의 및 협의체의 결과에 대한 데이터베이스를 구축하기로 했다.

사이버 사무국의 정식 명칭은 TCCS(Trilateral Cooperation Cyber-Secret

69_원문 참조; 위의 글, pp. 207-210.
70_원문 참조; 위의 글, pp. 213-215.

ariat)로서 한국 외교부의 3국 협력 담당부서였던 동북아국 산하 동북아협력팀에 설립되어 2009년 10월 제2차 정상회의 베이징 개최에 맞추어 개통되었다. 3국은 각각 외교부에 TCCS 담당자를 지정하여 서로 연락했다. 사이버 사무국은 후에 상설 사무국이 설립됨에 따라 폐지되었다.

(3) 북한 문제 토의

북한 문제는 2007년 1월 필리핀 세부 개최 3국 정상회의 등 이 기간 중 모든 정상회의에서 의제로 다루어졌다. 필리핀 세부 정상회의에서는 3국 정상들은 북한의 미사일 발사 및 핵 실험에 의해 초래된 상황에 대해 우려를 표명했다. 정상들은 또한 북핵 문제의 평화적 해결 및 9·19 공동성명 조기 이행을 위한 협력 강화에 합의했다. 아베 총리는 13개월 만에 6자회담이 재개되었으나 실질적인 진전이 없었다는 점을 지적했다. 그는 한중일을 필두로 각국이 계속 유엔 결의의 이행 등 적절한 압력을 가해 나가면서 북한에 대해 비핵화에 대한 정치적 결단을 촉구해 나가는 것이 중요하다고 말했다. 노무현 대통령은 한국도 유엔 안보리 결의의 이행, 쌀과 비료의 지원 중단 등 대북한 조치를 취하고 있음을 설명했다. 원자바오 총리는 6자회담은 계속 유효한 프로세스라고 말하면서 각국이 협력 3국의 공통의 목표인 한반도의 비핵화, 그리고 평화와 안정을 실현하기 위해 노력해 나가자고 말했다. 아베 총리는 납치 문제와 관련해 북한 측으로부터 성실한 대응이 없다고 유감 표명을 했다. 한편 정상회의 후 발표된 공동 언론발표문에서 "3국 정상은 국제사회의 인도적 사안과 관련된 문제에 대한 대처의 중요성을 강조했다"는 내용이 들어갔는데, 납치 문제를 의미하는 이러한 표현이 3국 정상회의 결과로 언급된 것은 최초의 일이었다.[71]

2007년 11월 싱가포르 개최 3국 정상회의에서는 2007년 10월 평양에서 개최된 노무현 대통령과 김정일 국방위원장 간의 남북 정상회의 및 북핵 문제의 진전을 평가하고 동북아 다자 안보체제 구축을 위한 협력에 합의했다. 특히 이 회의에서 원자바오 총리는 북핵 관련 6자회담상의 9·19 공동성명 이행을 강조했다. 그는 중국은 일관되게 한반도 문제의 남북한 쌍방 대화를 통한 해결을 지지해 왔다고 말하고 남북 정상회의를 계기로 화해 협력이 가속화되기를 기대한다고 말했다. 그는 한반도의 비핵화 문제와 관련하여 한중일 3국은 건설적 노력을 해야 하며 관련 당사국들도 9·19 공동성명의 이행을 위해 각자의 의무를 다함으로서 6자회담과 한반도 비핵화 및 국가 간 관계 정상화 문제가 계속 진전될 수 있도록 해야 한다고 강조했다. 그는 또한 한국전쟁 정전협정 당사국으로서 중국은 한반도 평화체제의 수립과 한반도의 장기적 안정을 위해 적극적으로 역할을 해나갈 것이라고 말했다.[72] 후쿠다 총리는 6자회담에서 비핵화 프로세스에 진전이 있는 점을 평가하고 북한의 핵 포기 실현이 중요하다고 강조했다. 그리고 일본은 납치 문제와 불행한 과거의 청산이라는 두 현안을 실현시키기 위해 노력해 나갈 것임을 밝히면서 한중 양국의 계속적인 협력을 요청했다. 노무현 대통령은 북한 핵 문제의 평화적 해결의 중요성을 강조했다.[73]

2008월 6월 유명환 한국 외교장관과 양제츠 중국 외교부장, 고무라 마

71_"일중한 수뇌회의 개요(아시아 2007년 1월 14일)" 참조; http://www.mofa.go.jp/mofaj/area/asean/jck/kaidan7_gai.html(검색일: 2014년 4월 4일).

72_"원자바오 총리 제8차 한중일 정상회의 참석," 『인민망』(인터넷판), 2007년 11월 21일; http://www.people.com.cn(검색일: 2013년 8월 7일).

73_"일중한 수뇌회의 개요(아시아 2007년 11월 20일)" 참조; http://www.mofa.go.jp/mofaj/area/asean/jck/kaidan8_gai.html(검색일: 2014년 4월 4일).

사히코(高村正彦) 일본 외상이 참석한 3국 외교장관 회의에서도 북핵 문제가 중요 어젠다로 협의되었다. 이와 함께 2008년 12월 후쿠오카 3국 정상회의에서도 3국 정상들은 6자회담 및 동북아 정세와 관련하여 의견을 교환했다. 이 회의에서 아소 총리는 납치자 문제와 관련한 일본의 입장을 설명했다.

2009년 4월 5일 북한이 대포동 2호 미사일을 일본 쪽으로 향해 실험 발사하자 4월 1일 동아시아 정상회의 참석차 태국 파타야에 머물고 있던 3국 정상들은 긴급 정상회의를 갖고 이 문제를 협의했다. 북한의 장거리 로켓 발사와 관련 3국 정상들은 심도 있는 의견 교환을 갖고 유엔 안보리가 북한에 대해 강력한 메시지를 전달해야 한다는 데 의견의 일치를 보았다. 당초 북한의 장거리 로켓 발사에 대한 대응 수위와 형식(유엔 안보리 의장성명 혹은 결의안 채택)을 놓고 일본과 중국 간 의견이 팽팽히 맞섰으나 이명박 대통령이 3국이 한목소리를 내는 것이 중요하다고 중재한 것으로 알려졌다.[74] 유엔이 제재조치를 취하자 북한은 6자회담에 복귀하지 않겠다는 입장을 취하며 반발했다. 그 후 중국 측은 북한의 6자회담 복귀를 설득하는 노력을 취했으며 특히 원자바오 총리가 2009년 10월 5일 평양을 방문하여 김정일 위원장과 회담했다. 원자바오 총리는 그 결과를 며칠 뒤 개최된 베이징 3국 정상회의에서 설명했다.

2009년 10월 베이징 개최 3국 정상회의에서도 북한 문제는 핵심 의제로 협의되었다. 특히 원자바오 총리가 자신의 평양 방문 및 김정일 위원장과의 회담 결과를 상세히 설명했다. 또한 이명박 대통령이 북핵 문제의 일괄타결 방안(grand bargain)을 설명했다. 그동안의 점진적 해결 방안이 실제 이

74_"한중일 정상회의(파타야 2009년 4월 11일)" 참조; http://www.mofa.go.kr/webmodule/htsboard/template/read/korboardread.jsp?typeID(검색일: 2014년 4월 16일).

행 과정에서 계속해서 문제가 발생하고 있는 점을 감안하여 북한의 핵 폐기와 대규모 경협을 동시에 바게인하는 협상 방안이었다. 정상회의에서는 원자바오 총리의 방북 결과를 청취하고 한국 측의 그랜드 바게인 방안에 대한 설명 청취가 있었으나 이들 문제와 관련 특별한 합의를 끌어내지는 못했다.

원자바오 총리는 자신의 방북 기간 중 김정일 위원장과 4시간의 회담을 포함하여 총 10시간여 시간을 함께 했다고 말하고 북핵 문제에 관해 장시간 김 위원장과 협의를 했다고 밝혔다. 원 총리는 북한이 6자회담 재개 문제와 관련 유연한 입장을 보였으며 핵 문제를 다자 차원에서도 협의할 용의가 있음을 밝혔다고 말했다. 또한 북한은 미국 일본 및 한국과의 관계 개선을 희망하고 있다고 말했다. 그는 6자회담 재개를 위해 좀 더 실용적으로 접근할 필요가 있다고 말하고 눈앞의 기회를 놓쳐서는 안 될 것이라고 강조했다. 그는 양자 접촉과 6자회담은 병립 가능한 것으로서 양자 협의를 통해 신뢰가 증진되면 6자회담 재개에도 좋은 영향을 미칠 것으로 본다고 말했다. 원자바오 총리는 중국의 목적은 북한의 비핵화와 이를 위한 6자회담 재개라고 말하면서 이를 위해 계속 노력해 나갈 것이라고 말했다. 그는 동북아의 평화와 안정 그리고 비핵화는 한중일 3국 모두의 핵심 이해라고 말하고 현안의 평화적 해결을 위해 3국 모두가 함께 노력하자는 데 공동의 인식이 있었다고 말했다.[75]

한편 이 회의에서의 3국 정상 간 오찬 시 원자바오 총리는 이명박 대통령에게 김정일 위원장을 만났다고 말하고 김 위원장이 이 대통령과의 정상

75_"총리 연설문 및 발표문(Speeches and Statements by Prime Minister)" 중 제2차 3국 정상회의 후 공동 언론회견(2009년 10월 10일) 참조; http://japan.kantei.go.jp/hatoyama/statement/200910/10JCKkyoudou_e.html(검색일: 2014년 6월 14일).

회담을 바라고 있다는 의사를 전달했다. 이때 이명박 대통령은 정상회담의 대가나 조건 없이 만나 핵 문제를 비롯하여 모든 것을 허심탄회하게 이야기할 수 있다면 만날 용의가 있다고 대답했다. 이때 이 대통령은 김정일이 직접 원자바오를 통해 남북 정상회담을 제안해 온 것은 큰 의미가 있다고 생각했다. 제안 자체를 신뢰할 수 있고 중국의 중재 역할도 기대할 수 있었기 때문이라고 했다.

2009년 10월 24일 타이 후아인에서 개최된 ASEAN+3 정상회의 기간 중에도 원자바오 총리는 이명박 대통령에게 북한 측의 정상회담 희망을 전달했다. 그러나 그 후 있었던 실무 접촉에서 북한 측이 과다한 경제원조 제공을 요청해 회담이 성사되지 못했다.[76]

북한 문제는 한중일 협력 증진을 위한 행동계획(2008)과 한중일 협력 10주년 공동성명(2009) 그리고 3국 협력 비전 2020(2010) 등 3국의 제반 공동 행동계획, 비전 천명에도 내용이 포함되어 있다. 행동계획에는 2005년 9·19 공동성명에 기술된 6자회담의 목표를 실현하기 위한 협력을 재확인했다. 10주년 기념 공동성명과 비전 2020에는 평화적 방법을 통한 한반도의 비핵화 추구, 6자회담의 조속한 재개 등의 내용이 포함되었다.

5) 비정부 간 협력의 발전

한중일 정상회의 메커니즘의 발전 등 정부 차원에서의 제반 협의 메커

76_이명박, 『대통령의 시간』(서울: 알에이치코리아, 2015), pp. 330-361.

니즘이 활성화되는 동안 민간 분야에서도 한중일 3국을 아우르는 여러 모임들이 생겨나기 시작했다. 이러한 민간 차원의 협의 메커니즘은 한중일 3국이 ASEAN+3 정상회의 참석을 계기로 3국 정상회의를 개최해 온 2000년대 중반 주로 형성되었으며 3국의 대표적인 정치원로, 경제인, 석학, 문화계 인사들이 참여했다. 대표적으로는 한중일 30인회와 한중일 문화 교류 포럼이 있다.

(1) 한중일 30인회

3국의 정치원로, 경제인 석학 등 저명인사들로 구성된 민간 정책포럼으로서 한국의 중앙일보, 중국의 신화통신, 일본의 니혼게이자이신문이 연례적으로 한중일 3국을 옮겨 다니며 주관한다. 각국별로 10명 선에서 참석하며 한국에서는 이홍구 전 총리, 중국에서는 쩡페이엔(曾培炎) 전 부총리, 일본에서는 후쿠다 야스오(福田康夫) 전 총리(2011년까지는 나카소네 야스히로(中曽根 康弘) 전 총리)가 각각 좌장으로 참석해 왔다.[77] 2006년 2월 제1차 회의를 서울에서 개최한 이래 2015년까지 매년 총 10차례 회의를 개최했다. 민간 정책포럼인 만큼 자유스런 분위기 속에서 3국 간 협력을 위한 다양한 정책 아이디어를 제안했다.[78]

2006년 2월 서울 개최 제1차 회의에서는 동아시아 국가 간 외화 공동관리 및 아시아 기축통화 창설을 주장하였고 한중일 FTA 체결 및 동북아

77_'한중일 30인회'는 한국에서 쓰는 공식 명칭이며 중국에서는 '동북아 명인회', 일본에서는 '일중한 현인회의'라고 부른다.

78_회의별 주요 정책 제언 사항 참조; 외교부, 『2013 한일중 협력 개황』(서울: 외교부, 2013).

공동체 설립 제안, 한중일 음악제 등 공동 문화행사 제안이 있었다.

2007년 4월 일본 도쿄 개최 제2차 회의에서는 역내 공동기금 창설 및 아시아 통화단위 조기 구성, 동아시아 환경펀드 조성, 원유 공동 구입, 환경기술 혁신센터 설립 제안이 있었다. 또한 3국 간 대규모 유학생 교환 건의가 있었다. 이 회의에서 나카소네 전 일본 총리는 ASEAN+3 회의 시와는 별개의 한중일 3국의 정례 정상회의를 제안했다.[79] 한국의 이홍구 전 총리는 북한과 몽골을 아우르는 동북아 공동체 창설을 제안했다.[80]

2008년 4월 중국 베이징에서 개최된 제3차 회의에서는 한중일 FTA 조기 체결, 3국 간 환경기금 조성, 에너지 및 환경 관련 동북아 포럼 창설, 3국 기후환경 변화 연구센터 설립 제안이 있었다.

2009년 4월 한국 부산에서 개최된 제4차 회의에서는 글로벌 경제 위기 극복을 위한 대안이 모색되었으며 IMF에서의 중국 발언권 제고, AMF 설립 논의를 위한 사무국 설립, 금융협력을 위한 공동 연구센터 설립 등 7개 항의 대정부 제안서를 제출했다.

2010년 4월 일본 나라에서 개최된 제5차 회의에서는 역대 한중일 30인회 제안 사항의 3국 정상회의 반영 여부를 평가하고 3개 분과별(경제통상, 환경, 문화교육)로 관련 사항을 토의했다. 경제통상 분과에서는 아시아 역내 외화 준비금 공동 운용, 아시아 인프라 펀드 구축, 3국 공통 표준 마련, 아시아 채권시장 이니셔티브의 로드맵 구축 등이 제안되었다. 환경 분과에서는 3국 탄소시장 협의회 구축, 동북아 녹색성장 이니셔티브 구축, 황사 방지 대책기금 설립, 친환경 에너지 개발 협력 등이 제안되었다. 문화

79_『週刊 日本經濟』, 2007년 4월 23일.
80_『日本經濟新聞』, 2007년 4월 16일.

교육 분과에서는 3국 공동 필수한자 500개 선정, 동아시아 공통 교과서 작성, 동아시아 경영대학원 설립, 3국 청소년 간 역사 유적지 탐방 정례화 등이 제안되었다.

2011년 4월 중국 항저우에서 개최된 제6차 회의에서는 3국의 종합 방재대책 협의체 및 재해 공동관리 시스템 구성을 주제로 원자력 안전 협의체 설립 등이 제안되었다.

2012년 4월 서울에서 개최된 제7차 회의에서는 세계 경제의 불확실성과 한중일 3국 협력을 주제로 논의가 진행되었으며 국가 간 에너지 슈퍼그리드화 등이 논의되었다.

2013년 7월 일본 홋카이도에서 개최된 제8차 회의에서는 미래를 지향하는 한중일 협력을 주제로 원자력 발전의 안전성 향상 등이 논의되었고 한중일 공용 한자 808자가 선정되었다.

2014년 5월에는 중국 양쪼우에서 제9차 회의가 개최되었다.

(2) 한중일 문화 교류 포럼

3국의 지식인 문화인들이 모여 3국 간 문화 교류 관계를 협의하는 포럼으로 2005년 12월 한국 서울에서 첫 회의를 개최한 이래 2014년까지 10차례 회의를 개최했다. 포럼은 2005년 발족 당시 동북아 지역 문화 공동체 실현을 위해 민간 차원에서 노력한다는 취지문을 발표했다. 국가별로 5~6인으로 위원회를 구성하고 국별로 예산을 확보하여 3국에서 교대로 회의를 개최하며 경비는 주최국이 부담하는 형식으로 운영해 왔다. 3국의 주최기관으로는 한국의 한일문화교류회의, 중국은 중국대외문화교류협회, 중한우호협회, 중일우호협회, 일본은 국제교류기금 등이 참여해 왔다.

관련 사업으로는 한중일 문화재 보존 국제회의(2006년 9월 일본 미야기(宮城縣)현 개최), 한중일 서예 회화 교류회, 한중일 불교 포럼(2009년 10월), 한중일 예술가 심포지엄, 한중일 공예품 전시회(2010년 11월), 한중일 전통 가면무 공연(2011년 9월), 한중일 영화제작자 세미나 및 단편영화 상영(2014년 10월 부산 해운대) 등이 있었다.

3. 도약기: 2011년 한중일 협력사무국 설립

1) 배경

앞에서 기술한 바와 같이 한중일 3국은 2008년부터 ASEAN+3 계기와는 별도의 정상회의를 정례적으로 개최한 이래 3국 협력을 미래지향적 포괄적 동반자 관계로 규정하고 '3국 협력 비전 2020'을 발표하는 등 매우 빠른 속도로 협력을 강화해 왔다. 3국 협력 사이버 사무국도 개설되었다. 민간 분야에서도 한중일 30인회, 한중일 문화 교류 포럼 등이 발족되어 활발히 움직이고 있었다.

당시 한국에서는 이명박 대통령 정부가 집권하여 실용주의를 기반으로 한 대내외 정책을 추진하고 있었고 중국에서는 후진타오 체제의 집권 2기가 시작되었다. 일본에서는 자민당 40년의 집권을 종식시키고 등장한 민주당의 하토야마 정권이 미국 일변도의 대외 정책에서 탈피하여 아시아를 중시하며 동아시아 공동체 실현을 주창하는 대외 정책을 펴고 있었다.

2010년 기점의 3국의 경제는 전 세계 어느 지역보다 급속한 발전을 이루었고 3국이 중심이 된 동북아 지역은 국제 정치 경제의 핵심 지역으로 떠올랐다. 한중일 3국은 2010년 기준 전 세계 인구의 1/5, GDP의 1/5, 교역액의 1/6을 차지하고 있었고, 3국의 경제규모는 NAFTA, EU에 이어 세계 3위 수준을 기록하고 있었다. 또한 중국과 일본 사이의 경제력이 역전을 보이기 시작하는 가운데 2010년을 기점으로 GDP 규모에서 중국이 처음으로 일본을 추월하기 시작했다.

지역 협력 측면에서는 EU, 북미 자유무역협정(NAFTA: The North American Free Trade Agreement), 동남아시아 국가연합 등 지역 통합이 국제정치의 큰 흐름으로 발전되어 가고 있는 상황에서 아시아 권역에서도 ASEAN 이외에 상하이 협력기구(SCO: The Shanghai Cooperation Organization), 남아시아 지역협력연합(SAARC: South Asia Association for Regional Cooperation) 등 지역 협력이 심화되고 있었다.

이러한 상황에서 3국이 협력을 체계화 제도화하기 위해 상설 사무국 설치에 합의하고 2011년 9월 사무국을 서울에 개설한 것은 한중일 협력 역사에 큰 전기를 만든 일이었다.

2) 주요 이니셔티브 및 외교 전략

(1) 이명박 대통령의 신 아시아 협력 외교 구상

이명박 대통령은 집권 초기 이념보다는 실리에 기반을 둔 실용주의를 국정운영의 기본 기조로 내세웠다. 결과, 성과 중심의 국정운영을 표방한 것이다. 젊은 시절부터 한국의 대표적 대기업의 CEO를 역임했고 서울시장 당시에는 청계천 복원, 서울시 대중교통 환승체계 구축 등 획기적 업적을 보여 주었던 그로서 국정운영 전반을 실용 위주로 끌어가겠다는 것은 어떤 면에서 당연한 일이었다.

이명박 대통령의 실용주의 국정운영은 외교에서는 '글로벌 리더십과 국격 제고'로 나타났다. 이명박 정부는 글로벌 거버넌스의 다극화라는 국제질서의 변화를 맞아 글로벌 거버넌스의 기여와 리더십 확보를 위해 상당한 노력을 기울였다. 2010년의 서울 G20 정상회의 유치, 2011년 개발 분야 최대 규모의 국제회의인 부산 개발원조 총회 개최, 2012년 핵 안보 정상회의 유치 등이 정상 차원에서 직접 나서서 성사시킨 외교적 성과라고 할 수 있다.

이명박 정부의 '글로벌 리더십과 국격 제고' 노력은 아시아 쪽으로는 신 아시아 협력 외교 추진으로 나타났다. 이명박 대통령(2008년 3월 ~ 2013년 2월)은 2009년 3월 호주 뉴질랜드 인도네시아 순방 계기에 아시아 지역 국가들과의 우호협력 증진을 기조로 한 신 아시아 협력 외교 구상을 발표했다. 신 아시아 협력 외교는 비핵·개방 3000, 21세기 한·미 전략동맹, 글로벌 에너지 경제 외교, 한국형 선진 기여 외교, 문화 코리아 외교 등과 함께 신정부의 실용적 외교·안보 구상의 일환으로 제시되었다.

신 아시아 협력 외교 구상은 한국이 아시아의 일원으로서 아시아의 신질서 구축에 주요한 역할을 담당해 나가겠다는 의지의 표시라고 할 수 있다. 21세기 세계 경제의 중심지로 급부상한 아시아 지역과의 협력을 한국 외교의 최우선 관심사로 부각시킨 것이다. 그 배경에는 아래와 같은 몇 가지 고려가 있었다. 첫째는 경제자원 ,인구 등 면에서 아시아 지역의 중요성이 크게 증대된 점이다. 신 아시아 외교가 태동한 2008년 당시 아시아는 세계 인구의 52%를 점유하고 있었고 세계 GDP의 1/4, 교역의 1/4이 이루어지고 있는 거대 시장이었다. 둘째, 한국의 국력 신장으로 한국이 국제무대에서 상당한 역할을 수행할 수 있는 대내외 여건이 성숙된 점이다. 이명박 정부는 출범 초기부터 한국이 국력에 부합하는 역할을 수행하고 국제사회의 인정을 받기 위해서는 먼저 아시아 이웃들로부터 지지를 받고 공동의 협력을 추구해 나갈 필요성을 인식하고 있었다. 셋째, 아시아 지역의 권역별 통합 움직임에 적극적으로 대응할 필요성이다. EU의 발전과 함께 아시아 지역에서도 ASEAN+3, EAS 등 다양한 형태의 다자 협의체가 가동되고 있는 상황에서 동북아의 주요 국가이자 북한 핵 문제 등의 당사국인 한국으로서는 향후 지역 통합 과정에서 한국의 국익이 반영되도록 다각적인 노력을 기울여야 할 필요성이 증가했다.

이명박 정부의 100대 국정과제에 포함되어 있던 신 아시아 협력 외교 추진에는 한중일 신 협력체제의 구축도 들어 있다. 3국 협력의 제도화와 체계화다. 한중일 고위급 협의체 개최, 3국 협력 행동계획 작성, 사이버 사무국 개설이 세부 추진과제였다. 그는 재임 중 한중일 협력 강화 및 제도화에 상당한 추진력을 발휘했다. 3국 정상회의를 2008년부터 ASEAN+3와 별도로 3국 내에서 개최하는 것을 정례화하는 데 기여하였고, 2010년 한국 제주에서 개최된 3국 정상회의에서는 향후 10년간의 3국 협력 청사진인 'Vision 2020'의 채택을 주도했다. 또 2011년 9월 3국 협력사무국을 서울에 유치, 설립함으로서 3국 협력 제도화의 획기적 전기를 마련했다.[81]

그의 실용주의적 실리외교는 경제통상 분야에서는 글로벌 FTA 네트워

81_문화체육관광부, 『이명박 정부 국정백서』(서울: 문화체육관광부, 2013), pp. 146-152.

크의 확대로 나타났다. 한미 FTA와 한·EU FTA가 발효되었으며 신흥 경제 국가들과의 FTA 체결도 추진되었다. 동아시아에서는 한중 FTA 협상, 한중일 FTA 협상, 역내 포괄적 경제동반자협정(RCEP: Regional Comprehensive Economic Partnership) 협상 등이 진행되거나 협상 개시가 선언되었다. 전 세계를 상대로 한 전 방위적인 통상 네트워크가 추진되었던 것이다. 또한 성과 위주의 실용 실리 외교는 200억 달러의 대규모 공사인 아랍에미리트 원전 수주로도 잘 나타났다.

(2) 하토야마 총리의 동아시아 공동체 구상[82]

2009년 9월 취임한 하토야마 유키오 총리는 한국의 김대중 대통령에 이어 동아시아 공동체라는 논의를 일본 외교 정책의 주요 화두의 하나로 부각시킨 지도자였다.[83] 하토야마 내각은 과거 자민당 정부와 달리 과거사 문제의 해결, 중국과의 관계 재정립, 미국에 대한 맹목적 의존 탈피, 동아시아 공동체 구축을 외교 대안으로 제시했다. 그는 취임 직후 가진 기자회견에서 동아시아 공동체 구상을 제시했고 9월 24일 유엔 총회 연설에서도 일본의 새 정부가 대처해 나가야 할 중요한 정책과제의 하나로 동아시아

82_하토야마 총리의 외교 구상에 관해서는 야마모토 가쯔야 일본 와세다대학교 교수가 2009년 11월 3일 한국 국회 입법조사처 개청 2주년 기념 국제학술대회에서 발표한 '하토야마 정권의 동아시아 공동체 구상과 아시아 지역주의'를 주로 참고하였다. 참조; 야마모토 가쯔야(山本 和也), "하토야마 정권의 동아시아 공동체 구상과 아시아 지역주의," 『입법과 정책』, 제1권 제1호(2009), pp. 237-257.

83_하토야마 총리, "동아시아 공동체 구상의 실현을 향해(2009년 11월 15일)" 참조; http://www.kantei.go.jp/jp/hatoyama/statement/200911/15singapore.html(검색일: 2014년 4월 22일).

공동체 구상을 제시했다. 그는 2009년 10월 10일 중국 베이징에서 열린 한중일 3국 정상회의에서도 동아시아 공동체론을 역설했다.

하토야마 유키오(鳩山由紀夫) 총리의 동아시아 공동체 구상의 원점에는 그의 조부인 하토야마 이치로(鳩山 一郎) 총리(1954년 12월 ~ 1956년 12월)의 정치 신조인 '우애(fraternity)' 정신이 있다. 프랑스 혁명의 상징 표어인 '자유, 평등, 우애'의 일부를 구성하는 말이기도 하다. 하토야마 이치로 총리가 주창한 정치 신조인 우애(友愛)는 원래 과도한 자유와 평등을 경고하는 개념이었다. 즉 자유를 과도하게 강조한 지나친 자본주의는 부의 불평등과 같은 폐해를 가져온다. 한편, 과도한 평등의 추구는 자유를 억압하는 공산주의를 낳는다. 말하자면 우애는 개인의 자유를 사회의 기본으로 하면서도 타인의 자유, 생명, 재산을 위협하는 사태가 생기지 않도록 자유의 추구를 어느 정도 제어하지 않으면 안 된다는 사상이다. 하토야마 이치로 총리는 전후의 역대 일본 정권 중에서 가장 아시아 지역주의 구상을 적극적으로 모색했던 시기이기도 하다. 아시아 결제 동맹, 아시아 개발 금융기관, 아시아 개발기금 등이 모두 하토야마 이치로 정권 당시의 구상이었다.

하토야마 유키오 총리는 그의 조부의 이러한 우애의 사상과 아시아 중시 정책을 물려받아 동아시아 공동체 구상이라는 새로운 그릇에 담아 보려 했다. 언뜻 쉽게 생각하면 아시아 국가들이 서로 우애, 즉 친구 사이의 사랑의 정신으로 서로 사이좋게 살자는 뜻으로 이해될 수도 있다. 실제로 그는 개인 간의 우정과 신뢰가 확대되어 국가 간의 우호관계로 확대되는 공동체를 이야기하며 국가 간 인적 교류의 중요성을 강조하기도 했다. 매우 이상주의적인 생각으로 보이기도 한다.[84]

그의 외교관은 몇 가지 점에서 주목할 만한 점이 있다. 첫째는 미국과 관련된 것이다. 그는 미일 안보체제는 물론 계속 일본 외교의 중심이 되겠지만 장기적으로는 급성장하고 있는 아시아 국가들과의 결합을 제도적인 틀을 포함해 창출해 나가야 한다고 강조했다. 미일 동맹의 상대화와 미국과 아시아 사이의 균형을 이야기하고 있다고 할 수 있다. 미국과 상대적으로 거리를 두려는 그의 대미관은 그의 조부인 하토야마 이치로 총리 때부터 시작된 것이었다고 할 수 있다. 그는 자위대를 이라크에 파견한 것에 대해서도 비판적이었다. 일본의 집단적 자위권 용인이 미국의 세계 전략으로서의 일방적 군사행동에 끌려들어 가는 것이 아닌가 하는 우려를 표시했다. 또 하나는 동북아와 관련된 것이다. 그는 동아시아 경제 공동체 구상의 핵심 목표로 동북아시아 비핵화와 아시아 공동 통화의 실현을 제시했다. 이러한 목표 달성을 위해서는 한국, 중국 등과의 신뢰관계 형성을 가로막고 있는 역사 인식 문제의 해결이 필요하다고 생각했다. 하토야마 총리는 한국과 중국이 반대한다면 2차 세계 대전 전범이 합사된 야스쿠니 신사 참배를 하지 않겠다고 하기도 했다. 또한 역사 인식 문제를 해결하는 방안의 하나로서 야스쿠니 신사를 대신하는 새로운 국립 전몰자 추도시설 건립을 추진한다는 방침을 내세우기도 했다. 하토야마 내각은 관료사회 주도의 일본 정부를 정치 주도로 고치려고도 시도했다. 국회의원들이 정부 각 부처의 대신, 부대신과 정무관으로 임명되어 그동안의 사무차관 주도의 행정을 대체하려고 시도했다. 그러나 이러한 나름의 개혁 조치는 실행력의 뒷받침을 받지 못했으며 너무 이상적이고 아마추어적이라는 비판을 받아야 했다.

84_하토야마 유키오 총리는 2011년 9월 3국 협력사무국을 방문하였을 때 '3國 共生 友愛'라는 휘호를 남겼다. 참조; Trilateral Cooperation Secretariat, *Trilateral Cooperation Secretariat. Annual Report. FY 2011~2012* (Seoul: Trilateral Cooperation Secretariat, 2012).

특히 오키나와의 미군기지 이전 문제가 국가적 이슈가 된 상황에서 하토야마 총리 내각은 실행을 담보하지 못한 비현실적인 대응으로 미국과의 불신만 깊어진 상황에서 9개월 만에 내각이 사퇴하는 상황으로 몰렸다. 전체적으로 하토야마 총리의 여러 정책 구상은 너무 이상적이며 특히 실행력이 따르지 못했다는 비판을 받았으며 그가 제창한 동아시아 공동체 구상도 그의 퇴진과 함께 추동력을 잃었다.

하토야마 총리는 총리직에서 물러난 이후에도 동아시아 공동체 설립을 계속 제안하면서 이를 위해 일본이 국제사회에 전쟁 범죄에 대한 확실한 사죄를 표명하는 자리를 가져야 한다고 주장했다. 그는 2013년 1월 17일 부인과 함께 중국 난징 시에 있는 난징 대학살 기념관을 방문하여 희생자들을 추모함으로서 일본의 대표적 우익 언론사인 산케이신문으로부터 중국에 이용당하고 있다는 비판을 받기도 했다.[85] 특히 아베 총리가 2013년 말 A급 전범을 기리는 야스쿠니 신사를 참배해 동아시아 공동체 비전을 저해했다고 강도 높게 비판했다.[86] 또한 동북아 안정을 위해서는 한반도 통일은 필수적이며 통일을 위해서는 일본 한국 중국의 협력관계 구축이 중요하다고 말하면서 한중일 3국 협력의 중요성을 강조했다. 그리고 한반도 통일은 시베리아 횡단철도를 통해 유럽으로 가는 꿈같은 이야기를 실현시킬 수 있을 것이며 동아시아 국가 간에 유휴 에너지를 공유하는 아시아 슈퍼그리드 구상을 가속화시켜 에너지 공동체를 만들 수도 있다고 주장했다.[87]

85_『조선일보』, 2013년 1월 18일.
86_"제5회 아시안 리더십 콘퍼런스 관련 기사," 『조선일보』, 2014년 3월 4일, A4.
87_"하토야마 전 일본 총리 인터뷰 기사," 『조선일보』, 2014년 2월 20일, A2.

(3) 후진타오 체제 후기의 조화 외교

후진타오 체제 후기의 시작인 중국공산당 제17차 당 대회는 2007년 10월 개최되었다. 후진타오 주석이 행한 당 대회 보고 가운데 대외 정책과 연관된 부분은 제11장 평화 발전의 길이다. 17차 당 대회 보고는 국제정세가 대변혁과 대조정기에 들어섰으며 세계는 대단히 불안정한 상황이라고 평가했다. 중국은 이러한 정세에 대처하여 장기적 평화를 추구하고 공동 번영하며 조화로운 세계를 건설하는 원칙을 견지해 나갈 것이라고 밝혔다. 국제사회에서의 패권 추구에 반대하며 주변국과는 우호를 추구하면서 실무적인 협력을 강화해 나간다는 방침을 천명했다. 이는 후진타오 체제 후기의 대외 정책이 미국 중심의 기존 질서를 존중하면서도 증대된 국력에 대한 자신감을 바탕으로 선진국과의 전략적 공존을 해나가면서 주변국들과는 실리에 입각한 협력관계를 강화하여 강대국으로 부상하겠다는 전략이다.[88] 중국에게 대주변국 외교는 지정학적으로는 중국을 중심으로 하는 아시아 태평양 지역, 즉 APEC이 포괄하는 지역을 포함한다. 이중 대국이라고 할 수 있는 국가들인 미국 러시아 그리고 일본과의 관계도 포함한다.

후진타오 체제 후기의 대외 정책을 이해하는 데는 '화해사회(和諧社會)'와 '화해세계(和諧世界)' 이론에 대한 이해가 필요하다. 두 이론은 후진타오 체제가 안정적으로 자리를 잡아가면서 새로운 정치이념으로 등장한 것이다. 2005년 3월 개최된 제10기 전국인민대표대회(전인대) 제3차 회의에서 '화해사회 건설'이 핵심 화두로 등장했는데 정부 업무보고 및 전인대 상무

88_김흥규, "중국 제17차 공산당 전국대표대회 평가 및 대외 정책적 함의," 『주요 국제문제 분석』, 외교안보연구원, 2007년 11월 8일.

위 업무보고 등 각종 보고에서 핵심적인 내용으로 다루어졌으며 주요 관영 매체들도 이 이론의 중요성 및 의의를 중점 보도했다. 후진타오 지도부가 '화해사회 건설'을 새로운 국정목표로 제시한 것은 개혁 개방 이후 경제의 급속한 발전 과정에서 계층·지역 간 격차 등 사회 경제적 모순들이 심각한 수준에 이르러 이를 더 이상 방치할 수 없다는 위기의식 속에서 나온 것이었다.

이러한 화해사회의 개념은 대외 전략에도 반영되어 화해세계 건설이라는 이념으로 발전되었다. 화해(和諧)의 의미는 '조화롭다'는 뜻으로 중국 고대 유교문화에서 나온 것이다. "군자는 자신의 개성을 유지하면서 협력하며 조화되지만 부화뇌동하지 않고 소인은 겉으로는 협력하는 것처럼 보이나 실제로는 그렇지 않다(君子和而不同, 小人同而不和)"에서 나온 말이다. 중국이 제기해 온 신 질서관, 신 발전관, 신 안보관, 신 문화관들이 융합되어 나온 표현이라고 할 수 있다. 국제사회의 이상향을 제시함과 동시에 중국은 국제사회의 조화로운 발전에 기여하겠다는 의미로 해석될 수 있다.

칭화 대학 국제문제연구소장인 옌쉐통 교수는 국내적으로 화해사회를 건설하는 것과 국제적으로 화해세계를 건설하는 것은 밀접히 연관되어 있으며 동전의 앞, 뒷면과 같은 것이라고 설명한다.[89] 그는 국내적으로 부패 빈부 격차들을 해소해서 공평하고 공정한 사회를 건설하는 것과 국제적으로 조화로운 세계를 건설하는 것은 일맥상통하는 것이라고 주장했다. 유가의 수신제가치국평천하(修身齊家治國平天下)와 같은 의미라는 말이다.

후진타오 주석은 2005년 9월 15일 유엔 총회 연설에서 화해세계 이념

89_牛軍, 『中國對外政策分析』(北京: 世界知識出版社, 2013), pp. 27-29.

을 제기했다. 중국이 국제사회에 화해세계라는 전략 사상을 공식적으로 표명한 것은 이때가 처음이었다. 그리고 2006년 8월 중앙 외교 공작회의에서 조화로운 세계 추진을 대외 전략의 중요 목표로 설정했다. 이 자리에서 후진타오 주석은 화해세계 건설은 중국이 화평발전의 길을 견지하는 데 필연적 요구이며 화평발전을 실현하는 데 중요한 조건이라고 강조했다. 그는 국가 간에 상호 존중, 상호 이해의 확대, 화목한 관계 유지, 각국 인민이 사회제도와 발전도로를 자주적으로 선택할 수 있는 권리, 각국의 국제 문제에의 평등한 참여 등을 위해 노력해야 한다고 주장했다. 또한 국제사회가 공동 발전, 공동 번영, 국제 분쟁의 평화적 해결 등을 위해 함께 노력해야 한다고 강조했다. 2005년 12월 발간된 국무원 신문판공실의 백서 『중국의 화평발전도로』에서도 화해세계의 이념이 체계적으로 설명되어 있다. 백서는 화해세계의 원칙으로 민주적 세계, 화목한 세계, 공정한 세계를 표명하고 있다.[90]

화해세계의 핵심은 2006년 상하이 협력기구 회의 후진타오 연설에서 집약되었다. 그는 이 연설에서 문명 충돌론을 거부하며 제각기 다른 문명의 조화로운 공존을 제시했다. 외교적으로는 미국에 의해 주도되어 온 1국 패권주의를 반대하고 다자주의적 접근을 강조했다. 그리고 지역 경제 통합에 입각한 호혜 공영을 주장했다.[91]

화해세계는 기본적으로 화평굴기 화평발전의 연장선상에서 나온 대외 전략이다. 중국이 평화적으로 계속 발전해 나가려면 국제정세가 편안해야

90_李秋發, 『中國夢的世界圖式: 建設和諧世界新解』(北京: 時事出版社, 2014), pp. 14-16.

91_"조화(和諧) 외교" 참조; 이희옥, 『중국의 국가대전략 연구』(서울: 폴리테이아, 2007), p. 81.

하기 때문이다. 또 기본적으로 도광양해의 외교 전략의 연장선상에 있는 전략 사상이라고 할 수 있다. 중국의 경제발전에 유리한 주변 환경을 만들어 나간다는 중국 외교의 기본 목적과도 일관성을 유지하는 것이다.

3) 경과

2009년 10월 10일 중국 베이징에서 개최된 3국 정상회의에서 한국의 이명박 대통령은 3국 협력의 효율적 체계적 관리와 발전을 위한 상설 사무국 설립을 제안했다. 이명박 대통령이 상설 사무국 설치를 제안한 것은 3국 협력이 분야별로 협력의 폭과 깊이가 더해 감에 따라 다양한 협의체 및 협력 사업에 대한 체계적 효율적 관리가 필요했기 때문이다.[92] 정상회의 후 당일 오후 베이징 인민대회당에서 한중일 정상의 공동 기자회견이 있었다. 원자바오 총리, 이명박 대통령, 하토야마 총리의 순서로 기조 발언이 있고 난 뒤 질의응답이 있었다. 원자바오 총리와 이명박 대통령의 기조 발언 시에는 상설 사무국 설립 문제가 언급되지 않았다. 상설 사무국 설립 문제를 기조 발언에 언급한 것은 하토야마 총리였다. 하토야마 총리는 기조 발언에서 경제 상황, 기후변화, 청소년 교류, 북한의 일본인 납치 문제, 6자회담 등을 언급한 후 마지막으로 이명박 대통령이 정상회의에서 상설 사무국을 설립하자는 제안을 했다고 밝혔다. 하토야마 총리는 3국 협력관계를 더욱 강화시켜 나가야 한다는 데 공감한다고 밝히고 이명박 대통령이 제안한 상

92_문화체육관광부, 『이명박 정부 국정백서』(서울: 문화체육관광부, 2013), pp. 153.

설 사무국 설립은 아주 좋은 제안으로서 일본은 이를 지지한다고 말했다.

질의응답 시간에 상설 사무국 설립 문제에 대한 질의도 나왔다. 이명박 대통령은 3국 간에 해야 할 일이 많은데 실무적으로 총괄 관리가 이루어지지 못해 비효율적인 상황이라고 말했다. 그리고 우선 1차적으로 사이버 사무국을 운영해 보고 평가를 한 뒤 상설 사무국 설립 문제를 진행시켜 가자는 것이 자신의 생각이라고 말했다. 이명박 대통령은 자신이 이러한 제안을 하게 된 것은 3국 정상회의 등을 통한 논의 사항이 실제로 실천되도록 하는 것이 중요하다고 믿기 때문이라고 말했다. 원자바오 총리는 상설 사무국 설립 문제에 대해서는 별도로 언급하지 않았다.[93] 상설 사무국 설립 문제는 공동 기자회견 시 주요 이슈로 제기되지 않았다가 하토야마 총리가 기조 발언에서 언급함으로서 언론에 공개된 셈이다.

이명박 대통령의 상설 사무국 설립 제안은 중국 일본 측과 사전 협의 없이 정상회의 상에서 제안되었던 것으로 보인다.[94] 그럼에도 불구하고 이 제안에 대해 하토야마 총리가 바로 지지 입장을 밝힌 것은 그가 평소 동아시아 공동체 구상에 대한 확고한 비전을 가진 정치지도자였기 때문이다. 그는 조부인 하토야마 이치로 총리의 우애의 사상과 아시아 중시 정책을

93_"총리 연설문 및 발표문(speeches and statements by Prime Minister)" 참조; http://japan.kantei.go.jp/hatoyama/statement/200910/10JCKkyoudou_e.html(검색일: 2014년 6월 14일)

94_상설 사무국 설립 문제와 관련해서는 3국 실무자들 간에 사전 협의가 없었으며 3국 정상회의에서 이명박 대통령이 처음으로 제기하는 형식으로 나왔던 것으로 보인다. 당시 업무를 담당했던 한국 외교부 관계자는 2014년 3월 6일 저자 면담 시 이명박 대통령이 상설 사무국 설립 필요성 발언을 하자 원자바오 총리는 충분히 준비되지 않은 상황에서 일단 설립 취지에 동감한다는 정도의 반응을 보였으며 하토야마 총리는 좀 더 적극적으로 지지 입장을 보였던 것으로 기억했다.

물려받아 자신의 동아시아 공동체 구상이라는 그릇에 담아 보려는 생각을 가지고 있었다. 이러한 상황에서 예기치 않게 이명박 대통령이 상설 사무국 설립 제안을 내놓자 일본 외무성 등 관료 조직이 충분히 검토할 여지도 없는 상황에서 하토야마 총리가 이를 적극적으로 수용한 것이다. 이와 같이 3국 정상이 상설 사무국 설립 필요성에 공동 인식을 갖게 된 것은 상설 사무국을 조기에 출범시키는 데 큰 의미가 있었다. 이 문제는 그 후 3국 정상들의 공동 인식이라는 큰 테두리 내의 합의를 바탕으로 3국 외교부의 실무자들 간에 구체적 협의가 진행되었다. 상설 사무국 설립을 제안한 한국 측이 주도적으로 협의를 진행시켰다. 이에 대한 3국 간 협의는 그 후 매우 빠르게 진행되었다. 기자회견장에서 이명박 대통령이 자신의 제안은 일단 사이버 사무국을 운용해 가면서 그 결과를 보아 가며 상설 사무국 설립 필요성을 검토하자는 것이라고 오히려 한 발 뺐던 것을 생각하면 그 후의 상황 전개는 하토야마 총리의 정치적 의지의 적극적 작용 없이는 불가능한 것이었다고 할 수 있다.

베이징 정상회의의 또 하나의 큰 성과는 3국이 FTA 산관학 공동 연구 추진에 합의한 것이다. 3국은 2003년 이래 민간기관에 의한 3국 간 FTA 공동 연구를 진행하고 있었는데 산업계와 학계 그리고 정부 관료 3자가 합동으로 참가하는 공동 연구를 새로 시작하기로 합의한 것이다. 정상회의에서 중국과 일본 측은 3국 FTA 추진에 매우 적극적인 입장이었던 반면, 한국 측은 다소 소극적이었다고 한다. 그러나 결국 3국 정상은 산관학 연구를 개시하기로 합의했다.[95] 지역 협력과 통합 추진에서 자유경제무역지대

95_『요미우리신문』, 2009년 10월 10일.

창설이 가장 1차적 단계임을 생각할 때 산관학 공동 연구 추진 합의는 3국 협력의 발전에 중요한 의미를 가진 결정이었다.

2010년 3국 정상회의는 5월 29~30일간 이명박 대통령, 원자바오 총리, 하토야마 총리 참석 하에 제주도에서 개최되었다. 제주 정상회의의 가장 큰 성과는 3국이 상설 사무국 설립 각서에 서명한 것이다. 정상회의에 배석한 한국의 유명환 외교장관, 중국의 양제츠 외교부장, 일본의 후쿠야마 외무부대신이 3국 정상들의 임석 하에 서명했다. 2009년 10월 베이징 정상회의 후 불과 6개월여 만에 사무국 설립 각서가 서명된 것을 생각하면 제반 협의가 초스피드로 진행되었다. 설립 각서 협상은 상설 사무국 설립을 제안한 한국 측이 마련한 초안을 바탕으로 진행된 것이었다. 3국이 설립 협정 체결 이전에 사무국 설립 각서 서명이라는 중간 절차를 거친 것은 협정은 국제법적 의무가 따르는 조약인데 당시 3국 실무진은 시간 촉박 등으로 사무국 설립 내용에 관해 상세 협의를 갖지 못했기 때문으로 보인다. 이에 따라 우선 정치적 약속이라고 할 수 있는 각서를 체결한 뒤 좀 더 시간을 두고 협정 문안에 관한 협상을 했다고 할 수 있다.[96] 3국은 상기 각서 체결 후 외교 채널을 통해 사무국의 목적, 운영, 조직, 예산 등 사무국 설립 관련 제반 사항에 관한 추가 협의를 거쳐 조약의 성격을 띤 사무국 설립 협정 문안에 최종 합의했다. 2010년 12월 16일 한국 외교부에서 협정 서명식이 개최되었다. 설립 협정은 3국 정부 간 체결된 최초의 조약이었다. 한

96_저자가 2014년 3월 6일 한국 외교부 관계자와 면담한 바에 따르면 설립 협정은 당시 시간적으로 너무 촉박하여 일단 합의가 용의한 각서를 추진했다고 말했다. 특히 사무국의 국제기구로서의 법인격, 예산 문제, 특권 면제사항 등에 대해서는 당시 3국 간에 합의가 이루어지지 않은 상황이었던 점을 감안 우선 정치적 문서라고 할 수 있는 설립각서 형식을 채택한 것이라고 설명했다.

국의 김성환 외교장관, 중국의 장신썬(張鑫森) 주한대사, 일본의 무토 마사토시(武藤 正敏) 주한대사가 각각 자국을 대표하여 협정에 서명했다. 한국 외교부는 사무국이 설립되면 기존의 3국 간 협력을 보다 내실화하고 제도화함으로서 3국 협력의 질적 양적 발전에 크게 기여할 것이며 한국은 사무국 소재국으로서 3국 협력의 발전에 더욱 기여할 수 있을 것으로 기대된다고 밝혔다.[97]

불과 1년여 전 이명박 대통령이 상설 사무국 설립을 제안했던 것을 생각하면 1년 남짓한 기간에 국제조약의 성격을 띤 설립 협정까지 서명된 것은 대단한 일이라 하지 않을 수 없다. 오랜 역사를 통해 서로 경쟁과 갈등의 관계에 있었던 3국이 역사상 최초로 세 나라 간 협력을 규율하는 국제기구적 성격의 정부 간 기구를 설립하면서 사무국 본부 위치를 포함한 여러 민감한 사항에 관한 교섭과 제반 절차를 1년 만에 끝낸 것이다.[98] 사무국 설립 협정은 2011년 5월 17일 발효되었다. 3국이 설립 협정과 관련 각각 국회 절차까지 끝낸 것을 생각하면 이것도 매우 빠른 속도로 진행되었다. 3국 정부의 특별한 의지가 없으면 불가능한 일이었다. 사무국 설립 협

97_"한일중 3국 협력사무국 설립 협정 서명식 개최" 참조; http://www.mofa.go.kr/webmodule/htsboard/template/read/korboardread.jsp?typeID(검색일: 2014년 4월 16일).

98_저자가 2013년 12월 16일 당시 중국 외교부 실무진으로서 사무국 설립 협상에 관여했던 관계자와 면담한 바에 의하면 일본 실무진은 상설 사무국보다는 필요시 정례적으로 만나는 de facto Secretariat을 검토한 것으로 알고 있다고 말했다. 즉 최소의 인원으로 소규모의 de facto 사무국을 만들고 서울에 주재하는 주한 대사관 직원들이 필요시 모였다가 흩어지는 식의 사무국을 구상했으며 법적인 근거도 한국 국내법으로 법인격을 부여하는 한국의 법인 단체로 만들면 된다는 입장이었다고 한다. 동북아 공동체 주창자로서 지역 협력의 제도화에 매우 적극적이었던 하토야마 총리라는 변수가 없었으면 국제기구적 성격의 상설 사무국 설립이 어려웠을 지도 모른다고 코멘트 했다.

정이 공식 발효되자 3국 정부는 2011년 5월 도쿄 개최 3국 정상회의 계기에 한국 정부가 추천한 신봉길 한국 외교부대사를 초대 사무총장으로 임명 발표했다. 사무총장 임명장에는 도쿄 정상회의에 참석한 한중일 3국 외교장관이 공동으로 서명했다. 3국 협력사무국은 그해 9월 1일 서울에서 공식 출범하였다.[99]

한국의 이명박 대통령 정부의 3국 협력사무국 설립 제의 및 유치는 G-20 유치 등 한국을 국제무대에 도약시키려는 의지와 자신감을 배경으로 향후 한국이 3국 협력을 위한 중심적 역할을 수행하여 나가겠다는 의지의 반영이었다. 사무국의 서울 유치는 이명박 정부가 역내 중일 간의 중추적 역할을 수행한 대표적 사례일 뿐만 아니라 나아가 한국이 동북아 지역 협력의 중심 국가로 자리매김하는 계기가 되었다는 데 큰 의의가 있다고 하겠다.[100] 당초 이명박 대통령이 상설 사무국 설립을 전격 제의한 데 대해 정상회의에 하토야마 총리를 수행했던 일본 정부 관료들은 다소 신중한 입장이었던 것으로 보인다. 특히 사이버 사무국이 2009년 10월 갓 개통된 상황이었고 본격적으로 운영되지도 않았던 것을 생각하면 이러한 입장은 더욱 이해가 된다.[101] 일본 외무성 실무진의 신중한 입장에도 불구하고 일본이

99_상설 사무국 설립을 한국이 아닌 중국 또는 일본이 제의하고 주도했을 경우 성사되었을까 하는 의문이 있을 수 있다. 1997년 아시아 금융 위기 직전 일본 정부가 아시아통화기금(AMF) 창설을 제의했을 때 미국의 반대와 중국의 유보적 태도로 무산된 것과 비교된다. 3국 협력사무국의 경우 이명박 대통령의 전격적인 제의에 의해 성사되었다는 점에서 한국의 조정자(coordinator) 또는 지역 협력 제도화의 브로커(institutional broker)로서의 역할이 돋보인 사례라고 할 수 있다.

100_문화체육관광부, 『이명박 정부 국정백서』(서울: 문화체육관광부, 2013), pp. 153.

101_일본 국제전략연구소의 다나카 히토시 이사장(전 일본 외무성 외무심의관)은 2013년 12월 19일 저자와 면담 시 일본 외무성 측이 신중한 입장이었다면 이는 미국과의 관계를 고려

찬성하고 나온 것은 하토야마 총리의 개인적 신념과 관련된 면이 강했던 것으로 보인다. 이러한 배경에서 하토야마 총리가 이명박 대통령의 상설 사무국 설립 제의에 적극적으로 나왔으며 결국 일본 외무성 관료들도 총리의 입장을 따를 수밖에 없었던 것 같다.[102]

2010년 5월 제주 개최 정상회의는 상설 사무국 설립 각서 체결이라는 실질적 성과 이외에도 3국 협력의 발전을 상징하는 상징적 행사도 사이드 이벤트로 개최되었다. 'Vision 2020' 타임캡슐을 땅에 묻는 행사였다. 3국의 어린이들이 쓴 2020년에 대한 희망 편지('2020 Wish Letters') 타임캡슐을 매장한 뒤 2020년에 개봉키로 한 것이다.

2011년 5월 22일 일본 도쿄 영빈관에서 개최된 3국 정상회의에는 이명박 대통령, 원자바오 총리, 간 나오토(菅直人) 총리가 참석했다. 3국 정상들은 동일본 대지진 참사의 희생자들에 대해 애도를 표한 후 3국 협력이 3국의 공동 발전뿐만 아니라 지역 및 세계의 평화와 안정 및 번영에도 기여한다는 데 인식을 같이하고 제반 분야에서의 협력을 담은 정상선언문과 부속문서를 채택했다. 또한 정상들은 3국 협력사무국 설립 협정이 도쿄 정상회의 직전에 발효되고 초대 사무총장단이 선임되는 등 연내 사무국 출범이 가시화되고 있음을 평가했다.[103]

한 측면이 있었을 것이라고 말했다. 하토야마 정부가 출범한 이래 아시아 중시 정책을 펴면서 미국과의 관계가 소원해지는 것을 외무성 관료들이 우려했을 수가 있다는 것이다.

102_3국 협력사무국의 2대 사무총장인 이와타니 시게오(岩谷滋雄) 대사는 저자와 면담 시(2013년 12월 14일) 상설 사무국 설치를 3국 정부의 관료들에게 검토를 맡겼다면 사무국이 그렇게 빠른 스피드로 설립될 수 없었을 것으로 본다고 말하면서 정부 관료들 간의 협상에 5년 정도의 시간은 소요되었을 것이라고 코멘트 하였다.

103_"제4차 한일중 정상회의 결과" 참조; http://www.mofa.go.kr/webmodule/htsboard/template/read/korboardread.jsp/typeID(검색일: 2014년 4월 16일).

인도네시아 발리에서 개최된 ASEAN+3 정상회의 참석 계기에 한중일 3국 정상들은 2011년 11월 19일 정상회의를 갖고 3국 협력 현황과 향후 발전 방향, 주요 지역 및 국제 문제 등 상호 관심사에 대해 의견을 교환했다. 이 회의에는 이명박 대통령과 원자바오 총리 그리고 노다 요시히코(野田 佳彦) 총리가 참석했다. 발리 3국 정상회의에는 3국 협력사무국 설립 후 처음으로 신봉길 초대 사무총장이 의장국인 일본의 초청 형식으로 정상회의에 참석했다. 3국 정상들은 후쿠시마 원전 사태에 대해 언급한 후 3국이 긴밀히 협력하여 동북아 지역의 안정 및 발전과 세계 경제의 회복에 기여해 나가야 한다는 데 인식을 같이했다. 특히 3국 정상의 합의에 따라 3국 협력사무국이 9월 1일 서울에서 성공적으로 설립되어 3국 협력이 보다 체계적으로 발전해 나가게 된 계기가 되었음을 평가하고 사무국이 지역 협력의 모범 사례로 발전되어 나가도록 긴밀히 협력해 나가기로 했다.[104] 또한 3국 정상들은 3국 협력사무국 신봉길 사무총장의 정상회의 참석을 환영하고 사무국의 발전을 위해 3국이 지원을 아끼지 않겠다고 말했다.[105]

2012년 5월 13일에는 3국 정상회담이 이명박 대통령, 원자바오 총리, 노다 요시히코 총리 참석 하에 베이징 인민대회당에서 개최되었다. 신봉길 사무총장은 2012년 의장국인 중국 정부의 초청 형식으로 3국의 별도 정상회의에는 최초로 베이징 정상회의에 참석했다. 3국 정상은 2011년 9월 3국 협력사무국이 서울에 설립된 이래 내실 있는 활동을 전개해 오고 있음

104_"ASEAN+3/ EAS 계기 한일중 정상회의 결과(2011년 11월 19일)" 참조; http://www.mofa.go.kr/webmodule/htsboard/template/read/korboardread.jsp/typeID(검색일: 2014년 4월 16일).

105_"원자바오 총리, 한중일 정상회의 참석,"『환구망』(인터넷판), 2011년 11월 19일; http://world.huanqiu.com/roll/2011-11/2187689.html(검색일: 2011년 11월 21일).

을 만족스럽게 평가했다. 또한 3국 협력의 진전에 따른 다양한 분야의 새로운 협력 방안을 담은 공동선언문과 부속문서를 채택했다. 특히 3국은 투자보장협정에 서명하고 한중일 FTA 협상이 연내에 개시될 수 있도록 준비해 나가기로 합의했다.[106] 3국 정상들은 모두 발언에서 사무국 출범 후 최초의 별도 3국 정상회의에 참석한 신봉길 사무총장을 환영하고 사무국에 대한 적극적 지원을 약속했다.[107] 3국 정상은 정상회의 후 사이드 이벤트로 개최된 제반 행사에 참석했다. 인민대회당에서 개최된 '한중일 비즈니스 서미트'에 참석하여 기조연설을 했다. 한중일 비즈니스 서미트는 2009년 10월 베이징 개최 한중일 정상회의에서 3국 경제단체 간에 개최가 합의되었으며 2009년 제1차 회의 이래 연 1회 정례적으로 개최되어 왔다. 한국의 전국경제인연합회, 중국의 국제무역촉진위원회, 일본의 경제단체연합회가 주도한다.

또 정상들은 한중일 CAMPUS Asia 출범 기념행사에 3국의 관계 대학 총장 및 대학생들과 함께 참석하여 축하했다.[108] CAMPUS Asia는 유럽의 통합과 평화 정착, 학생 경력 개발, 고등교육의 학문적 발전에 크게 공헌하였던 학생 교류 프로그램 '에라스무스(ERASMUS)'를 벤치마킹하여 기획된 프로그램이다.[109] 제3차 한중일 정상회의(2010년 5월, 제주)에서 3국 정상들

106_"제5차 한일중 정상회의 결과" 참조; http://www.mofa.go.kr/webmodule/htsboard/template/read/korboardread.jsp?typeID(검색일: 2014년 4월 16일).

107_3국 정상들이 회의 모두에 갓 출범한 사무국 사무총장의 회의 참석을 인정(recognize)하고 환영하는 발언을 한 것은 사무국과 사무총장의 위상을 높여 준 것으로서 큰 의미가 있다고 생각한다. 비록 소수 직원의 미니 기구로 출범한 사무국이지만 3국 정부가 이 기구에 대해 큰 관심과 중요성을 부여하고 있음을 나타낸다고 할 수 있다.

108_CAMPUS Asia는 Collective Action for Mobility Program of university Students in Asia의 약어다.

이 아시아 지역의 연대와 통합, 갈등 해소를 위해 이러한 프로그램의 필요성에 대해 공감하고 CAMPUS Asia를 3국 간 신규 협력 사업으로 채택한 바 있다.[110]

Campus Asia 사업은 3국 대학 간에 컨소시엄이 구성되어 진행되었는데 2011년 10월 서울대–북경대–동경대, 고려대–복단대–고베대, 카이스트–칭화대–동경공업대, 동서대–광동외어외무대–리츠메이칸대 등 모두 10개의 사업단이 3국 정부에 의해 공동으로 선정되었다. 교류 대상은 학부생 및 대학원생으로 그중 9개 사업단은 대학원 사업이고 동서대가 포함된 컨소시엄은 학부학생 중심의 사업이었다. 교류 학생 수는 연간 각국별 100명씩 총 300명으로 1개 컨소시엄별로 30명이 대상이 되었다. 각국 정부는 학생 교류 및 프로그램 개발 비용의 일부를 지원했는데 체재비는 초청국이 부담하고 항공료는 파견국이 부담하는 형식으로 운영되었다. 2012년부터 사업이 시행되어 계속되고 있다.

Campus Asia 사업의 차별성은 기존의 교환 학생 프로그램과 달리 복수(공동) 학위 지향형의 프로그램이라는 점이 가장 큰 특징이다. 또 3국 정부의 후원 하에 국가에서 인정한 프로그램이기 때문에 국가 장학생으로서 교류 대학 학비 면제, 기숙사 제공 등 다양한 혜택이 주어졌다. 따라서 유럽의 대표적인 대학생 교류 프로그램인 에라스무스처럼 아시아를 대표하

109_ERASMUS는 European Scheme for the Mobility of University Students의 약어다. 르네상스 시대의 대표적 휴머니스트인 Erasmus(1466~1536)를 연상시키는데 의도적으로 이러한 약어를 쓴 것으로 보인다.

110_대통령, "한일중 비즈니스 서밋 기조연설(2012년 5월 13일)," CAMPUS Asia 출범 기념행사 참석(2012년 5월 13일) 참조; http://www.mofa.go.kr/webmodule/htsboard/template/read/korboardread.jsp/typeID(검색일: 2014년 4월 16일).

는 교환 학생 프로그램으로 발전해 나갈 가능성이 있다고 하겠다.[111]

4) 성과

2010년 5월의 제주 정상회의와 2011년 5월의 도쿄 정상회의, 2012년 5월의 베이징 정상회의를 거치면서 한중일 3국 정상회의는 3국 간 최고위 정례 협의체로 확고히 자리 잡았다. 이 기간을 거치면서 3국 정상회의의 5월 개최가 관례화되었다. 3국 정상회의는 정상들 간의 신뢰 증진, 3국 협력의 제도화, 주요 국제 문제에 대한 3국 간 소통 및 협력을 높이는 데도 크게 기여한 것으로 평가되었다. 이 기간 중 3국 협력 분야의 주요 성과는 다음과 같다.

(1) 제반 합의문 채택

① 사무국 설립 각서 서명(2010년 5월 30일, 제주도)

2010년 5월 제주 3국 정상회의의 가장 큰 성과는 3국이 상설 사무국 설립에 합의하고 이를 이행하기 위한 각서를 3국 외교장관이 서명한 것이다. 각서는 그동안 3국 협력이 17개의 장관급 회의 및 50개 이상의 교류 및 대화 협의체가 존재하고 있어[112] 3국 협력이 지난 10년간의 발전을 토대로

111_Campus Asia 사업단 현황 및 프로젝트명 등 상세 사항은 TCS 발간 '2015 한중일 협력 국제포럼' presentation booklet pp. 39-44(장제국 동서대 총장 발표 '한중일 협력에서의 한중일 교육협력의 중요성') 참조.

효과적, 규율적, 체계적 및 제도화된 협력으로 발전해 나아갈 수 있도록 다양한 분야에서의 3국 협력을 계획하고 조율하는 것이 필요하다는 것을 주목했다.[113]

각서는 사무국을 2011년 중 한국에 설립키로 합의하고 3국이 조속히 설립 협정 작성을 위해 노력키로 합의했다.[114] 사무국의 설립 목적은 3국 정상회의, 3국 외교장관 회의 등 3국 협의체의 운영 및 관리를 지원하고 협력 사업의 발굴 및 이행 촉진 등으로 했다. 사무국의 기능과 활동으로는 3국 간 협의체 지원, 주요 3국 회의 참석, 동아시아 협력기구 등 여타 국제기구와의 연락 유지, 잠재적 협력 사업 발굴, 협력 사업 평가 및 보고서 작성, 문서의 데이터베이스화, 연구 홍보 활동 사무국 홈페이지 관리 등으로 했다.

사무국은 한 명의 사무총장과 두 명의 사무차장 및 소수의 직원들('a few staff members')로 구성하며 사무총장은 3국 외교장관 회의에서 3국 윤번제로 임명하기로 했다. 사무공간은 한국 측이 제공하고 운영비용 등에

112_2010년 5월 당시 한중일 3국 간에는 외교장관 회의, 통상장관 회의, 무역장관 회의, 환경장관 회의, 관광장관 회의, 재난 관리 기관장 회의 등 17개 분야에서 장관급 협의체가 가동되고 있었다. 2012년 농업장관 회의가 추가되어 현재는 18개 분야에서 장관급 회의가 운영되고 있다. 별첨 자료 참조.

113_사무국 설립 각서에는 3국 협력을 '계획'(plan)하고 '조율'(coordinate)하는 것의 필요성이라는 내용이 포함되어 있으나 사무국 설립 협정에는 없다. 사무국이 3국 협력을 '계획'하고 '조율'한다는 것은 광범위하고 실질적인 권한을 가지게 됨을 의미한다. 설립 협정에 이러한 내용이 빠진 것은 사무국에 광범위하고 실질적인 권한을 주는 것을 3국 정부가 원하지 않았다는 것을 의미한다.

114_사무국 소재지가 한국으로 결정된 것은 중국과 일본이 각각 상대국에 사무국이 위치하는 것을 원하지 않았기 때문으로 보인다. 당시 관련 업무에 관여했던 관계자에 의하면 중국이 먼저 외교채널을 통해 한국이 사무국을 유치할 것을 권했고 한국이 이를 수용하고 그 후 일본이 이를 받아들임으로서 사무국이 한국에 위치하게 되었다.

관해서는 추후 교섭을 통해 결정하기로 했다. 실무 언어는 영어로 했다.

② '3국 협력 비전 2020' 발표(2010년 5월, 제주도)

2010년 5월 한국 제주도에서 만난 3국 정상들은 3국 협력이 3국의 공동 이익과 동아시아 지역 및 세계의 평화, 안정, 번영에 기여할 수 있도록 3국 협력을 한 차원 높게 발전시켜 나갈 필요가 있다는 데 인식을 같이했다. 이를 바탕으로 3국 정상들은 10년 뒤인 2020년까지 3국 협력을 통해 달성해야 할 구체적 목표와 미래상을 '3국 협력 비전 2020'이라는 이름으로 발표했다.[115] 2008년 최초의 한중일 별도 정상회의 시 채택된 '3국 협력 증진을 위한 행동계획'을 내용 및 형식 면에서 발전시켜 3국 협력의 목표와 비전을 포괄적으로 제시한 것이었다. 비전 2020은 향후 10년간 3국 협력의 비전을 제시한 것으로서 총 5개 부문 41개 항목으로 되어 있다.

5개 부문은 '동반자적 협력관계의 제도화 및 강화', '공동 번영을 향한 지속 가능한 경제 협력', '지속 가능 개발 및 환경 보호 협력', '인적 문화적 교류 협력 확대를 통한 화합과 우의 증진', '지역 및 국제사회의 평화와 안정을 향한 공동 노력'이다.

동반자적 협력관계 제도화 및 강화 부문에서 3국은 3국 정상회의 외교장관 회의, 기타 각료급 및 고위급 회의 등 3국 간 협의체의 운영과 관리를 지원하고 협력 사업의 발굴과 이행을 촉진하기 위해 3국 협력사무국을 2011년 한국에 설립할 것이라고 밝혔다. 그리고 3국 국방 대화 개설 가능

115_한중일 3국 협력은 발전 과정에서 아시아 지역 협력의 선두주자인 ASEAN 의 경험을 많이 참고했던 것으로 보인다. ASEAN은 1997년 정상회의에서 'ASEAN Vision 2020'을 채택한 바 있다.

성을 모색해 나갈 것도 밝혔다.

공동 번영을 향한 지속 가능한 경제 협력 부문에서는 2010년 5월 출범한 한중일 FTA 산관학 공동 연구를 2012년까지 완료하고 한중일 3국 간 공동시장 형성을 포함한 장기적인 3국 간 경제 통합을 향해 지속적인 노력을 해나갈 것임을 밝혔다. 또한 무역 장벽 철폐, 효율적인 운송 및 물류 체제 설립, 세관 협력, 한중일 투자협정 체결, 3국 금융당국 간 정책 공조, 과학 혁신 분야 협력, 표준 협력, 에너지, 하이테크, 농업, 어업, 관광 등 제반 분야에서의 정책 공조를 위해 노력할 것을 밝혔다.[116]

지속 가능 개발 및 환경 보호 부문에서는 유엔 기후변화협약 당사국 총회 등 환경 관련 제반 노력을 지지하며 황사 문제와 관련한 협력 강화 등을 밝혔다. 그리고 한중일 순환경제 모델기지 구축 약속을 재확인했다.

인적 문화적 교류 협력 확대를 통한 화합과 우의 증진 부문에서는 3국 간 인적 왕래 규모를 대폭 확대하도록 노력하고 학점 인정 제도 및 공동 학위 과정 등 교육 분야에서의 협력 강화 비전을 밝혔다. 또한 청소년 교류 및 스포츠 교류 확대 등에 관한 비전도 밝혔다.

지역 및 국제 사회의 평화와 안정을 향한 공동 노력 부문에서는 테러리즘, 마약 문제, 식품 안전, 전염병 대응, 빈곤 기아 대응 등에 관한 협력 강화를 밝혔다. 또한 한반도 비핵화를 위해 6자회담을 통한 공동 노력, 한중일 아프리카 정책 대화 개최, 유엔 개혁 노력 강화도 밝혔다. 동아시아 협

116_과학 혁신 협력 강화 및 표준 협력과 관련해서는 2010년 5월 제주 3국 정상회의에서 각각 이 분야의 3국 협력을 내용으로 하는 별도의 3국 공동성명이 채택되었다. 그리고 한중일 투자보장협정은 2012년 5월 베이징 3국 정상회의에서 서명된 뒤 2년 뒤인 2014년 5월 17일 공식 발효되었다.

력의 추동자로서 ASEAN의 역할을 지지하며 장기적 목표로서 동아시아 공동체 발전을 위해 노력할 것임을 밝혔다.

③ 3국 협력사무국 설립 협정 서명(2010년 12월 16일)

2010년 5월 30일 한국 제주에서 개최된 3국 정상회의 결정 및 사무국 설립 각서에 따라 그해 12월 16일 서울에서 3국 협력사무국 설립 협정이 서명되었다. 3국 정부를 대표하여 한국의 김성환 외교장관, 중국의 장신썬 주한대사, 일본의 무토 마사토시 주한대사가 서명했다. 3국 협력사무국 설립 협정의 상세 내용 및 그 의미에 대한 분석은 별도 장에서 다루기로 한다.

④ 정상선언문 채택(2011년 5월, 일본 도쿄)

2011년 5월 일본 도쿄에서 개최된 한중일 정상회의는 3국 정상회의 사상 처음으로 정상선언문(Summit Declaration)을 발표했다. 3국 정상회의가 G-20 정상회의 같이 회의 종료 후 정상선언문을 발표한 것은 의장국인 일본 정부의 이니셔티브에 의한 것이었다. 정상선언문은 2011년 3월 11일 발생한 동일본 대지진으로 인한 인명 손실 물적 피해에 대해 애도를 표하고 3국 협력과 지역 및 국제 문제의 두 가지 파트로 나누어 입장을 밝혔다.

먼저 3국 협력 부문에서는 재난 및 원자력 안전 분야, 경제성장, 환경적으로 지속 가능한 개발, 인적 문화적 교류와 기타 부문에 관해 언급했다. 또한 지역 및 국제 부문에서는 동북아 정세, 동아시아 지역 협력, 군축 비확산, 국제경제 동향에 관해 언급했다.

⑤ 기타 분야별 협력 합의(2011년 5월, 일본 도쿄)

재난 관리 협력 문서, 원자력 안전 협력 문서, 재생 에너지와 에너지 효율성 제고를 통한 지속 가능 성장 협력 문서를 각각 채택했다.

⑥ 정상회의 공동선언문 채택(2012년 5월, 중국 베이징)

3국 간 미래지향적인 포괄적 협력 파트너십을 더욱 강화시켜 나가자는 데 의견을 같이하고 정치적 상호 신뢰의 증진, 경제통상 협력 심화, 지속 가능한 개발 촉진, 사회적 인적 문화적 교류의 확대, 지역적 국제적 문제에서의 소통 및 공조 강화 등 5개 분야에서 50개 항목의 사항을 채택했다.

공동선언문은 2011년 9월 대한민국 서울에서 3국 협력사무국이 출범한 것을 환영하고 사무국이 수준 높은 서비스를 제공하고 3국 협력의 촉진을 위해 적극적인 역할을 수행하는 데 대해 지지를 표하는 내용도 포함했다.

(2) 지역 협력의 진전

2012년 5월 베이징 개최 3국 정상회의 시 3국 정상은 FTA 협상의 연내 개시에 합의했다. 이어 2012년 11월 캄보디아 프놈펜에서 개최된 동아시아 정상회의 및 통상장관 회의에서 한중일 FTA 협상 개시가 공식 선언되었다. 이때 역내 포괄적 경제동반자협정(RCEP) 협상 개시도 선언되었다. 한중일 FTA 체결 문제와 관련해서 3국은 2003년에서 2009년까지 민간 공동 연구를 진행한 바 있고 또 2010년에서 2011년까지는 산관학 공동 연구를 진행한 바 있다. 산관학 공동 연구보고서는 한중일 FTA 협상의 기본 원칙으로 첫째, 포괄적이고 높은 수준의 FTA, 둘째, WTO 규범과의 합치

성, 셋째, 상호주의와 호혜에 기초한 이익의 균형 달성, 넷째, 각국의 민감한 부분에 대한 적절한 고려를 제시했다.

한중일 FTA가 체결될 경우 NAFTA, EU에 이은 세계 3위의 경제권이 형성된다. 2012년 기준 한중일 3국의 GDP 합계는 세계 전체의 21.2%, 교역액은 세계 전체의 16.9%, 외환보유액은 세계 전체의 44.8%를 차지하고 있다. 중국의 고성장이 지속될 경우 머지않은 시기에 세계 1위 경제권으로 올라설 수도 있다. 거기다 3국의 인구 규모는 세계 전체의 22%, 국방비도 세계 전체의 14.7% 규모다.[117] 세계 1급 국가들의 연합이라고 할 수 있다.

또한 한중일 FTA 체결은 동아시아 전체의 경제 통합을 위한 핵심 추동력이 될 것이다. 동아시아 경제 통합은 RCEP를 중심으로 진전되고 있지만 그 핵심은 한중일 3국이다. 이와 함께 한중일 FTA 체결은 단순한 3국 간 경제 통합의 진전을 넘어 외교안보 분야를 포함한 3국 관계의 전반적 심화 발전에 크게 기여할 수 있을 것으로 판단된다. 특히 3국 간에 공동체 의식을 배양함으로서 이 지역의 전반적인 긴장 완화와 함께 동북아 지역 협력체의 형성 및 발전에도 기여할 수 있을 것이다. 또한 북한을 개혁 개방으로 이끄는 데도 일정한 역할을 할 수 있다. 한중일이 FTA를 체결하여 경제 통합이 진전되면 북한은 동북아 경제 시스템에서 고립된 섬으로 남게 된다. 북한의 개혁 개방에 대한 일정한 압력 요인이 될 수밖에 없다. 그런 점에서도 3국 FTA는 단순한 경제 분야를 넘어서는 의미가 있다고 할 수 있다.

한중일 FTA 협상에 임하는 3국은 각각 다른 전략적 비전을 가지고 있는 것으로 보인다. 우선 중국은 오바마 행정부가 아시아 중시 정책을 천명

117_외교부, 『2013 한일중 협력 개황』, pp. 330-331.

한 뒤 중국을 배제한 환태평양 경제동반자협정(TPP: Trans-Pacific Strategic Economic Partnership)을 추진하자 위협감을 느끼고 있다. 한중일 FTA, RCEP 협상 참여를 통해 이에 대응할 필요성을 가지고 있다. 일본은 중국에 대한 견제 필요성과 함께 EU 및 미국과의 FTA 체결을 통해 앞서가고 있는 한국에 대해 부담을 느끼고 있다. 특히 한국이 2012년 5월 중국과의 양자 FTA 협상 개시 선언을 하자 한국의 중국 내수시장 선점을 견제하고 동아시아 경제 통합 논의에도 소외되지 않기 위해 한중일 FTA에 적극적 관심을 보이고 있다. 중국 일본에 비해 한국은 3국 FTA에 대해 적극성이 덜해 보인다. 한중 FTA 협상 타결이 우선적 관심인 것 같다.

한중일 3국은 1년에 3차례의 협상을 한중일 3국 순환 원칙으로 개최해 왔다. 2014년 말까지 6차례의 공식 협상을 가졌다. 3국은 상품 서비스 투자 규범 등 모든 분야 협상을 일단 동시에 개시했지만 협상 과정은 순탄치 않아 보인다. 그러나 2014년 11월 베이징 APEC 정상회의 중 개최된 한중 정상회의에서 한중 FTA 협상 타결이 선언되면서 한중일 FTA 협상에도 새로운 모멘텀이 만들어졌다. 3국 FTA 협상이 타결되면 그것이 갖는 경제적 정치적 의미는 엄청날 것으로 평가되며 3국 통합에의 중요한 일보가 될 수 있을 것이다.

(3) 북한 문제의 토의

2010년 5월 29~30일간 제주에서 개최된 3국 정상회의에서는 3월 26일 황해에서 침몰된 천안함 사건이 핵심 현안으로 토의되었다. 북한의 소행으로 결론을 지은 한국 측은 유엔 안보리에서의 북한 제재 문제와 관련 일본과 중국 측의 협조를 요청했다. 그러나 중국 측은 천안함 사건이 북한 측에 의해 저질러졌다는 점을 인정하기를 거부했고 북한에 대한 추가 제재에도 반대했다. 그러나 정상회의 후 3국은 천안함 사건 관련 사항을 포함한 아래 내용의 공동 언론 발표를 했다. "3국 정상들은 3월 26일 발생한 한국의 해군 함정인 천안함 침몰 사건에 대해서도 의견을 교환했다. 3국 정상들은 이 사건으로 많은 사람들이 희생된 데 대해 위로의 뜻을 표시했다. 중국과 일본 정상은 한국과 국제합동조사단이 진행하고 있는 동 사건 조사에 큰 의미를 부여하고 각국의 반응을 중시했다. 3국 정상들은 이 지역의 평화와 안정을 위해 이 문제를 적절히 다루어 나가기로 했다. 3국 정상들은 비핵화된 한반도가 동북아 지역의 영속적인 평화, 안보 그리고 경제적 번영에 크게 공헌할 것이라는 데 대해 공통의 인식을 나누었다. 이를 위해 3국은 2005년 6자회담 프로세스를 통해 발표된 9·19 공동성명상의 제반 목표를 실현시키기 위해 공동의 노력을 기울여 나가기로 했다."[118]

2011년 5월 도쿄 개최 3국 정상회의에서도 북한 문제는 협의되었으며 정상회의 후 정상선언문에 포함되어 발표되었다. 3국은 한반도 비핵화가 동북아의 평화와 안정에 크게 기여할 것이라는 견해를 공유하고 북한이 주장하는 우라늄 농축 프로그램에 관한 우려가 표명되었다. 3국 정상은 진정성 있고 건설적인 남북 대화의 필수적인 중요성을 강조하고 6자회담 재개 여건 조성을 강조했다.[119]

회담 후 원자바오 총리가 이명박 대통령과의 긴급 면담을 요청하여 김

118_"지역문제(regional affairs) 3국 정상회의(2010년 5월 30일)" 참조; http://www.mofa.go.jp/region/asia-paci/jck/summit1105/declaration.html(검색일: 2014년 4월 16일).

119_"정상선언문(2011)" 참조; 외교부, 『2013 한일중 협력 개황』(서울: 외교부, 2013), pp. 267-272.

정일 위원장과의 정상회담을 적극 권했다. 이때 이명박 대통령은 북한이 천안함과 연평도 도발에 대해 책임 있는 모습을 보여야 남북 정상회담이 가능하다는 입장을 말했고 결과적으로 회담이 성사되지 못했다.[120]

2012년 5월 베이징 개최 3국 정상회의에서도 북한 문제가 논의되었다. 이 회의에서 3국 정상은 북한의 장거리 로켓 발사와 관련한 유엔 안보리의 강력하고 신속한 의장 성명 채택을 평가하였으며 차후 북한의 핵 실험이나 추가적 도발을 용납할 수 없다는 데 의견을 같이하고 이를 위해 계속 긴밀히 협의키로 했다.[121] 노다 총리는 납치자 문제와 관련한 한국과 중국의 지지와 협력에 사의를 표시했다.[122]

4. 조정기: 2013년 2014년 정상회담 개최 연기

1) 배경

2013년을 전후하여 한중일 3국의 최고 리더십이 모두 교체되었다. 먼

120_이명박, 『대통령의 시간』(서울: 알에이치코리아, 2015) pp.330-361.

121_"제5차 한일중 정상회의 결과" 참조; http://www.mofa.go.jp/region/asia-paci/jck/summit1105/declaration.html(검색일: 2014년 4월 16일).

122_"공보(Announcement) 면의 제5차 한중일 정상회의 요약(summary)(2012년 6월 27일)" 참조; http://www.mofa.go.jp/announce/jfpu/2012/06/0627_01.html(검색일: 2014년 4월 16일).

저 중국에서는 2012년 11월 제18기 공산당 전국대표대회가 개최되어 시진핑 총서기를 주축으로 한 5세대 리더십이 등장했다. 이어 12월에는 일본 총선에서 자민당이 승리하여 아베 총리 내각이 출범했다. 한국에서는 2013년 2월 박근혜 대통령 정부가 출범했다. 2011년 말 북한에서 김정은 체제가 출범한 것을 생각하면 동북아 핵심 4개국의 리더십이 1년여 만에 동시에 교체되어 새로운 리더십이 등장한 것이다.

새로 등장한 한중일 3국의 최고 리더십은 몇 가지 공통점을 가지고 있었다. 첫째는 상대적으로 모두 젊은 세대라는 점이다. 한중일 3국 정상 모두 1950년대에 출생했다. 2차 세계 대전 이후 출생한 전후 세대다. 한국과 중국의 새 지도자들은 모두 전임자에 비해 10여 년씩 젊은 지도자들이다. 북한의 김정은 제1비서까지 포함하면 더 말할 나위가 없다. 세대교체가 반드시 변화를 의미하는 것은 아니지만 어쨌든 동북아 국제정치에서 동시에 젊은 새로운 리더십이 등장했다는 것은 적지 않은 의미가 있다고 할 수 있다. 둘째는 새 정치지도자들이 모두 정치 명문 가문의 2세들이라는 점이다. 한국의 박근혜 대통령은 한강의 기적으로 불리는 한국의 고도 경제성장을 이끈 박정희 전 대통령의 딸이다. 중국의 시진핑 주석은 중국공산당의 원로인 쉬중신 전 부총리의 아들이다. 아베 총리는 외조부가 2차 세계 대전 후 초기 총리를 지낸 기시 노부스케이며 부친도 자민당의 파벌 영수였던 아베 전 외상이다. 선대들이 모두 정치적으로 중요한 인물들이었던 만큼 집안 내력 상 우여곡절과 부침이 많았다고 할 수 있다. 선대의 슬하에서 정치를 직접 보고 경험했다. 그만큼 내공이 강하다고 할 수도 있다.

이러한 공통점과 함께 새로 출범한 리더십은 모두 전임자들로부터 만만찮은 부의 유산을 물려받았다. 아베 총리는 전임자인 노다 민주당 내각의 센카쿠 열도 국유화로 더욱 악화된 중일 간의 센카쿠 영유권 분쟁이라는 어러운 과제를 물려받았다. 전쟁의 위기까지 거론될 정도로 심각한 상황이 계속되고 있다. 또 박근혜 대통령은 전임자인 이명박 대통령 정부 때부터 더욱 심각해진 한일 간 독도 분쟁의 유산을 물려받았다. 한중일 3국 관계가 전임 정부 때부터 매우 나빠진 상황에서 그 유산을 물려받은 것이다.

이와 같이 일본을 위요한 중일 간과 한일 간의 관계가 매우 악화된 상황에서 3국에서 새로운 정부가 출범했다. 특히 일본에서 보수 우익의 아베 자민당 내각 등장이 3국 관계를 더욱 경색되게 했다. 자민당은 선거공약에서부터 보수 우익 색채를 강하게 드러냈다. 강한 일본과 자랑스러운 일본을 내세운 자민당은 군비 확대, 집단적 자위권 보유와 침략 전쟁을 반성한 역사 교육을 부정하는 공약 등을 내세우고 집권했다. 아베 총리는 집권 초에는 이념형 정책을 본격적으로 추진하지 않고 돈을 풀어 경기를 부양하는 소위 아베노믹스에 주력했다. 초기에 주가가 상승하고 기업 실적이 개선되어 지지율이 급등했다. 아베 정권은 이에 기반을 두어 2013년 7월의 참의원 선거에서 압승했다. 이러한 국내 정치적 자신감을 배경으로 보수 우익적 정책을 본격적으로 추진하기 시작했다. 대표적인 것이 헌법 해석 변경을 통한 집단적 자위권 행사 추진이다. 또 과거 일본의 식민 지배를 사죄한 무라야마 담화와 강제 동원 일본군 위안부의 존재를 인정하고 사죄한 고노 담화에 대한 부정적 태도다. 이러한 상황에서 아베 총리는 2013년 12월 26일 일본 군국주의의 상징인 야스쿠니 신사 참배를 단행했다. 2006년 고이즈미 총리의 야스쿠니 신사 참배에 이어 현직 총리로서는 7년만의 일이다.

이와 같이 집권 이래 아베 정권의 역사 수정주의적 태도와 국수주의적 경향이 계속되는 가운데 한일 관계와 중일 관계는 계속 악화되었다. 특히 2013년 말 아베 총리의 야스쿠니 신사 참배에 대해 한국과 일본은 각각 정부 대변인 성명과 외교부 대변인 성명을 통해 이를 강력히 규탄하고 비난했다. 그 후 한국과 일본은 미국 오바마 대통령의 주선으로 2014년 3월 말 네덜란드 헤이그에서 개최된 핵 안보 정상회의 기회를 이용하여 한미일 3자 정상회합을 가졌으나 관계 개선을 위한 별다른 모멘텀을 만들지 못했다.

그 후 2014년 11월 베이징에서 개최된 APEC 정상회의 개최 기회에 중일 간 사전 교섭을 바탕으로 시진핑 주석과 아베 총리 간의 정상면담이 이루어지고 또 미얀마 개최 ASEAN+3 정상회의 개최 기회에 박근혜 대통령과 아베 총리가 만남으로서 한중일 3국 관계 개선을 위한 분위기 조성 작업이 진행되었다.

2) 주요 이니셔티브 및 외교 전략

(1) 박근혜 대통령의 동북아 평화 협력 구상

박근혜 대통령은 신뢰와 원칙의 정치인으로 불린다. 정치생활 중 늘 신뢰와 원칙을 강조해 왔다. 박근혜 대통령의 이러한 평소의 정치 철학과 신념이 외교 분야에 적용된 것이 바로 신뢰 외교(Trustpolitik)라고 할 수 있다. 박근혜 대통령의 정치철학이며 동시에 대외 정책을 다루는 방법론과 비전을 포괄하는 개념이다. 국가 간에 신뢰의 인프라를 구축하여 높은 수준의 협력을 이끌어 내고자 하는 노력이다. 신뢰 외교는 현실 정치를 도외시한 유토피아적인 이상주의나 정치적 낭만주의가 아니며 한국의 독특한 역사적 경험과 한반도 및 동북아 그리고 국제사회의 현실에 대한 냉철한 인식에 토대를 둔 개념이라는 설명이다. 신뢰 구축은 속성상 시간이 걸리고 일관성 있는 원칙 적용이 필요하다. 정치적 편의주의나 성급한 가시적 성과

주의를 피해야 한다고 할 수 있다.[123] 신뢰 외교 개념이 처음으로 소개된 것은 박근혜 대통령이 집권 여당의 잠재적 대선 후보로서 『포린 어페어즈(Foreign Affairs)』 2011년 9~10월호에 게재한 기고문('A New Kind of Korea : Building Trust Between Seoul and pyongyang')을 통해서였다.

이러한 신뢰 외교가 동북아 정책으로 구체화된 것이 동북아 평화 협력 구상이다. 동북아 평화 협력 구상이 대외적으로 소개된 것은 2012년 10월 15일 한중일 3국 협력사무국(TCS) 1주년 기념 리셉션에서였다. 당시 여당 대통령 후보로 참석한 박근혜 대통령은 축하 연설을 통해 자신이 집권하면 신뢰에 기반을 둔 새로운 동북아의 실현을 위해 '동북아시아 평화 협력 구상(Northeast Asian Peace and Cooperation Initiative)'을 추진하겠다고 밝혔다.[124]

이 구상의 기본 개념은 역내 평화와 협력의 질서를 만들어 가기 위한 다자 대화 프로세스라고 할 수 있다. 동북아 국가들이 관심을 가지고 있고 협력을 통해 성과를 낼 수 있는 현안들을 발굴하여 촘촘한 협력의 그물망, 네트워크를 만들어 신뢰를 구축해 나가겠다는 것이다. 유럽의 1975년 헬싱키 협정 프로세스의 모델과 유사한 협력의 모델을 동북아의 현실에 맞추어 적용하려는 구상이었다.

동북아 평화 협력 구상은 박근혜 대통령의 집권 후 대외 정책의 핵심 어젠다로서 계속 다듬어지고 발전되고 있다. 구체적 실천 방안도 계속 연구되고 있다. 동북아 평화 협력 구상은 몇 가지 목표를 상정하고 있다. 첫

123_윤병세, "박 대통령의 신뢰 외교: 대한민국 외교의 새로운 패러다임" 참조; 외교부, 『2013 신뢰 외교』(서울: 외교부, 2013), pp. 372-383.

124_『조선일보』, 2012년 10월 16일, A3, A4, A5.

째는 대화와 협력의 관행을 축적하는 것이다. 이를 통한 신뢰 구축으로 동북아 지역에 평화와 협력의 문화를 정착하는 것이다. 둘째는 역내 협력 메커니즘 구축을 통한 지속 가능한 평화와 번영의 기반을 확보하는 것이다. 셋째는 북한의 국제사회 참여를 유도하고 북핵 문제 해결에 긍정적 기여를 하는 것이다. 나아가 이 구상을 발전시켜 북한의 안보 우려도 다룰 수 있는 동북아 다자 안보협의체를 추진해 나가는 것이다.

동북아 평화 협력 구상은 참여 대상과 의제와 관련하여 관련국의 개방적 참여와 비전통 연성 안보 이슈를 내세우고 있다. 우선 동북아 국가들, 즉 한중일과 러시아 북한 몽골 및 전통적으로 동북아 지역과 밀접한 이해관계를 가지고 있는 미국을 참여 대상 국가로 상정하고 있다. 역내 협력 경험을 공유할 수 있는 EU, ASEAN, OSCE 등의 옵서버 참여도 고려하고 있다. 그리고 기존의 한중일 3국 협력체제와도 병행 추진될 것임을 밝히고 있다. 의제와 관련해서는 '비전통 연성 안보 의제', 즉 환경 문제, 에너지 안보, 원자력 안전, 재난 구호, 사이버 이슈 등을 고려하고 있다. 협력이 진행되는 과정에서 공감대가 형성되면 전통 안보 의제, 즉 정치 군사 이슈 분야로 협력 의제를 확장해 나갈 수도 있을 것이다.

추진방식과 관련해서는 점진적 단계적 접근이라는 입장을 취하고 있다. 초기에는 과정(process)에서 시작, 상황을 보아 가며 제도화(instituion-alization)를 추진한다는 입장이다. 참여가 가능한 국가부터, 협력이 용이한 분야부터, 부담이 적은 실무급 민간 영역에서부터 시작하여 모두가 편하게 느끼는 속도로 간다는 것이다. 서두르지 않겠다는 입장이다. 또 상향식(bottom-up)으로 나가되 적절한 시기에 고위급의 정치적 의지를 통한 하향식(top down) 접근도 추진한다는 전략이다. 기존의 한중일 3국 협력체제와 같은 소다자 협력체와 상호 보완적 발전을 추진한다는 입장이다.

문제는 이러한 네트워크를 통해 신뢰가 쌓이기까지에는 상당한 시간이 소요될 수밖에 없다는 것이다. 쉽지 않은 인내와 시간이 필요한 구상이라고 할 수 있다. 즉 박근혜 정부 5년 이내에 달성하고자 하는 구체적인 성과를 상정함과 동시에 이에 지나치게 구애되지 않고 긴 안목에서 큰 그림을 보고 나가겠다는 생각이다.[125]

평화 협력 구상의 구체적 이행과 관련 박근혜 정부는 첫 1년차에서는 구상의 기본 내용에 대한 설명과 관련국들의 지지를 확보하는 노력을 기울였다. 그러나 관련국들의 일반적인 지지에도 불구하고 구상이 상정하고 있는 핵심 국가들인 한중일 3국이 과거사 문제, 영토 문제 등으로 2013년 새 정부 출범 이래 계속 갈등을 노출하고 있어 구상의 실제 이행에 어려움이 있었다.

이러한 상황에서 박근혜 대통령은 2014년 8·15 경축사에서 평화 협력 구상의 첫 실천적 과제로서 '동북아 원자력 안전 협의체' 구성을 제의했다. 동북아가 세계 원전의 20%가 모여 있는 원전 과밀지대이고 또 한중일 3국이 건설 중이거나 계획 중인 원전이 완공되면 세계 원전의 30%에 달하는 200여 기의 원전이 위치하게 되는 것을 생각하면 이러한 제의는 매우 시의 적절한 것이었다고 할 수 있다. 특히 2011년 3월 발생한 일본 후쿠시마 원전 사고를 생각하면 더욱 그러하다. 그러나 명분과 필요성에도 불구하고 원자력의 국가 주도적 특성, 원전 모델과 안전 기술, 핵연료 주기의 차이 등으로 제의의 구체적 실천을 위해서는 쉽지 않은 여러 어려움이 예상되고 있다.

125_동북아 평화협력구상팀, 『동북아 평화협력구상』(서울: 오름, 2014), pp. 19-66.

이에 따라 우선 원자력 안전 문제의 한 분야로서 한중일 3국 간에 기존에 작동하고 있는 원자력 안전 고위 규제자 회의(TRM)의 외연을 확대하는 방안도 검토되고 있다. 확대 고위 규제자 회의(TRM+)는 이미 2014년 9월 초 일본에서 '후쿠시마 원자력 발전소 사고의 교훈'이란 주제로 한중일 이외에 미국 러시아 등이 참가한 가운데 비공개 워크숍 형태로 개최된 바 있다.

이와 함께 동북아 평화 협력 구상을 관련국 정부 차원에서 협의를 진행시켜 나가려는 노력도 계속되고 있다. 이와 관련 한국 외교부는 2014년 10월 28일 국립외교원에서 '평화와 협력의 동북아로 가는 길'을 주제로 포럼을 개최했다. 한국 중국 일본 미국 러시아 몽골의 6개국 정부 대표와 민간 전문가, 국제기구 관계자 등 200여 명이 참석했다. 동북아 평화 협력 구상 관련 정부 관계자 회의가 개최된 것은 처음이었다. 주유엔 대표부를 통해 북한에게도 초청장이 전달되었으나 북한은 참여하지 않았다. 정부 관계자들과는 별도로 민간 전문가들은 국립외교원에서 원자력 안전, 에너지 안보, 사이버스페이스 등 3개 의제를 놓고 토론을 벌였으며 이어 경기도 곤지암 리조트에서 이틀간 추가로 워킹 그룹 토론을 한 후 정책제안서를 제출했다.

(2) 아베 총리의 '주장하는 외교'

아베 총리는 2006년 제1차 아베 내각 출범 시 정책목표로 내정 면에서는 '전후 레짐으로부터의 탈피', 외교 면에서는 '주장하는 외교'를 내세웠다. 대외적으로는 종래의 수동적인 외교 행태에서 탈피하여 일본의 입장을 명확히 주장하고 필요시 외교적 이니셔티브를 취하겠다는 입장을 밝힌 것이다.[126]

아베 총리는 2002년 고이즈미 총리의 평양 방문 시 관방부장관으로서 동행했는데 북한의 일본인 납치 문제에 대해 강경한 입장을 고수하여 국민적 인기를 모은바 있고 고이즈미 총리의 야스쿠니 신사 참배도 지지함으로서 일본 내 보수 우익의 기대를 한 몸에 모으는 스타 정치인이 되었다. 그는 이를 기반으로 2006년 자민당 총재 선거에서 승리하여 51세의 젊은 나이에 전후 최연소 총리가 되었다. 그는 제1차 내각 총리로 재임 시에는 전반적으로 신중한 외교 행보를 보였다. 일미 동맹의 강화, 국제협력의 확대, 한국 중국 등 인근 국가와의 관계 제고를 외교의 3개 기본 축으로 추진했다. 야스쿠니 신사 참배 문제와 관련하여 명확한 입장을 밝히지 않는 이른바 확인도 부인도 않는 태도를 취했다. 또 식민지 지배에 대한 사죄의 입장을 밝힌 무라야마 총리 담화와 위안부 문제에 대한 입장을 밝힌 고노 담화에 대해서도 원칙적으로 이를 계승한다는 입장을 밝혔다. 이웃국가인 한국과 중국의 입장을 고려하고 또 고이즈미 정권 당시의 미국의 비판을 고려한 신중한 행보였다고 할 수 있다. 이를 바탕으로 아베 총리는 취임 초 중국과 한국을 연이어 방문하여 고이즈미 총리 당시 경색된 한국과 중국과의 관계 개선에 적극 나선바 있었다. 그 후 아베 총리는 전후 체제 탈피라는 자신의 이념을 펴기 위한 노력을 시작하다가 지지율 하락과 건강상의 이유로 취임 1년 만에 총리직에서 물러났다.[127] 이러한 '주장하는 외교' 노선의 기본은 2012년 12월 출범한 아베 2차 내각에서도 계속되고 있다고 할 수 있다. 다만 달라진 점은 보수 우익적 경향이 확연히 드러나고 있는 점이다.

126_아베 총리, "주장하는 외교에의 전환(2006년 9월 29일)" 참조; http://www.kantei.go.jp/jp/abespeech/2006/09/29syosin.html(검색일: 2014년 4월 22일).

127_田中明彦, 『アジアのなかの日本』(東京: NTT出版, 2007), pp 311-318.

집권 초기에는 엔화의 대량 공급을 통한 경기 부양이라는 경제 정책(아베노믹스)에 주력하면서 비교적 조심스런 운행 모드를 보였다. 그러나 2013년 7월 참의원 선거 압승 이후에는 이념 강경 노선으로의 정책 기조 전환을 확연히 드러냈다. 일본판 NSC 도입, 특정 비밀 보호법 등 이념형 정책을 국회에서 강행 통과시켰다. 2013년 12월에는 일본 현직 총리로는 7년 만에 야스쿠니 신사를 참배함으로서 한국과 일본의 강력한 반발을 일으켰다. 또한 2014년 7월에는 헌법 해석 변경을 통해 집단적 자위권 도입을 결정했다. "집단적 자위권을 보유는 하되 행사하지 않는다"는 역대 내각의 헌법 9조 해석을 뒤엎은 것이다. 이어 2차 대전 시 위안부 동원의 강제성을 인정한 고노 담화에 대한 재검증 작업을 진행시켰다. 영토 문제와 관련해서는 센카쿠(중국명 댜오위다오) 영유권과 관련 중국에 강경하게 대응하고 있으며 독도(일본명 다케시마)와 관련해서도 과거와 달리 국제사회를 상대로 독도의 분쟁 지역화 캠페인을 적극적으로 전개하고 있다.

아베 총리는 2014년 11월 중의원을 전격적으로 해산한 뒤 이어 12월에 치러진 총선에서 압승함으로서 장기 집권의 문을 열며 국내 정치 기반을 공고히 했다. 이에 따라 대외적으로 일본의 입장을 강력히 투사해 나가겠다는 소위 '주장하는 외교'도 계속 힘을 받고 있는 판국이다.[128]

128_일본에서는 일본 외교 안보의 정체성을 중견 국가에서 찾아야 한다는 주장이 있다. 게이오대학교의 소에야 요시히데가 대표적인 학자다. 그는 일본이 2차 세계 대전 후 경제 강국이 되면서 이에 걸맞은 책임의식을 가지고 국제 문제에 적극 개입해야 한다는 이른바 대국외교의 주장이 있지만 이는 적절치 않으며 중견 국가에서 입지를 찾아야 한다고 주장한다. 그는 일본이 전쟁의 영구 포기를 헌법에 명문화한 국가로서 평화주의를 국시로 하고 있기 때문에 안보를 미국에 의존하면서 대외적으로는 목소리를 낮추는 외교를 해왔는데 앞으로는 한국과 함께 동아시아의 이해 조정자라는 역할에서 정체성을 찾아야 한다고 말한다. 그는 미들 파워란 국익과 국제사회의 이익 간 조화를 의식하면서 다자간 외교를 중시하는 국

(3) 시진핑 체제의 주변 외교

2012년 11월 중국공산당 제18차 당 대회와 2013년 3월의 제12기 전인대 회의를 통해 시진핑 국가주석 중심의 신지도부가 출범했다. 시진핑 주석은 집권 초기부터 전임자에 비해 강력한 국정 장악력을 발휘했다. 집단지도 체제가 사실상 시진핑 1인 체제로 바뀌었다는 이야기가 나올 만큼 시 주석 중심으로 권력 집중 현상이 나타났다. 그 이면에는 전면적인 개혁에는 강력한 리더십을 필요로 하는 거버넌스 상의 필요성과 부패 척결 등 정책방향에 대한 중국 국민의 지지, 태자당 출신으로서의 견고한 권력 기반 등이 배경에 있는 것으로 보인다.

시진핑 체제의 본격 출범 이래 나타나고 있는 중국의 대외 정책방향의 두 가지 큰 줄거리는 신형대국 관계와 주변 외교 전략이다. 이와 함께 아시아 지역 안보 문제와 관련해서는 신 안보관이 피력되었다. 이런 외교안보 전략들은 모두 동북아를 포함한 아시아 지역과 직간접으로 연관되어 있다. 여기에서는 우선 주변 외교 전략에 대해서 검토해 보기로 한다.[129]

가를 뜻하는데 일본과 한국이 중국이나 미국처럼 주도적으로 아시아 안전보장 문제에 관여하는 것은 불가능하다는 입장이다. 그는 특히 급부상하는 중국에 대응하는 이해 조정자로서 동아시아의 역할이 중요해졌다고 보면서 민주주의와 시장경제라는 가치를 공유하면서 지정학적으로도 비슷한 처지에 놓인 한국과 일본의 공동보조를 주장했다. 그는 특히 한일 양국의 외교적 협력은 중국에 대한 견제이면서 미국의 바람직한 동아시아 개입을 유도할 수 있다는 점에서 의미가 크다고 주장한다. 참조; "日, 美의존 소극적 외교 벗고 다자간 조정자 역할 나서야," 『동아일보』, 2012년 1월 4일, A6.

129_주변 외교의 기본 개념은 지리적으로 육지 해양국경을 마주하고 있는 동북아 동남아 남아시아 중앙아시아 국가들과의 외교관계를 의미한다고 할 수 있다. 중국은 14개 국가(러시아, 카자흐스탄, 키르기스스탄, 타지키스탄, 몽골, 북한, 베트남, 라오스, 미얀마, 인도, 부탄, 네팔, 파키스탄, 아프가니스탄)와 육지 국경을 6개 국가(한국, 일본, 말레이시아, 인도네시

시진핑 체제 출범 후 주변 외교 전략이 본격적으로 제시된 것은 2013년 10월 24일부터 25일까지 개최된 '주변 외교 공작(업무) 좌담회'에서였다. 이 회의는 리커창 총리 주재로 개최되었으며 중국공산당 정치국 상무위원 전원이 참석했다. 중국의 시진핑 체제 출범 후 5년 내지 10년까지의 주변 외교 업무에 관한 전략목표와 기본 방침들을 토의하기 위한 회의였다. 이 회의에서 시진핑 주석은 '두 개의 백 년'과 중화민족의 부흥이라는 중국의 꿈 실현을 위해서는 주변국과의 선린관계 강화와 우호협력 확대가 필수적이라고 말하면서 주변 외교 강화를 역설했다. 시 주석은 중국이 발전하려면 유리한 주변 환경을 조성해야 하며 이러한 차원에서 주변국과 경제는 물론 외교안보 차원에서 적극적인 외교를 추진해야 한다고 강조했다.

시 주석은 이 회의에서 이웃을 선하게 대하고 동반자로 삼는다는 여린위선(與隣爲善)과 화목한 이웃을 의미하는 목린(睦隣), 안정된 이웃을 의미하는 안린(安隣), 부유한 이웃을 의미하는 부린(富隣)이라는 기존 정책과 함께 친성혜용(親誠惠容)이라는 새로운 기본 방침을 제시했다. 인심을 얻고 마음을 훈훈하게 하는 일을 펼쳐 주변국이 중국을 더욱 친근하게 느끼며 이해하고 지지하게 만들어 중국의 친화력, 감화력, 영향력을 키워야 한다고 말했다.

시 주석은 이 좌담회에서 주변 외교의 분야별 정책도 제시했다. 경제 분야에서는 상호 이익과 윈윈 구조의 심화를 강조했다. 실크로드 경제 벨트와 21세기 해상 실크로드 건설을 제안하고 자유무역협정 체결 및 경제 통합 추진 노력을 강조했다. 아시아 인프라 투자은행(AIIB) 설립을 통한 역

아, 브루나이, 필리핀)와 해양 국경을 마주하고 있다.

내 금융 안전 네트워크 건설도 제안했다.[130] 안보 분야에서는 역내 안보 협력을 강조했다. 상호 신뢰, 상호 이익, 평등, 협력의 신 안보관을 견지하고 전략적 상호 신뢰 증진을 강조했다.[131] 시진핑 체제에서 주변 외교의 중요성이 강조되고 있는 배경에는 2010년대 들어 중국의 주변 지역 정세가 더욱 복잡해지고 있는 상황과 관련된다고 할 수 있다. 주변국과의 영토 분쟁 격화, 미국의 아시아 회귀 등 대국 간 전략적 경쟁 심화 등이 배경에 깔려 있다. 이와 관련 중국의 주변 외교 방향은 일단 인접국과의 친선 및 우호, 공동 발전을 강조하는 선린외교라고 할 수 있다. 아시아 지역에서 중국 위협론이 확산되는 것을 막고 미국의 아시아 개입에 유리한 환경이 조성되는 것을 막으려는 목적이 있다고 할 수 있다.[132]

중국이 주변국 외교를 추진하는 배경은 아래와 같은 세 가지 관점에서 볼 수도 있다.[133] 첫째, 지리적 요인이다. 중국은 14개 국가와 육지, 6개 국

130_이희옥 교수는 중국의 아시아 인프라 투자은행 구상을 중국의 주변 외교의 경제적 구상으로 파악했다. 참조; 이희옥, "중국 주변 외교의 경제적 구상: AIIB 구상," 『중국의 주변 외교와 한국』 성균차이나 포커스 제15호, 2014.11.01.

131_新華網 北京 10月 25日, '習近平在周邊外交工作座談會上發表重要講話强調' 기사 참조

132_陳堪 교수와 管傳靖 교수는 중국의 주변국 외교와 관련 앞으로 3가지 측면에서 전략적 논쟁이 있을 수 있다고 분석했다. 첫째는 도광양회와 비동맹 원칙을 계속 견지해야 하는가의 문제로서 예를 들어 미국의 전략적 압력에 대항하여 러시아와 동맹하는 문제, 반군사동맹적 성격의 상하이 협력기구(SCO)를 통한 회원국들에 대한 안전 보장 제공 방안 등의 문제이다. 둘째는 대국 외교와 주변국 외교 중 어느 쪽을 중시해야 하며 이들 양자 관계를 어떻게 조정해야 하는가 하는 문제로서 특히 중미 관계와 러시아 인도 등 주변국 외교관계를 어떻게 처리하느냐의 문제다. 셋째는 주변국 외교의 중점 방향을 어떻게 정하느냐의 문제로서 에너지와 상품 실크 로드로서 서부 국가들과의 관계 강화에 중점을 두는 서진 방안과 동남아 및 신흥 시장국가, 개발도상국들과의 관계를 강화하는 남진 방안 그리고 동북아, 동남아, 남아, 중아, 서아, 남태평양 지역의 소위 6대 지역 판을 모두 챙기는 대 주변 이념이다. 참조; 中國周邊外交的政策調整與新理念, 『當代亞太』, 2014년 3월

가와 해양을 마주하고 있는바 주변 국가와의 관계에서 발생한 갈등이 대국과의 충돌로 확산될 수도 있다. 실제로 건국 이래 중국이 경험한 무력 충돌인 1950년 한국전쟁 참전, 1958년 대만해협 위기, 1962년 중국-인도 간 분쟁, 1965년 베트남 지원, 1969년 중소 분쟁, 1979년 중-베트남 전쟁, 1959년 대만해협 위기 등 다수가 주변 국가에서 발생했다. 2010년 남중국해 동중국해 갈등으로 일부 주변국들은 중국과는 경제 협력, 미국과는 안보 협력의 형태로 위험 분산 정책을 추진했다. 둘째는 일본과의 경쟁, 미국에 대한 대응과 관련된 것이다. 아베 정권이 적극적으로 몽골 러시아 동남아 국가들과의 관계 강화에 나서는 대중국 포위 전략에 대한 대응의 차원이다. 또한 미국의 아시아 중시 정책 천명이 일정 부분 중국 견제 전략에 기반하고 있는 데 대한 대응책 차원의 전략이다. 셋째는 경제적 요인이다. 중국의 10대 교역국이나 대중국 10대 투자국의 거의 절반이 한국 일본 아세안 등 주변 국가들인바 경제적 측면에서도 주변국들을 중시하지 않을 수 없는 측면이 있다.

시진핑 주석과 리커창 총리는 2013년 취임 후 러시아(3월), 인도(5월) 방문을 통해 주변 외교의 기초를 다지고 시 주석의 중앙아시아(9월), 동남아 순방(10월) 시 중국의 새로운 전략적 구상을 제안함으로서 주변 외교를 본격화했다. 특히 지도부 순방 계기에 '실크로드 경제권 건설'(중앙아), '21세기 해상 실크로드'(동남아), '아시아 인프라 투자은행'(동남아) 등을 제안함으로서 주변 외교를 구체화하고 있다.

그러나 중국의 주변 외교는 표면적으로는 친화적인 외교 행태를 보이

133_한국 외교부 발간, 중국 연구시리즈 2014-제1호 '2013년도 중국 주변 외교 현황 및 평가' 참조.

나 중국 외교가 핵심 이익(영토, 안보, 발전)과 관련해서는 매우 강경한 입장이어서 상호 모순과 충돌의 가능성이 있다고 하겠다.[134] 따라서 중국은 주변국이 자국의 영향력 하에 들어오면 시혜적인 모습을 보일 것이나 벗어날 경우 강경하고 압박적인 외교로 대응함으로서 전통적인 자국 중심의 주변 질서 구축을 시도해 나갈 것으로 보인다.[135]

중국이 아시아 지역 안보 문제와 관련 제시한 새로운 개념은 '신 안보관'이다. 시진핑 주석은 2014년 5월 상하이에서 개최된 아시아 교류 및 신뢰 구축 회의(CICA: Conference on Interaction and Confidence Building Meas- ures in Asia)에서 아시아의 세력 전이를 반영하는 새로운 안보질서가 아시아 국가들에 의해 구축되어야 한다는 소위 '신 안보관'을 피력했다. 중국 측은 현 동아시아 질서는 냉전 후 형성되었던 역내 협력 중심 구도에 대립과 갈등 구도가 강화되면서 공존하고 있는 뉴 노멀(New Normal) 상황이라고 진단한다. 중국 측은 중국의 부상에 따른 역내 세력 전이가 이루어지고 있음에도 불구하고 동아시아 안보 구도가 이를 반영하지 못함에 따라 대립과 갈등이 나타나고 있다고 주장한다. 중국 측은 미국 중심의 국제질서에 정면도전을 추구하는 것은 아니라고 주장하면서도 미국 중심의 역내 안보 질서가 불안정을 고조시키고 있다고 주장한다.[136]

134_중국은 18차 당 대회 보고에서 중국의 핵심 이익을 '국가주권, 영토완정, 평화발전'으로 규정하고 2013년 4월 발간된 국방백서에서는 해양강국 건설을 천명하고 해군력 강화, 정부 조직 개편, 해양 전략 수립 등을 추진하고 있다.

135_중국 역사에서 주변 외교는 원교근공(遠交近攻), 이이제이(以夷制夷), 조공체제(朝貢體制) 등 다양한 형태와 책략으로 나타났다.

136_2014년 7월 15일 중국 국제문제연구소 구어 샹강(Guo Xiangang) 부소장이 저자와 면담 시 언급하였다.

시진핑 체제의 전반적 외교 전략을 이해하기 위해서는 중국의 꿈과 신형대국 관계에 대한 이해가 필요하다. 시진핑 체제는 '중국의 꿈', 즉 '중화민족의 위대한 부흥'을 장기 국정목표로 제시했다. 시진핑 주석은 2012년 11월 29일 중국 국가박물관에서 개최된 '부흥의 길' 전시회에서 행한 연설에서 중국의 미래와 세계 속의 중국에 대한 비전을 '중국의 꿈'으로 제시했다. 그는 19세기 이후 약화된 국력과 후진성으로 인해 중국이 겪어야 했던 굴욕을 상기시키면서 중국이 지금 어느 때보다도 중화민족의 부흥이라는 목표에 가까이 와있다고 말했다. 그리고 중화민족의 위대한 부흥이라는 원대한 목표 구현을 위해 지속적인 노력의 필요성을 강조했다. 중국을 세계 무대의 중심으로 복귀시킨다는 구상이라고 할 수 있다. 물론 이러한 중국의 꿈에 대한 비전은 중국의 급속한 경제성장과 이를 기반으로 한 국제사회에서의 위상 강화를 배경으로 하고 있다. 중국은 머지않은 장래에 미국의 GDP를 능가할 수 있을 것으로 예측되고 있다. 그는 그해 12월 군부대를 방문했을 때는 중국의 꿈은 군사 면에서는 강력한 군대를 향한 꿈이라고 밝혔다. 부국강병이 중국의 꿈을 향한 실천적 과제임을 밝힌 것이라고 할 수 있다. 덩샤오핑 주석 이래 견지되어 왔던 경제 현대화 우선의 전략 노선에 일부 변화가 나타나고 있는 것이다. 덩샤오핑의 도광양회론과 후진타오의 화평굴기론에 비하면 훨씬 더 적극적인 비전이다.[137]

시진핑 주석은 방한을 앞둔 2014년 7월 3일 한국의 주요 일간지에 기고한 특별 기고문에서도 중국의 꿈을 거론했다.[138] 그는 중국의 국민이 '두

137_시진핑 시기 중국 대외 정책과 주변국의 대중국 전략 참조; 장 바오휘, 『시진핑의 외교 정책: 특징 및 의미』(서울: 국립외교원 중국연구센터, 2013).

138_『조선일보』, 2014년 7월 3일, A3.

개의 백 년'이라는 목표와 중화민족의 위대한 부흥이라는 중국의 꿈을 실현하기 위해 온 힘을 기울이고 있다고 언급했다.[139] 그는 한국도 제2의 한강 기적을 새롭게 만들어 나가고 있다고 말하면서 이를 위해 평화적인 외부 환경을 만들어야 한다고 강조했다. 그는 일단 동란이 발생하면 역내 국가 중 그 누구도 혼자만 무사할 수는 없다고 말하면서 지역 안정의 대국에 손해를 끼치는 어떠한 행동도 반대에 직면할 것이라고 말했다. 중국의 꿈 실현을 위해 평화적 굴기로 나갈 것임을 천명하면서도 중국의 굴기를 보호하는 강력한 군사력의 필요성도 암시한 것이다.

시진핑 주석의 중국의 꿈은 장기적 국가 비전, 국가 통합 이데올로기, 국가 위상 과시 메시지 등 복합적 함의를 내포하고 있는 것으로 보인다. 이러한 분위기를 반영하여 2014년 3월 개최된 양회(전인대와 정협)에서는 외교 분야에서 적극성과 진취성 견지, 책임 대국 역할 발휘, 국방 분야의 현대화 개혁 추진 등을 내세웠다. 특히 중국의 신지도부는 기존의 평화 발전 방침 위에 이른바 핵심 이익과 관련해서는 강경 입장을 견지하면서 중국 특색의 대국 외교 수립을 위해 노력하고 있는 것으로 보인다. 중미 관계의 기본 개념으로는 '신형대국 관계(new type of major power relationship)'를 미국 측에 제시하고 있다.

'신형대국 관계'는 오바마 행정부의 아시아 회귀 정책(Pivot to Asia)에 대한 대응으로 나온 전략으로 보인다. 중국의 부상은 미국에 대한 위협이

139_'두 개의 백 년'은 중국의 꿈을 실현하는 목표 시점을 의미한다고 할 수 있다. 중국 정부는 중국공산당 창당 100주년인 2021년까지 물질적인 어려움을 기본적으로 해소한 소강사회 신 중국 건국 100주년이 되는 2049년까지는 중화민족 부흥을 완성하는 현대적 선진 국가 건설을 목표로 내세우고 있다.

아니며 양국 관계가 제로섬 관계가 아닌 이익을 공유하는 관계로 발전되어 나갈 수 있다는 주장이다. 또 양 강대국이 공히 상대방의 핵심적 이익은 존중하는 관계를 의미하는 것으로 보인다. 상호 핵심 이익의 존중과 새로운 세계질서 하에서 힘의 공유를 강조하는 전략이다. 시진핑 주석은 2013년 6월 캘리포니아에서의 오바마 대통령과의 정상회담에서 신형대국 관계에 대한 중국의 비전을 설명했다. 그는 아시아 태평양 지역에서 미국의 주도권에 도전할 의사가 없음을 강조했다.

중화민족의 위대한 부흥을 내세우는 '중국의 꿈'이나 신형대국 관계, 신안보관 등 모두가 외교 분야에서의 적극성을 나타내는 개념들이다. 중국의 외교 정책이 과거 대외 환경에 대한 소극적 대응에서 대외 규범을 적극적으로 만들어 나가는 적극 외교로 변환되고 있음을 나타내고 있다.

3) 경과

앞장에서 본 바와 같이 한중일 3국 관계는 2012년 상반기까지는 비교적 순항했다. 2008년 시작된 3국 간 별도 정상회의가 연례적으로 개최되어 2012년 5월에는 베이징에서 제5차 정상회의가 개최되었다. 정상회의를 포함한 3국 간 고위 협의 메커니즘이 거의 안정적으로 정착되어 가고 있었다. 이러한 안정적 상황은 센카쿠 열도를 둘러싼 중일 양국 간의 분쟁이 표면화되고 급기야 2012년 9월 일본 정부가 센카쿠 열도에 대한 국유화 조치를 단행하면서 중일 간 관계가 급격히 악화되었다. 이에 따라 3국 간 제반 고위급 협의 메커니즘이 영향을 받기 시작했다. 2012년 하반기에 예정되었던 3국 관광장관 회의(10월 일본)와 보건장관 회의(12월 일본)가 모두 열리지 못했다.

2012년 12월 일본에 아베 정권이 등장하고 우경화 행보가 계속되자 역사 문제, 영토 문제 등을 둘러싸고 한중일 3국 관계는 더욱 악화되기 시작했다. 이에 따라 한중일 3국 간의 제반 양자 또는 3자 회의가 개최되지 못했다. 2013년 의장국인 한국에서 개최되어야 할 한중일 3국 정상회의가 개최되지 못했고 3국 외교장관 회의도 개최되지 못했다. 5월 인도에서 개최될 예정이던 3국 재무장관 회의도 무산되었다. 영토 문제, 역사 문제 등 국내 정치적으로 극히 민감한 사안들이 3국 국내 정치를 지배하고 있는 상황에서 3국 협력은 3국 모두의 외교 우선순위에서 밀리고 있었다고 할 수 있다.

이러한 상황에서 2013년 11월에는 중국이 일방적으로 센카쿠 열도를 포함한 동중국해 방공 식별 구역을 선포함으로서 한중일 3국 간의 긴장을 야기했다. 이어 12월 말에는 아베 총리가 현직 총리로는 2006년 고이즈미 총리 이래 7년 만에 야스쿠니 신사를 참배했다. 일본 군국주의의 상징적 시설물인 야스쿠니 신사를 현직 총리가 참배하자 한국과 중국의 대일 여론은 더욱 악화되었다. 3국 정상회의는 2014년에도 개최되지 못함으로서 정상회의가 2년 이상 개최되지 못하는 상황이 전개되었다. 이러한 상황을 반영하여 3국 외교장관 회의도 2013년과 2014년 모두 개최되지 못했다. 그러나 정치적 성격이 옅고 비교적 역사가 오랜 3국 간의 장관급 회의들은 이러한 상황에서도 개최되었다. 환경장관 회의, 문화장관 회의, 보건장관 회의, 재무장관 회의, 교통물류장관 회의와 재난 관리, 지진 협력, 특허, 감사 분야 등에서의 3국 기관장 회의다.

다만 한중일 3국 협력의 중요성과 협력 강화의 필요성 자체에 대해서는 3국 모두가 동의하고 있다. 2013년 6월 박근혜 대통령 방중 시 시진핑 주석과 면담 후 발표된 한중 미래 비전 공동성명(2013년 6월 27일, 베이징)에서도 "한중일 3국 협력이 3국 각자의 발전에는 물론 동북아의 평화와 공동 번영에 매우 중요한 역할을 하고 있다고 평가"하고, "양측은 3국 정상회의를 정점으로 하는 3국 협력체제가 안정적으로 발전해 나가야 한다는 데 인식을 같이한다"고 언급되고 있다. 또 공동성명 부속서(한중 전략적 협력 동반자 관계 내실화 이행계획)에서도 "양측은 전략적 관점과 장기적 시각에서 한중일 3국 협력을 바라보고 그간의 협력 성과를 바탕으로 한 3국 간 신뢰 구축이 긴요하다는 점에 인식을 같이한다"고 하고, "양측은 3국 협력체제의 안정적 발전 및 3국 협력사무국의 기능과 역할을 보다 강화하는 것을 검토한다"고 발표했다. 또 "3국 협력의 미래 방향으로서 경제 통합을 추진하고 지속 가능한 발전 협력을 강화하고 인문 사회 교류 및 지방 협력을 확대하는 한편, 3국 및 지역의 평화·안정·번영에 기여한다"고 밝히고 있다.[140] 일본도 3국 협력의 중요성에 대한 평가와 협력 강화 필요성에 대해서는 한국 및 중국과 동일한 입장이라고 할 수 있다. 한중일 3국 관계가 매우 경색된 상황에서도 3국 정상회담 개최를 주장해 온 일본의 태도를 봐서도 잘 알 수 있다. 이와 같이 3국 협력체제에 대한 3국의 적극적 태도는 다음에 기술할 2015년 초 개최 3국 외교장관 회의에서도 나타난다. 3국은 외교장관 회의 후 발표된 공동 언론발표문에서 "3국 협력체제가 동북아 지역의 평화 안정과 번영을 위한 중요한 협력의 틀로서 계속 유지 발전되어 나가야 한다는 데 인식을 같이했다" 고 발표했다.

한편, 3국 관계가 계속 어려운 상황에서 2014년 11월 미얀마 수도 네

140_"한중 미래 비전 공동성명 및 부속서" 참조; http://cms.mofa.go.kr/countries/asiapacific /countries/20110804/1-22623jspmenu=m(검색일: 2014년 5월 15일).

피도에서 개최된 ASEAN+3 정상회의에 참석한 박근혜 대통령이 3국 정상회의 개최를 제안한 것은 중요한 의미를 가진다고 할 수 있다. 당시 박 대통령은 3국 외교장관 회의를 우선 개최하여 정상회의 개최를 위한 제반 사항을 협의할 것을 제안했다. 한국 정부는 이러한 바탕 위에서 중국과 일본을 설득하여 2015년 3월 21일 제7차 3국 외교장관 회의가 서울에서 개최됐다. 윤병세 한국 외교장관, 왕이 중국 외교부장, 기시다 후미오 일본 외무상이 참석했다. 2012년 4월 이래 중단되었던 3국 외교장관 회의가 3년 만에 재개된 것이다. 특히 기시다 일본 외무상은 2012년 12월 아베 내각 출범 시 임명된 이래 한일 양국 관계 악화로 방한의 기회가 없다가 3국 외교장관 회의를 계기로 첫 방한했으며 이때 한일 간 양자 외교장관 회의도 개최되었다.

3국 외교장관 회의는 회의 후 공동 언론발표문을 냈는데 핵심적인 내용은 다음과 같다. 첫째, 3국 모두에게 편리한 가장 빠른 시기에 3국 정상회의가 개최될 수 있도록 노력해 나가기로 한 것이다. 3국 중 중국이 아베 정부의 역사 인식을 문제로 정상회의 개최에 계속 유보적 태도를 보였던 것을 생각하면 큰 성과라고 할 수 있다. 3국이 정상회담을 개최하기로 원칙적인 합의를 한 것은 3국 협력체제의 본격적인 복원을 의미하는 것이기 때문이다. 둘째, 3국은 역사를 직시하며 미래를 향해 나아간다는 정신으로 관련 문제들을 적절히 처리하고 노력하기로 했다.[141] 역사 인식 문제가 지

141_'역사를 직시하고 미래를 지향하는 정신'(In the spirit of facing history squarely and advancing towards future)이라는 표현은 3국 협력이 순조롭게 진행되고 있던 2009년과 2010년에 각각 발표된 '한중일 협력 10주년 기념 공동성명'과 '3국 협력 Vision 2020'에 사용된 표현이다.

난 수년간의 3국 협력의 가장 큰 장애 요인이었다는 인식하에 이 문제에 대해 3국이 협력해 나가기로 합의한 것이다. 셋째, 한반도에서의 핵무기 개발에 확고히 반대한다는 입장을 재확인하고 관련 유엔 안보리 결의 및 9·19 공동성명상의 국제적 의무와 약속이 성실히 이행되어야 한다는 데 의견을 같이했다. 넷째, 3국 협력체제가 동북아 지역의 평화 안정과 번영을 위한 중요한 협력의 틀로서 계속 유지 발전되어 나가야 한다는 데 인식을 같이하고 이와 관련 3국 협력사무국(TCS)의 노력을 평가했다. 이와 같이 2015년 초 3국 외교장관 회의가 개최됨으로서 3국 협력체제가 3년여의 조정 기간을 거쳐 정상 회복의 모멘텀을 일단 만들었다고 할 수 있다.

3장

3국 협력사무국(TCS) 출범

한중일 3국은 2010년 5월 한국의 제주도에서 개최된 정상회의에서 3국 간 협력관계 증진을 위한 상설 사무국 설립에 합의했다. 정상들 간의 합의에 따라 3국 정부 간에 관련 협정이 체결되었고 2011년 9월 한국의 수도 서울에 정부 간 국제기구로서 3국 협력사무국이 정식으로 문을 열었다.

3국 협력사무국 출범은 몇 가지 측면에서 큰 의의를 가진다. 첫째는 3국의 오랜 교류 역사상 3국 간 최초로 설립된 정부 간 협력기구라는 점이다. 역사적으로 오랜 기간 갈등을 보여 온 3국의 외교 관료들이 한 자리에 모여 일하게 된 자체가 역사적 사건이다. 또한 한국으로서는 상설 사무국 설립과 운용 면에서 동북아에서 전통적 강국인 중국 일본과 동등한 지분(equal footing)으로 참여한 것도 의미 있는 일이다.

두 번째는 과거의 오랜 갈등과 경쟁의 역사를 넘어 동북아 평화와 공동 번영의 역사를 지향하겠다는 3국의 미래지향적인 정치적 메시지의 표현이라고 할 수 있다. 이 과정에는 3국 협력사무국 설립을 주도한 당시 3국 정치지도자들의 역사의식과 정치적 의지가 그 바탕에 깔려 있다.

세 번째는 세계에서 가장 다이내믹한 지역인 동북아의 경제 강국들의 지역 협력 강화 노력이라는 점이다. GDP 기준 세계 2위, 3위 및 13위권의 한중일 3국이 자유무역협정 등을 통해 경제 통합을 강화해 나갈 경우 NAFTA, EU에 이은 세계 3번째 경제권역이 탄생한다고 할 수 있다.

네 번째는 동북아 지역에서 처음으로 가시화된 지역 협력 제도화 노력이라는 점이다. 특히 상설 사무국 설립은 발육부전 상태에 빠진 동북아 지역의 지역 협력기구 부재(organizational gap) 현상을 바꾸어 놓을 수 있는 중요한 계기가 될 수도 있다.

다섯 번째는 ASEAN+3를 핵심으로 한 동아시아 지역 통합 움직임에 기여할 수 있는 측면이다. 유럽 통합 과정에서 전통적 라이벌이었던 프랑스와 독일이 통합의 쌍두마차로서 모터와 엔진 역할을 했듯이 동아시아 통합에서는 이 지역의 헤게모니 국가들이라고 할 수 있는 중국과 일본의 역할이 두드러질 수밖에 없다. 다만 중국과 일본이 역사적 갈등을 극복하지 못하고 있는 상황에서는 상대적으로 중견 국가군이라고 할 수 있는 ASEAN 과 한국이 이러한 리더십 공백을 메우는 역할을 할 수도 있다.

오랫동안 경쟁과 갈등의 역사를 이어 왔던 한중일 세 나라가 지역 협력을 체계화 제도화하기 위한 상설 사무국 설립에 전격적으로 합의하고 바로 이를 실천에 옮긴 것은 매우 이례적인 것이다. 이 장에서는 이와 같이 이례적으로 출범한 상설 사무국이 어떤 배경과 과정을 거쳐 설립되었으며 그 기능과 역할이 무엇인지 또 설립 이래 어떤 활동을 해왔는지를 밝히려고 한다. 또한 사무국의 법적 지위와 함께 여타 경우와 달리 지역 협력체의 공식 출범이 선포되지 않은 상황에서 사무국이 먼저 출범한 것과 관련된 지

역 협력 제도의 발전 과정에서의 특이성에 대해서도 검토해 보려고 한다.[1]

1. 배경

한중일 3국은 1999년 ASEAN+3 정상회의 참석 계기에 조찬 회동 형식으로 첫 3국정상모임을 개최한 이래 매년 ASEAN 정상들과의 회동 기회에 정상회의를 개최해 왔다. 그리고 3국은 2008년부터는 ASEAN 계기와는 별도의 3국 정상회의를 3국에서 연례적으로 개최해 왔다. 한중일 3국 정상회의가 ASEAN 국가에서의 조찬 회동에서 시작하여 3국에서 개최되는 독립된 정상회의로까지 발전하게 된 것은 경제와 인적 교류를 중심으로 3국 관계가 비약적인 발전을 거듭한 것과 관련이 있다. 한중일 3국 간에는 경제적 상호 보완성과 의존성이 계속 심화되고 있었으며 정치적으로도 우호적 관계가 유지되고 있었다. 한중일 3국은 전 세계 GDP의 1/5, 교역액

1_한중일 3국 간의 상설기구를 조직해야 한다는 구상은 100여 년 전 한국의 안중근 의사가 이미 제시한 것이다. 1909년 10월 26일 중국 하얼빈을 방문 중이던 일본의 이토 히로부미 총리를 암살한 안중근 의사는 재판 과정 등을 통해 동양평화론을 설파했다. 그는 중국 뤼순감옥에서 1910년 2월 '동양평화론' 집필을 시작했으나 서문 등 일부만 끝낸 채 완성하지 못했다. 그러나 자서전『안응칠 역사』와 일본 검찰의 신문 및 재판 과정에서 한 공술내용을 통해 그의 동양평화론 구상의 일단이 밝혀졌다. 그는 한중일 3국 간의 상설기구인 동양평화회의를 당시 동북아의 전략적 핵심 요충지였던 뤼순에 조직해 기타 아시아 국가도 참여하는 회의로 발전시켜야 한다고 주장했다. 그는 동북아 3국 공동 은행 설립, 동북아 3국 공동 평화군 창설 등의 구체적인 구상도 밝혔다. EU 형태의 한중일 평화체제 구상론이라고 할 수 있다. 의사가 순국한 뒤 100여 년 뒤에 한중일 3국 간의 상설기구인 3국 협력사무국이 설립된 것을 생각하면 그의 선견지명에 놀라지 않을 수 없다.

의 1/6을 점유할 정도로 세계 경제의 핵심 지역으로 떠올랐다. 또 3국 간에는 정상회의 이외에도 18개 분야의 장관급 협의를 포함하여 60여 개 분야에서 고위급 협의 메커니즘이 운영되고 있었다. 이러한 상황에서 3국 간에는 제반 협력을 체계화, 제도화 시킬 필요성이 대두되었다.

정치적으로도 3국 간 지역 협력 강화에 유리한 여건이 만들어지고 있었다. 한국과 일본 모두에 친 아시아적 시각을 가진 지도자들이 집권했다. 한국에서는 동북아 균형자 역할을 자임한 노무현 대통령 정부가 출범했고 일본에서는 아시아 중시 외교를 펼친 후쿠다 총리 내각 그리고 동아시아 공동체 비전을 내세운 하토야마 총리 정부가 각각 출범했다. 이들 한국과 일본의 정치지도자들은 외교 면에서 중국과 미국 사이에서 상대적으로 균형을 취하려는 노력들을 보였다. 특히 일본의 하토야마 총리 내각은 미국에의 맹목적 의존 탈피와 중국과의 관계 재정립을 외교 대안으로 제시하고 있었다. 중국도 급속한 경제력 성장 등을 배경으로 다자 외교에서 점점 자신감을 가지기 시작했고 주변 국가들과의 지역 협력체제에 적극적으로 참여했다. 경제를 중심으로 급속히 발전하고 있던 한중일 3국 협력에 대한 중국의 기대도 컸다. 중국은 미국의 핵심 우방국인 한국과 일본을 3국 협력의 우산 속에 붙들어 두는 것은 전략적으로 유리하다고 판단했을 수도 있다. 미국은 전통적으로 미국을 뺀 아시아 국가들만의(asian only) 지역 협력에 부정적 입장이었다. 한중일 3국 간의 연계 강화에 대해 우려했을 수도 있다. 그러나 경제를 중심으로 한 동북아의 한중일 3국의 협력 강화는 이미 대세가 되고 있었다. 어쨌든 3국 간 협력 강화에 미국이 부정적 형태로 관여한 흔적은 보이지 않는다. 한중일 3국 간에 상설 사무국이 출범하여 3국 간 협력체제가 강화됨으로서 동북아 지역에는 군사·안보·경제 등을 포함하는 전통적 한미일 3각 협력체제(triangle)에 경제 인적 교류 등 비정치적 분야를 중심으로 한 또 하나의 3각 협력체제인 한중일 협력체제가 가동되기 시작했다고 할 수 있다.

2. 경과

사무국의 설립은 한국 측이 주도하였는데 그 배경에는 신장된 국력과 자신감을 바탕으로 동북아 지역의 평화와 번영을 위한 적절한 역할을 하겠다는 역대 한국 정부의 정치적 의지가 있었다. 우선 노무현 대통령은 2007년 11월 싱가포르 개최 3국 정상회의에서 3국 협력 사이버 사무국 개설을 제의했고 동의를 얻어냈다. 사이버 사무국은 2009년 10월 중국 베이징 개최 3국 정상회의에 맞추어 개통되었다. 한국 외교부의 관련 부서가 운용을 책임졌으며 한중일 3국 외교부에 각각 담당관이 지정되었다.

사이버 사무국에 이어 한국 정부는 상설 사무국을 설치하는 어젠다를 추진했다. 3국은 각각 자국의 정상회의 의장국 수임 시 3국 협력 발전에 의미 있는 성과를 만들어 내고자 하는 의욕이 있었다. 2008년 12월 일본 후쿠오카 정상회의에서는 '한중일 동반자 관계를 위한 공동성명'이 발표되고 2009년 10월 중국 베이징 정상회의에서는 '3국 협력 10주년 기념 공동성명'과 '지속 가능 개발에 관한 공동성명'이 발표되었다. 2010년 3국 정상회의를 주최하게 된 한국 정부로서도 정상회의의 주요 성과라고 할 만한 눈에 띄는 어젠다를 개발할 필요성이 있었다. 당시 이명박 대통령 정부는 G20 정상회의와 핵 안보 정상회의를 한국에 유치하는 등 국제사회에서의 적극적 역할을 모색하고 있었다. 이명박 대통령은 2009년 10월 중국 베이징 개최 정상회의에서 3국 협력 상설 사무국 설립 제안을 내놓았다.

상설 사무국 설립 제안은 사전에 중국 일본 측과 실무적 협의를 거치지 않은 전격적인 것이었다. 한국 측 제의에 대해 평소 동아시아 공동체 구상 등에 대해 깊은 관심을 가지고 있던 일본의 하토야마 총리가 적극적 지지 입장을 보였고 중국의 원자바오 총리도 기본적인 동의의 입장을 표시했다. 일단 3국 정상 차원의 공통 인식이 마련됨에 따라 한국 측은 이를 바탕으로 중국 일본을 포함한 실무자 간의 관련 협의를 진행시켰다. 일본 측의 경우 실무 레벨에서는 신중한 입장이었으나 하토야마 총리의 정치적 비전과 의지가 상설 사무국 설립을 뒷받침 해주었다. 중국 측은 실무 협의가 시작되자 사무국 설립에 매우 적극적인 태도로 나왔다. 실무 협의는 속도를 낸 끝에 2010년 5월 한국 제주에서 개최된 3국 정상회의에서 상설 사무국을 한국에 설치하는 내용의 상설 사무국 설립 각서가 서명되었다. 3국 정상들이 임석한 가운데 한국의 유명환 외교장관, 중국의 양제츠 외교부장 그리고 일본의 후쿠야마(福山哲郎) 부대신이 각각 자국을 대표하여 각서에 서명했다. 상설 사무국이 한국에 위치하게 된 것은 지정학적 고려라고 할 수 있다. 중국과 일본의 역사적 경쟁관계에 따라 자연스럽게 한국이 사무국 소재지로 결정되었다.

한중일 3국은 상기 각서를 바탕으로 사무국 설립 협정 문안에 대한 실무 교섭 끝에 협정 문안에 합의했다. 설립 협정 문안 작성 작업도 한국 측이 주도했다. 한국 측 실무자들은 협정 문안 작성과 관련하여 사전에 주요 지역 협력체 방문을 통해 이들 사무국들의 구체적인 운용 상황을 파악했다. EU, 유엔, ASEAN, 남아시아 지역협력연합(SAARC: South Asian Association for Regional Cooperation), CICA(아시아 교류 및 신뢰 구축 회의), APEC 등 국제기구와 지역 협력체 사무국이 참고 대상이 되었다. 이들 기구의 사무국 설립 협정을 참고하여 한국 측이 초안을 만들고 이를 바탕으로 한중일 3국의 외교 실무자들이 협의하여 최종 협정 문안에 합의했다. 2010년 12월 16일 한국 외교부에서 협정 서명식이 개최됐다. 한국 측에서는 김성환 외교장관이 그리고 중국 측에서는 장신썬 주한 중국대사 일본 측에서는 무토 마사토시 주한 일본대사가 각각 3국을 대표하여 협정에 서명했다.

일본 측은 2010년 12월 설립 협정 서명 전 내각 회의를 거쳐 협정 발효를 위한 실질적인 국내 절차를 완료했다. 국회 비준 동의가 필요했던 한국은 2011년 3월 국회 비준 동의 절차를 마무리했다. 이후 중국도 전인대에서 필요한 절차를 마쳤다. 사무국 설립 협정이 정식으로 발효된 것은 한중일이 각각 외교 경로를 통해 상호 간에 서면 통보를 완료한 2011년 5월 17일이었다.

사무총장과 두 명의 사무차장의 임명은 일본 도쿄에서 개최된 제5차 3국 정상회의 기간 중인 2011년 5월 21일에 발표되었다. 도쿄 정상회의에 참석한 3국 외교장관이 공동 서명한 임명장이 사무총장 및 차장들에게 전달되었다. 사무국은 2011년 9월 1일 한국 서울시 종로구 신문로 소재 에스타워 빌딩 20층에 문을 열었다.[2]

2_3국 협력사무국의 영문 공식 명칭은 Trilateral Cooperation Secretariat이다 약자로는 TCS로 표기한다. 동 명칭과 관련해 3국 외교부 실무자들 간의 교섭 시 3자 협력(Trilateral Cooperation)의 주체가 명확치 않음으로 한중일 3국의 이름을 추가해야 하지 않느냐는 문제가 제기되었으나 그럴 경우 사무국 이름이 너무 길게 되고 또 국명 순서를 정하는 문제가 있음으로 국명을 포함치 않는 것으로 결론을 냈다고 한다.

3. 기능 및 활동

1) 협정상의 기능 및 활동[3]

사무국 설립 협정은 제2조에서 "당사자 간 3국 협의체의 운영 및 관리를 지원하고, 협력 사업의 발굴과 이행을 촉진함으로써, 3국 간 협력관계를 더욱 증진시키는 데 기여"하는 것을 목적으로 규정하고 있다. 기본적으로 한중일 3국 간의 협력관계를 증진시키기 위한 정상회의 등 3국 간 제반 협의체의 업무 지원과 새로운 협력 사업 개발 등이 사무국의 설립 목적이라고 할 수 있다.

이어 사무국 설립 협정 제3조 1항은 사무국의 기능(functions) 및 활동(activities)을 다섯 가지 항목으로 나누어 규정하고 있다. 첫째는 3국 정상회의, 3국 외교장관 회의, 3자 위원회 및 다른 장관급 회의, 그리고 3국 고위급 회의와 같은 당사자 간 3국 협의체의 운영과 관리를 위하여 행정적, 기술적으로 지원, 그리고 필요한 경우 주요 협의체에 사무국 대표를 참석하도록 조치하는 것이다. 둘째는 당사자 및 필요한 경우 그 밖의 국제기구, 특히 다른 동아시아 협력체와 연락 및 조정하는 것이다. 셋째는 당사자 간 잠재적인 협력 사업 발굴 및 확인 그리고 그 사업의 채택을 위하여 관련 협의체에 대해 보고하는 것이다. 넷째는 협력 사업 평가 및 보고서 작성, 필요 문서의 데이터베이스 구축 그리고 3자 위원회 또는 3국 외교장관 회의

3_"3국 협력사무국 설립 협정(2014년 7월 8일)" 참조; http://en.tcs-asia.org/dnb/board/list.php?board-name=3-5-1-documen(검색일: 2014년 7월 8일)

의 승인을 위하여 연간 실적보고서를 제출하는 것이다. 다섯째는 3국 협력 관련 중요 주제에 대한 연구 수행, 사무국 홈페이지 관리 및 3국 협력에 대한 이해 증진이다.

주목할 점은 2010년 5월의 사무국 설립 각서에는 전문에 "3국 협력이 지난 10년간의 발전을 토대로 효과적, 규율적, 체계적 및 제도화된 협력으로 발전해 나아갈 수 있도록 다양한 분야에서의 3국 협력을 계획(plan)하고 조율(coordinate)하는 것이 필요하다는 것을 주목하면서"라는 문장이 있으나 7개월 뒤 서명된 설립 협정에는 없다는 점이다. 사무국에게 3국 협력을 '계획' 하고 '조율' 하는 역할을 기대한다는 것은 상당히 광범위하고 구체적인 권한 부여를 상정한 것이라고 할 수 있다. 특히 사무국이 3국 협력을 조율하는 역할을 맡게 될 경우 그동안 3국 외교부가 맡아 온 역할을 상당 부분 중립적인 사무국이 하게 된다는 것으로서 큰 의미를 갖게 되는 것이다. 따라서 이 내용이 빠졌다는 것은 그만큼 초기 단계의 사무국의 역할에 한계를 부여한 것이라고 할 수 있다. 3국이 각서 서명 당시에는 좀 더 의욕적으로 접근했으나 그 후 협정 문안을 협의하면서 후퇴한 것을 볼 수 있다.

제3조 2항은 "사무국은 3국 외교장관 회의를 통하여 또는 3국 외교장관 회의가 결정한 방식에 따라 당사자가 부여한 권한 범위 내에서 당사자의 감독 하에 그 기능 및 활동을 수행한다"고 규정하고 있다. 3조 2항의 규정은 비록 사무국에 여러 분야의 기능과 활동이 있지만, 이러한 기능과 활동은 어디까지나 3국 정부가 부여한 권한 범위와 감독 하에서 이루어져야 하며, 사무국이 독자적으로 움직일 수 있는 것은 아니라는 점을 명확히 한 것이다. 즉 상기 다섯 개 항목의 기능과 활동을 실제로 수행하는 데 있어서 기본 방향과 지침은 3국 외교장관 회의 또는 외교장관 회의로부터 권한을 부여받은 당사자들의 협의에 의해 결정된다고 할 수 있다. 따라서 3국 외

교부 간에 운용되고 있는 고위 실무급의 회의가 사무국 제반 활동을 1차적으로 규율한다고 할 수 있다.[4] 3조 2항의 규정은 한중일 3국 간에 아직 충분한 신뢰가 조성되어 있지 않은 상황에서 사무국이 독자적으로 움직일 수 없도록 관련 규정을 별도로 둔 것이다.

2) 출범 이후의 활동[5]

(1) 3국 정상회의 등 3국 협의 메커니즘 참석과 업무 지원

3국 정상회의 등 제반 3국 협의체 지원은 조항에서 명기된 바와 같이 행정적·기술적 차원의 지원을 의미한다는 면에서 제한적인 것이다. 즉 3국 정상회의나 외상회의를 위한 제반 정책자료 작성과 같은 참모 기능은 3국 외교부의 관련 부서들이 담당하며 사무국은 비서적 기능을 담당하는 것이다. 다만 비서적 기능 중 주요한 기능으로서는 정상회의 및 외상회의 등 주요한 회의의 공식 기록을 남기는 것이 포함될 수 있다. 비서직 기능의 또 하나는 주요 3국 협의체 회의 개최와 관련한 제반 행정적 준비 등이 포함

4_3국 외교부 간에 운용되고 있는 고위 실무급 회의는 차관보 회의(SOM)와 아주국 부국장 회의가 있다. 그중 3국 협력사무국(TCS) 활동과 관련한 구체적 사항은 주로 아주국 부국장 회의에서 논의된다. 부국장 회의에는 사무국 사무차장과 실무 직원들도 참석한다.

5_3국 협력사무국이 2011년 9월 사무국 업무를 개시한 이래 실제 해온 기능과 활동은 사무국이 작성한 2008~2012년, 2012~2013년, 2013~2014년 3국 협력 진전 사항 보고서(Progressive Report)와 사무국 웹사이트 최근 활동 등을 참고했다. 3국 협력사무국 홈페이지 참조; http://en.tcs-asia.org/dnb/board/list.php?board-name=3-5-1-documen(검색일: 2014년 7월 8일).

될 수 있다. 다만 3국 협력의 경우 회원국이 3개국으로서 매우 적어 회의 조직 및 운영이 비교적 단순한 점도 3국 협력사무국의 역할을 제한하는 한 요인이다. 회원국이 10개국인 ASEAN의 경우는 정상회의 외상회의 등 주요 회의의 행정적·의전적 준비는 오랜 기간 노하우를 쌓아 온 사무국이 큰 역할을 하고 있는 점을 감안할 때 3국 협력사무국의 기능 활동과 대비되는 점이다.

3국 정상회의 등 제반 협의체 회의에 참석하는 문제도 설립 협정에는 필요한 경우 참석한다고 되어 있어 실제 어느 수준, 어느 범위의 회의까지 참석하느냐의 문제가 있다. 실제 상황을 보면 3국 협력사무국은 2011년 9월 출범 이래 3국 간에 개최된 모든 정상회의와 외교장관 회의에 참석했다. 2011년 11월 인도네시아 발리 개최 3국 정상회의, 2012년 5월 베이징 개최 3국 정상회의 그리고 그해 4월 중국 닝보 개최 3국 외교장관 회의, 2015년 3월 서울 개최 3국 외교장관 회의가 그것이다. 회의 개최국인 의장국이 초청하는 형식이었다.[6] 3국 외교장관 회의에서는 사무총장이 사무국 설립 협정 규정에 의거하여 3국 협력의 진전 사항(progressive report)을 구두로 보고했다. 사무국은 2014년 3월 브루나이 개최 ASEAN+3 정상회의에도 참석했다. 사무총장이 3국 정상회의와 외교장관 회의 참석 시 좌석은 의장국과 차기 의장국 사이에 별도로 배치되었으며 이후 이것이 의전 관례가 되었다.[7]

6_3국 협력사무국 사무총장 등 사무국의 3국 정상회의 및 외상회의 참석에 관한 기록 참조; http://en.tcs-asia.org/dnb/board/list.php?board-name=3-5-1-documen(검색일: 2014년 7월 8일).

7_정상회의를 포함한 3국 간 고위급 회의의 좌석배치는 관례적으로 삼각형(triangle) 형태다. 회의 주최국 대표단이 삼각 변의 한 변을 따라 앉고 그 오른쪽 삼각 변에 차기 의장국 대표

사무국이 처음으로 참석한 발리 정상회의 이래 정상회의와 외교장관 회의 등 3국 간 고위급 회의의 회의 기록(summary record)을 작성하는 것이 사무국의 가장 중요한 업무의 하나가 되었다. 그동안 3국 정상회의와 외교장관 회의 등 고위급 회의에 대한 중립적인 기록이 없었던 것을 생각하면 이것도 3국 협력사무국이 만들어 낸 중요한 성과라고 할 수 있다. 영문 초록은 사무국에 의해 1차 정리된 후 3국 외교부가 수정 작업을 한 후 3국 외교부와 사무국이 각각 기록으로서 보관하게 됐다. 다만 이 기록은 3국 간 분쟁 시 공식 근거 자료는 되지 않는 것으로 3국 간에 양해가 되었다.

3국 정상회의와 외교장관 회의 이외에도 사무국은 여타 3국 간 고위급 회의에도 적극적으로 참석했다. 2011년의 재난 관련 기관장 회의, 2012년의 농업장관 회의, 무역통상장관 회의, 교통장관 회의, 원자력 고위 규제자 회의, 2013년의 환경장관 회의, 문화장관 회의, 재난 관리 기관장 회의, 보건장관 회의, 2014년의 환경장관 회의 등이 그것이다. 사무국은 회의 모니터링과 함께 요청에 따라 회의 기록 작성을 지원했다.

사무국이 각 정부부처로 나누어 개별적으로 진행되던 3국 협력 활동 상황을 총괄적으로 파악하게 될 수 있게 된 것은 큰 의미가 있다고 할 수 있다. 사무국은 3국 정부의 관련 부처에 공식적으로 공문을 보내 한 해 동안 진행된 3국 협력 관련 사항을 취합해 3국 협력 진전 상황 보고서(Progressive Report)를 연례적으로 발간하고 있다.[8]

단 그리고 왼쪽 삼각 변에 차차기 의장국 대표단이 앉는 형식이다. 사무국 사무총장의 좌석은 3국의 합의에 따라 의장국과 차기 의장국 삼각 변이 교차하는 지점에 별도 책상을 배치하여 앉도록 했다.

8_3국 협력 상황을 전반적으로 파악하는 역할은 그동안 각국 외교부가 담당했다고 할 수 있으나 정부부처 간 칸막이 현상 등으로 어려움이 있었다. 중립적인 사무국이 출범하여 3국의

사무국은 3국 정부와 함께 3국 FTA를 홍보하는 행사에도 적극 참여했으며 2013년과 2014년 중 개최된 3국 FTA 협상에도 옵서버로 참가했다. 사무국은 2012년 중국 쿤밍에서 개최된 한중일 3국 우호 도시 협의회에도 참석, 처음으로 지방도시 관련 회의에도 참석했다. 사무국은 3국 간의 각종 회의에 참석함으로서 3국 간에 이루어지고 있는 제반 협력을 전체적으로 모니터링 하는 역할을 할 수 있게 됐다.

2013년 이후에는 한중일 3국 간 역사 문제와 영토 문제로 인한 갈등이 격화됨에 따라 정상회의와 외교장관 회의 등이 열리지 못하다가 2015년 3월 외교장관 회의가 재개되었다. 그동안에도 3국 재무장관 회의, 환경장관 회의, 문화장관 회의, 보건장관 회의, 교통물류장관 회의 등 일부 장관급 회의는 3국 간 갈등과 관계없이 개최되고 있다.

(2) 여타 국제기구 및 동아시아 협력체와의 협력

국제기구 특히 다른 동아시아 협력체와의 연락 및 조정 기능은 3국 협력사무국의 국제기구나 여타 지역 협력체와의 네트워킹 기능을 의미한다. 네트워킹 대상이 될 수 있는 기구로는 유엔 등 국제기구와 EU 등 지역 협력체가 주요 대상이 될 수 있다. 동아시아 협력체와의 연락 및 조정을 특별히 명기한 것은 ASEAN 사무국을 의식한 것으로서 그동안 동아시아 지역 통합 움직임이 주로 ASEAN을 매개로 진행되어 왔고 또 ASEAN 중심주의가 슬로건이 되어 왔음에 따른 것이다.

관련 부처로부터 직접 자료를 받아 자료를 정리하게 됨으로서 3국 간에 진행되고 있는 정부 및 민간 차원의 제반 활동에 대한 전체적인 파악이 가능하게 되었다.

사무국이 출범하자 많은 지역 협력기구들과 각국의 싱크탱크들이 동북아에서 새로 출발한 지역 협력기구에 큰 관심을 보였다. 특히 ASEAN과의 교류가 두드러졌다. 신봉길 초대 사무총장에 이어 이와타니 시게오(岩谷滋雄) 2대 사무총장도 재임 중 자카르타를 방문, 레 루옹민(Le Luong Minh) 사무총장과 면담하고 상호 협력 방안을 협의했다. 또 레 루옹민 ASEAN 사무총장도 2014년 10월 방한 시 3국 협력사무국을 방문했다. 또 ASEAN 주재 10개 회원국 대사들이 한중일 사무국을 방문하는 등 ASEAN 측 인사들도 다수 사무국을 방문했다. 3국 협력사무국은 중국 베이징 소재 SCO(상하이 협력기구)와 중국-아세안 협력센터 그리고 싱가포르 소재 APEC 사무국과 AMRO(AMRO: ASEAN+3 Macroeconomic Research Office) 사무국과도 교류했다. 아시아 지역의 다양한 지역 협력기구 및 경제 협력기구와 접촉, 신생 기구로서 선발 기구의 경험을 공유하고 협력관계를 모색한 것이다.

3국 협력사무국은 지역 협력체로서 가장 높은 수준이라고 할 수 있는 EU와도 적극적으로 교류했다. 한국을 방문한 주요 EU 관련 인사들이 3국 협력사무국을 방문했다. 2013년 3월에는 신봉길 초대 사무총장이 EU 본부가 있는 벨기에 브뤼셀을 방문 EU 이사회 사무국, EU 집행위원회, EU 대외 관계청 등 핵심 기구들을 방문하고 고위인사들과 면담했다. EU 측은 3국 협력사무국 대표단에게 EU의 발전 경험과 EU 각 기관의 기능 역할 등을 브리핑하면서 동북아 지역에서 새로 출범한 3국 협력사무국에 특별한 관심을 표시하였다. 이와타니 시게오 사무총장도 2013년 11월과 2014년 11월 브뤼셀의 EU 본부를 방문했다.

3국 협력에는 북구의 노르딕 국가들도 큰 관심을 보였다. 이와 관련 노르딕 각료이사회(NCM: The Nordic Council of Ministers)의 사무총장인 할도르 아스그림손(Halldor Asgrimsson) 전 아일랜드 총리가 3국 협력사무국 초청 형식으로 2012년 10월 방한했다.

3국 협력사무국은 이들 지역 협력기구와의 교류를 통해 지역 협력 문제와 관련한 노하우를 나누고 같은 비전을 가지고 있는 지역 협력기구로서 상호 협력 방안을 협의했다.

(3) 잠재적 협력 사업 발굴 시행

3국 협력사무국은 2011년 3월 발생한 동일본 대지진과 후쿠시마 원전 사태를 계기로 대규모 재난(지진) 발생 시 한중일이 공동으로 대응하기 위한 재난대비 도상훈련(TTX: Trilateral Table Top Exercise)을 2013년 3월 한중일 협력사무국에서 개최했다. 이 훈련은 동일본 대지진 직후인 2011년 5월 22일 일본 도쿄에서 열린 제4차 한중일 정상회의 시 정상 간에 협의된 사항으로 3국의 재난 업무를 담당하는 중앙 행정기관인 한국의 소방방재청, 기상청, 외교통상부 및 일본 중국의 재난 관련 정부기구들이 참석했다. 제2회 도상 훈련은 2014년 3월 일본 도쿄 외무성에서 개최되었다. 한국의 외교부, 소방방재청, 한국국제협력단(KOICA)과 일본의 외무성과 내무성, 중국의 외교부와 민정부 관계자들이 참석했다. 일본의 방위청, 경찰청, 총무성 소방청, 일본 적십자사는 옵서버로 참석했다. 회의에는 기시다 후미오 외무대신이 참석 인사말을 했다. 사무국이 이니셔티브를 쥐고 시작한 협력 사업으로서는 가장 성공적으로 계속되고 있다.

사무국은 2014년 6월 동북아에서의 신뢰 구축(CBM: Confidence Building Measures)을 위한 트랙 2 형식의 워크숍을 한중일 3국의 학자들과 유럽안보협력회의(OSCE: Organization for Security and Co-operation in Europe), SCO, ARF 관계자 등이 참석한 가운데 도쿄에서 개최했다. 이 회의에서는

OSCE, ARF, SCO 등 여타 지역 사례를 동북아 지역 신뢰 구축 방안 마련에 어떻게 적용할 수 있는지에 대해 논의했다.

사무국은 3국 주요 기업인들 간의 네트워킹을 위해서 한중일 비즈니스 교류회를 연례적으로 개최하고 있다. 첫 모임은 2013년 1월 신년 인사회 형식으로 서울에서 개최되었으며 두 번째 모임은 2014년 1월 중국 다롄에서 개최되었다. 다롄에서 개최된 세미나 및 리셉션에는 한국의 전국경제인연합회, 중국의 국제무역촉진위원회, 일본의 경제단체연합회 고위 관계자들 그리고 한중일 3국의 기업인들이 참석했다. 세미나에서는 한중일 FTA, 한중일 산업협력 문제, 한중일 지방 간 경제 협력에 대해 토의했다. 세 번째 모임은 2015년 4월 한중일 3국 협력 국제포럼 도쿄 개최 기회를 활용 도쿄 소재 게이오 플라자 호텔에서 개최되었다. 사무국은 3국의 중견 언론인들이 참석하는 한중일 언론인 교류 프로그램을 조직하여 2014년 3월중 한중일 3국을 방문하는 형태로 진행했다. 한중일 3국에서 참가한 14명의 언론인들은 세 나라의 정부부처 및 유관기관을 방문 3국 협력 현황에 관한 공동 인터뷰를 진행했다. 또 3차례의 기자 대화(journalist dialogue)를 통해 3국 협력 증진을 위한 언론의 역할에 대해서 의견을 교환했다. 2015년에도 언론인 교류 프로그램은 시행되었다. 한중일 3국이 역사 문제 영토 문제 등으로 크게 대립하고 3국 내에서 각각 민족주의적 분위기가 고조된 속에서 언론이 할 수 있는 역할을 모색하기 위해 사무국이 마련한 행사였다.

사무국은 2013년 이래 연례적으로 청년 대사 프로그램(Young Ambassador Program; YAP)을 개최하고 있다. 여름방학 기간을 이용하여 개최되는 이 프로그램은 동아시아의 청년들이 한중일 3국 협력에 대한 이해를 증진하고 공동체 의식 및 우호를 강화할 수 있도록 하는 2주간의 교육 프로그램이다. 프로그램 참가자들에게는 사무국이 준비한 교육 프로그램 이외에 정부기관(한국 외교부, 광주광역시청), 국제기구(EU 대표부, 한-아세안센터, 글로벌녹색성장기구), 연구기관(아산정책연구원), 언론사(중앙일보 및 JTBC), 민간부문(기아자동차) 등을 방문하는 기회도 주어졌다.

사무국은 한국 외교부와 공동으로 한중일 청년 모의 정상회의를 2014년 8월 서울에서 개최했다. 3국에서 50명의 학생이 참가, 각각 한국, 중국, 일본 그리고 한중일 협력사무국을 대표하는 4개의 혼성팀(3개국 학생 고루 편성)을 만들어 서로 다른 국가의 시각을 고민하고 이해하는 기회를 만들었다. 토의 결과는 모의 정상회의에서 공동선언문 형식으로 발표되었다.

사무국은 한중일 3국 통계 전문가 워크숍도 조직하여 2013년 12월 서울에서 개최했다.

그 이외에도 사무국은 한중일 3국 의회 포럼을 발족시키기 위해 한국 및 일본의 국회 그리고 중국 전인대와 접촉했으나 2012년 후반기 이래 3국 관계가 악화되면서 진전을 만들지 못하고 있다.

(4) 연구 및 홍보 활동

연구 기능은 3국 협력을 위한 싱크탱크로서의 기능이라고 할 수 있다. 사무국은 출범이래 3국과 관련한 여러 보고서를 발간했다. 3국 협력 실적 보고서(2008~2012, 2012~2013, 2013~2014 Progress Report), 3국 협력 통계자료집('2012 Trilateral Statics'), 3국 경제보고서('2013 Trilateral Economic Report'), 3국 경제 소개('General Introduction to Trilateral Economic Relations'), 한중일 경제부처 비교분석 리포트(2013) 등이 발간되었다. 앞으로 사무국의 인력이나 예산이 확대될 경우에는 사무국 산하에 별도의 싱크탱크를 만들 수도 있을 것이다.

사무국은 미국 중국 일본 등의 학계와 중요 싱크탱크들과도 적극 교류했다. 미국 국제전략문제연구소(CSIS: Center for Strategic and International Studies), 브루킹스 등 주요 싱크탱크와 존스 홉킨스 대학의 국제관계대학원, 스탠포드 대학의 아태연구소 그리고 중국의 외교학원 일본의 와세다 대학, 게이오 대학 등이 그들이다.

사무국은 2014년 5월 미국 스탠포드 대학의 아태연구소가 개최한 아시아 과거사 관련 회의에 참석했다. 한중일 3국의 관련 학자들과 스탠포드 대학 아태연구소 소속 연구원들이 토의에 참여했다. 특히 샌프란시스코 강화 조약으로 일본의 전후 처리 과정에 책임이 있는 미국 측 연구자들도 참여한 4자 회의의 형태로 진행된 것도 의미가 있었다.

사무국은 한중일 3국의 연구기관들과 협력 양해각서 체결을 통해 기관 간 협력을 강화하고 있다. 2014년 6월에는 중국 외교학원과 협력 양해각서(MOU)를 체결하여 상호 교류 및 세미나 등 공동 프로젝트, 정보 교류 등의 분야에서 협력을 강화하기로 합의했다. 2014년 12월에는 한국의 국립외교원(KNDA) 및 중국 길림성 한중일 협력연구센터와도 협력 양해각서를 체결했다.[9]

3국 협력에 대한 이해 증진 기능은 3국 협력의 필요성이나 의의 등을 적극적으로 3국 국민들에게 홍보하는 기능이다. 3국 협력사무국은 출범 이

9_한중일 3국 협력에 관한 연구에는 중국이 가장 적극적인 편이다. 베이징 소재 중국 외교학원이 2013년 처음으로 한중일 협력연구센터를 개소했다. 2014년 9월에는 대련 외국어대학이 두 번째로 한중일 협력연구센터를 개소했다. 동 센터는 설립 목적으로 첫째 3국의 역사, 문화, 언어, 문학, 교육, 경제 및 무역 등 다양한 분야의 연구 둘째 3국 간 전략적 협력을 위한 싱크탱크로서의 역할 셋째 일본 및 한국에 정통한 우수 외교 인재 양성을 내세웠다. 중국 길림성도 2014년 중 장춘 시에 한중일 협력연구센터(TCSC Jilin)를 개소했다.

래 연례적으로 3국의 주요 인사들이 참석하는 국제포럼(IFTC: Int'l Forum for the trilateral cooperation)을 개최, 동북아의 평화와 공동 번영을 주제로 토의를 해왔다. 한국의 조선일보와 일본의 아사히신문, 중국의 인민일보가 각각 후원 언론사로 참여했다. 2011년 첫 포럼 개최 이래 2012년과 2014년에 각각 포럼이 서울 신라호텔에서 개최되었다.[10] 2013년에는 영토 및 역사 분쟁 등으로 3국 관계가 매우 악화, 포럼이 개최되지 못했다. 2011년 개최된 첫 포럼에는 한국의 이홍구 전 총리, 중국의 탕자선 전 국무위원, 일본의 하토야마 전 총리 등 고위급 인사들이 참석했다. 2015년 4월 개최된 제4차 포럼은 처음으로 한국이 아닌 일본 도쿄 소재 게이오 플라자 호텔에서 회의가 개최되었다. 한국의 한승수 전 총리, 중국의 리자오싱 전 외교부장, 일본의 후쿠다 야스오 전 총리가 참석 기조연설을 했다.[11] 세션별 토의에서는 동북아에서의 공동 안보를 위한 다자 안보 대화 메커니즘 구성 문제, Campus Asia 사업을 포함한 3국 간 교육협력 문제, 한중일 3국 FTA 등 경제 협력 문제가 토의되었다.

사무국은 2014년 이래 3국의 문화를 중심으로 한 월례 특강 시리즈를 개설하여 운영하고 있다. 광화문 소재 사무국 회의실에서 개최되는 월례 특강에는 대학생을 중심으로 매회 100여 명의 청중들이 참석하고 있다.

10_2012년 개최된 사무국 출범 1주년 기념 포럼에 참석한 일본의 나카가와 마사하루 중의원 의원(민주당, 전 문부과학상)은 기조연설에서 "한국의 젊은이들이 서울 도쿄 베이징 어디서 취직할까 고민하고 중국 기업인들이 상하이 부산 아이치 어디에 투자할까 고민하고 일본인들이 가루이자와 제주도 하이난도 어디에 별장을 지을까 고민할 때 비로소 공동체가 현실로 다가오는 것"이라고 말했다. 『조선일보』, 2012년 10월 16일자, A 5면.

11_중국의 경우 총리급 인사들은 일단 은퇴할 경우 외국 방문이나 공식 활동을 하지 않는 것이 관례화되어 한중일 협력사무국 개최 3국 협력 국제포럼 같은 해외행사에 참석할 수 있는 최고위급 인사는 전직 외교담당 국무위원이나 외교장관이라고 할 수 있다.

사무국 홈페이지는 공용어인 영어 이외에 한중일 3국 언어 등 4개 국어로 되어 있다. 영어가 사무국의 실무 언어이지만 한중일 3국 국민들이 언어의 장벽을 떠나 3국 협력의 현황 및 각종 관련 자료를 접할 수 있게 됐다. 홈페이지에는 일상적인 3국 협력 관련 활동 소개뿐만 아니라 3국 협력과 관련한 각종 문서를 데이터베이스화하여 보관하고 있어 관련 분야 연구에 필요한 귀중한 자료 창고가 되고 있다. 데이터베이스 란에는 3국이 그동안 공동 서명한 각종 합의문, 선언서 등 공식 문서들이 체계적으로 올라 있다.

4. 조직 및 운영[12]

1) 사무총장과 사무차장

사무국은 한 명의 사무총장과 두 명의 사무차장 및 전문 인력 그리고 일반 인력으로 구성되어있다. 사무총장은 3국 외교장관 회의에서 한국 일본 중국의 윤번으로 하여 한 당사자가 지명하여 임명된다. 임기는 2년이다. 사무총장은 사무국을 대표하며 사무국이 수행하는 기능 및 활동에 대해 책임을 지고 특히 사무국 예산, 내부 규칙 규정 제정, 일반 인력의 고용 해고 등 사무국의 행정에 대해 책임을 지게 되어 있다.

12_"3국 협력사무국 설립 협정" 참조; http://en.tcs-asia.org/dnb/board/list.php?board-name=3-5-1-documen(검색일: 2014년 7월 8일).

초대 사무총장은 한국이 맡고 그 후 일본, 중국 순서로 2년씩 돌아가며 맡게 합의가 되었는데 한국이 초대 사무총장을 맡게 된 것은 사무국 소재지가 한국으로서 초대 사무총장에게 사무국 개설 임무가 주어진 점을 감안한 것이라 할 수 있다. 이후 일본, 중국 순서로 사무총장을 맡는 것은 정상회의 의장국 순서와 관련이 있다. 즉 그동안 3국 정상회의가 1차 일본, 2차 중국 그리고 3차 한국 순으로 개최된 점에 따른 것이다.

사무총장의 임기는 2년으로서 조직의 안정성 면에서 다소 짧다고 볼 수도 있다.[13] 그러나 3국 협력사무국이 아직 출범 초기 단계이고 3국 간에 아직 충분한 신뢰관계가 조성되지 못했다는 점을 감안할 때 한 나라가 장기간 사무총장직을 역임할 경우의 부담을 고려할 필요가 있었을 것으로 보인다. 3국이 짧은 시간이나마 출범 초기에 한 차례씩 사무총장을 역임하는 것은 사무국의 초기 성격 규정 등 중립적으로 자리를 잡는 데 도움이 될 것으로 보인다.

사무총장은 대사급을 임명하는 것으로 3국 정부 간에 합의되었다. 신봉길 초대 사무총장과 이와타니 시게오 2대 사무총장 모두 대사급 고위 외교관 출신이다. 사무총장은 한중일 3국 정상회의에 초청되어 참석하고 3국 외교장관 회의에도 참석 사무국 활동을 보고하는 점에 비추어 의전 상으로

13_저자는 사무총장 임기 2년의 짧음이 오히려 3국 협력사무국의 다이내믹한 발전에 기여하고 있다고 생각한다. 2년마다 완전히 새로운 팀으로 교체되면서 팀마다 새로운 각오와 새로운 아이디어, 새로운 방식으로 업무 접근이 가능하며 사무총장이 바뀔 때마다 파견국들이 나름의 방식으로 자국이 파견한 총장의 활동을 적극 지원할 수 있기 때문이다. 2년을 주기로 돌아가는 인사는 업무의 안정성에 문제가 있다는 지적이 있지만 동북아 국제정치의 다이내믹을 생각할 때 오히려 장점이 많은 제도로 생각된다. 다만 조직이 어느 정도 자리를 잡은 뒤에는 사무총장 및 사무차장의 임기를 연장하는 방안도 검토할 필요가 있을 것이다.

도 높은 대우를 받고 있다. 특히 사무총장은 2013년 11월 브루나이 개최 ASEAN+3 정상회의와 2014년 11월 미얀마 네피도 개최 ASEAN+3 정상회의에 각각 초청받아 13개국 정부 수반 및 ASEAN 사무총장과 라운드 테이블에 나란히 배치된 좌석에 앉음으로서 정부 수반급 의전 예우를 받았다.

ASEAN 등 아시아의 여타 지역 협력체의 사무총장 임명 주체와 임기 등을 3국 협력사무국 사무총장과 비교해 보면 유사점과 상이점을 발견할 수 있다. ASEAN의 경우는 1976년 사무국이 처음 출범했을 때는 사무총장(Secretary General)이 ASEAN 외교장관 회의에서 회원국들의 알파벳 순서에 따른 추천을 받아 2년 임기로 임명되었다. 그러나 그 후 조직이 안정되자 임기가 5년으로 늘어났으며 임명주체도 ASEAN 정상회의로 격상되었다. 임명 주체 및 임기 면에서는 한중일 협력사무국 사무총장은 ASEAN 출범 초기의 ASEAN 사무총장의 경우와 동일하다고 할 수 있다. SCO 사무총장(Executive Secretary)의 경우 회원국들의 러시아어 알파벳 순서에 따른 추천을 받아 3년 임기로 임명된다. 임명 주체는 국가수반 회의로서 외교장관 회의의 지명을 받아 임명한다. APEC의 경우는 창설 초기에는 회원국이 1년씩 돌아가면서 사무국장(Executive Director)을 파견하는 형식으로 운영했으나 그 후 3년 임기의 사무국장을 전문성을 기준으로 회원국 내에서 공채하는 형식으로 채용하고 있다.

지역 협력체의 사무총장의 영문 명칭도 각각 차이가 있음을 알 수 있다. ASEAN과 3국 협력사무국은 사무총장(Secretary General)이다.[14] 반면

14_TCS Secretary General을 한국은 한중일 협력사무국 사무총장으로 중국은 중일한 합작비서처 비서장(中日韓合作秘書處 秘書長)으로 일본은 일중한 협력사무국 사무국장(日中韓協力事務局 事務局長)으로 각각 부른다.

상하이 협력기구는 Executive Secretary, APEC의 경우는 Executive Director이다. 유엔이나 EU, AU 등이 사무국 수장을 Secretary General로 쓰는 것을 생각하면 Secretary General이 가장 권위 있는 이름이라고 할 수 있다. Executive나 Director 등이 들어간 명칭은 좀 더 실무적 명칭이다.

한편 사무차장과 관련해서는 사무총장을 임명한 국가 외의 각 당사자가 각각 1인을 지명하게 되어 있다. 임기도 사무총장과 같이 2년으로 하였다. 다만 사무차장은 사무총장과 달리 필요시 한 차례에 한해 연임할 수 있게 되어 있다. 초대 사무총장을 한국 측이 맡게 됨에 따라 일본과 중국은 각각 사무차장을 지명하였다. 일본 측이 2대 사무총장을 맡게 되었을 때는 중국과 한국이 사무차장을 임명하였다. 사무총장과 사무차장 2인이 한 팀으로서 3국 외교장관 회의에서 같이 임명되어 2년간 일하게 되는 것이다.

사무차장은 사무총장의 기능 및 활동 수행을 보조하며 사무총장의 부재 또는 직무 수행 불능의 경우 사무총장을 대리하게 되어 있다.

2) 전문 인력과 일반 인력

사무국에는 사무총장과 사무차장 이외에 3국 정부가 파견하는 인력인 전문직 직원(professional staffs)과 사무총장이 고용하는 일반직 직원(general services staffs)이 있다. 전문직 직원은 3국 정부가 파견하는 공무원 신분의 인력이며 일반직 직원은 사무총장이 공채로 채용하는 민간인 신분의 인력이다. 전문직 직원의 경우 파견직인 관계로 일정 기간 근무 기간이 끝나면 돌아가게 되나 일반직 직원의 경우 사무국과 고용관계가 유지되는 한 정년이 보장되는 직원이라는 점에서 차이가 있다. 사무총장, 사무차장 그리고 전문직 직원의 경우 2~3년 정도의 임기가 끝나면 교체된다는 점에서 사무국의 업무의 영속성을 보장해 주는 것은 일반직 직원이다. 또 일반직 직원의 경우 자신의 국적에 얽매이지 않고 사무직 직원이라는 중립적 신분으로 일한다는 점에서 업무에서 사무국의 일정한 중립성을 확보해 나갈 수 있는 인력이다. 특히 사무국 출범 초창기에는 일반직 직원의 숫자가 제한된 관계로 이들의 영향력에 한계가 있으나 일반직 직원의 숫자가 상당한 규모로 늘어날 경우에는 관료적 시스템이 형성되어 사무국 내에서 초기 단계보다 훨씬 영향력이 있는 집단으로 자리매김해 나갈 수 있을 것이다.

전문직 직원의 경우 3국 정부가 각각 파견하는 점에서 국적 면에서 동일한 비율이 유지된다. 일반직 직원의 고용도 3국이 운영 예산을 1/3씩 공동 부담하는 점을 감안할 때 대체로 국가별 1/3씩의 고용 비율 원칙이 적용될 수 있다. 그러나 한국이 사무국 소재지 국가인 점을 감안하고 일반직 직원 중 일반 행정 업무를 담당하는 직원이 많음을 감안할 때 일반직 직원의 경우 사무국 소재지 국가인 한국인 직원의 숫자가 더 많을 가능성이 높다고 하겠다. 또 초창기에는 일반직 직원들의 국적도 한중일 3국에 제한되어 있으나 조직의 규모가 커지면 한중일이 아닌 제3국 국적의 직원 고용도 나타날 수 있을 것이다.

사무국은 2011년 9월 출범 시 사무총장을 포함하여 20명의 직원으로 출발했다. 사무총장과 사무차장 2명 그리고 정무, 경제, 사회문화, 총무 등 4개 부서장을 맡았던 3국 정부 파견 전문직 직원 4명 그리고 3국에서 공채한 일반직 직원 13명이었다.[15] 비록 소규모 인원으로 시작했으나 직원 수가 계속 늘어나고 있으며 이 기구의 발전 잠재력을 생각할 때 머지않은 장래에 상당한 규모를 가진 기구로 성장할 것으로 보인다.[16]

3) 협의이사회

사무국 설립 협정 중 가장 관심을 끄는 부분이 사무국의 주요 의사 결정과 관련한 협의이사회(consultative board) 규정이다. 설립 협정 제5조 2항에 있는 이 규정은 다음과 같다. "사무국에 사무총장 및 사무차장으로 구성된 3인 협의이사회를 둔다. 협의이사회는 심의를 위해 제출된 사안에 대하여 협의하고 컨센서스(concensus)로 결정한다. 협의이사회는 제3조 2항 규정(사무국은 3국 외교장관 회의를 통하여 또는 3국 외교장관 회의가 결정한 방식에 따라 당사자가 부여한 권한 범위 내에서 당사자의 감독 하에 그 기능 및 활동을 수행한다)에 따라 중요 사안에 관하여 당사자와 협의한다."

즉 사무국 내에서 결정이 필요한 제반 사안은 기본적으로 사무총장과 두 사무차장으로 구성된 협의이사회에서 컨센서스로 결정하게 되어 있다. 이 규정의 의미는 심의를 위해 제출된 사안은 사무총장과 사무차장 2인, 즉 3인의 컨센서스로 결정하도록 하여 어느 일방이 강하게 반대할 경우 결정이 성립되지 못하도록 한 것이다. 협의이사회가 세 당사자로 구성되어

15_사무국의 첫 일반직 직원 공개 채용에는 중국 1,100여 명, 한국 120여 명, 일본 15명 등 많은 사람들이 지원했다. 중국 외교부가 중국판 트위터인 웨이보에 올린 채용 안내 글이 화제가 되었다. "4년제 대학을 졸업했나요? 업무용 소프트웨어는 잘 다루시나요? 영어로 의사소통하는데 문제가 없나요? 운전면허증은 있어요? 빨리 오세요. 국제기구입니다. 배용준과 이영애 송혜교 이준기 김현중 비의 고향인 한국에 만들어져요." 『조선비즈』, 2013년 6월 12일자 보도.

16_1952년 8월 EU의 시발이었다고 할 수 있는 유럽 석탄철강공동체(ECSC)가 발족했을 때 룩셈부르크 소재 고위 기구(High Authority) 사무실에서 첫 업무를 시작한 인원이 고위 기구 의장이었던 장 모네를 포함 6개국에서 온 9명이었다. 그 후 ECSC는 1,000명이 넘는 인력이 일하는 기구로 성장했다. 장 모네 저, 박제훈 옥우석 공역, 『유럽 통합의 아버지, 장 모네 회고록』(서울: 세림출판, 2008).

있음을 감안할 때 세 당사자 모두가 각각 비토권을 가지고 있다고 할 수 있는 규정이다. 그리고 그 중에서도 중요 사안은 3국 정부 측인 당사자와 협의하게 함으로서 사무국의 제반 활동이 기본적으로 3국 정부(3국 외교장관 회의)의 감독 하에 움직이도록 했다.[17] 사무국의 제반 의사 결정을 기본적으로 3국 정부의 감독 하에 둔 것은 3국 간에 아직 신뢰관계가 충분치 않은 상황에서 사무국이 독자적으로 움직이지 못하도록 한 것이라고 할 수 있다. 3국 협력사무국의 활동에 어느 정도의 독자성을 주면서도 중요한 일은 3국 정부와 협의하게 하여 사무국이 3국 정부의 통제를 벗어나지 못하도록 일종의 안전장치를 만들어 둔 것이다.

협의이사회의 조직으로서의 특이성은 집행기구의 구성원이라고 할 수 있는 사무총장과 사무차장이 동시에 중요 의사 결정기구로서 이사회 구성원이라는 점이다. 사무총장과 사무차장이 동시에 두 가지 역할을 겸임하고 있는 것은 보통 다른 지역 협력체나 국제기구에서 볼 수 없는 특이한 사례라고 할 수 있다. 한중일 사무국에만 있는 독특한 시스템이다. 그 이유는 3국 협력사무국은 사무국의 상부 기관이라고 할 수 있는 모 기구가 없기 때문이다. 모 기구가 공식 결성되어 있지 않은 상황에서 사무국부터 생긴 것이다. 이에 따라 사무국 바깥에 있어야 할 이사회가 사무국 내에 위치하게 된 것이다. 사무총장과 사무차장들이 3국 정부를 각각 대표하는 이사로서의 역할을 하도록 하면서 중요한 사안에 대해서는 외부의 3국 정부 당사자와 협의하도록 만든 특수한 구조이다.

17_현재 3국 정부 측 당사자로서는 3국 외교부 아주국 부국장 회의가 그 역할을 하고 있다. 아주국 부국장 회의는 필요시 수시로 개최되어 3국 협력 문제와 관련한 실무사항을 협의해 왔으며 이 회의에는 3국 협력사무국도 참석하고 있다.

이와 같이 한중일 3국 협력사무국은 기구 내에 협의이사회를 두어 중요한 의사 결정을 하도록 한 반면, 상당 부분 회원국 정부의 통제를 받도록 한 점에서 기구의 독립성에는 한계가 있다. 참고로 ASEAN 사무국의 경우는 2007년 채택된 헌장 제11조 9항에서 ASEAN 회원국은 사무총장과 직원들의 책무의 아세안적인 성격(ASEAN character)을 존중하여 이들의 임무 수행에 영향력을 행사해서는 안 된다고 규정하고 있다. 또 상하이 협력기구도 헌장 제11조에서 사무총장이나 차장 그리고 직원들은 그들에게 부여된 임무를 수행함에 있어서 회원국 정부나 기관 또는 어떤 개인으로부터도 지시를 요청하거나 받아서는 안 된다고 규정하고 있다. 또 상하이 협력기구에만 보고할 의무가 있는 국제기구 직원으로서의 지위에 영향을 줄 수 있는 어떠한 행동도 해서는 안 된다고 규정하고 있다. 이와 같이 사무국에 상당한 독립성을 부여하는 ASEAN 사무국과 상하이 협력기구 사무국에 비해 한중일 3국 협력사무국은 지역 협력체로서는 아직 발전 단계에 있는 과도적 성격임을 보여 준다.

더군다나 EU 집행위원회(European Commission)와 같이 회원국 대표들로 구성되나 회원국으로부터 독립하여 공동체 전체를 위한 의사 결정을 할 의무를 지니며 고도의 독립성을 유지하고 있는 기구의 경우와는 차이가 크다고 할 수 있다. 또한 EU의 시발점이라고 할 수 있는 ECSC의 고위 기구(High Authority)의 경우와 같이 구속력 있는 의사 결정을 내릴 수 있고 예외적인 경우를 제외하고는 회원국으로부터 독립하여 전체 공동체의 이익을 위하여 일하고 회원국들에 의해 그 결정이 거부되지 않는 권한을 가진 기구와도 다르다.[18]

4) 예산 및 운영

사무국 예산은 3국 정부가 균등하게 부담한다. 운영비용에는 사무총장을 포함한 직원들의 인건비 등과 제반 활동비가 포함되나 사무실 임차비용은 한국 정부가 부담하고 있다. 일반적으로 국제기구 분담금의 경우 회원국들의 GDP 등 경제 능력을 감안 부담하는 경우가 많으나(유엔, APEC 등) 3국 협력사무국의 경우 ASEAN 사무국(10개 회원국이 각 10% 씩 균등 부담)의 예와 같이 회원국들이 경제 능력과 관계없이 균등하게 분담하게 했다. 이에 따라 3국은 사무국의 운영 경비를 1/3씩 동일하게 부담하고 있다. 분담금 균등 부담은 때때로 당해 기구의 발전을 가로막는 장애 요인이 될 수 있다. 경제적 역량이 떨어지는 회원국이 부담할 수 있는 수준에 다른 회원국이 맞출 수밖에 없기 때문이다. ASEAN의 경우가 그 예로서 회원국들의 경제력의 격차가 너무 커서 균등 부담이 ASEAN 발전의 족쇄로 작용하고 있다는 평가도 있다. 3국 협력사무국의 경우는 3국이 모두 경제력으로는 세계 유수의 국가들이기 때문에 경비 규모 자체는 큰 문제가 되지 않는다고 할 수 있다. 다만 3국 중 사무국의 인력과 예산을 가급적 확대해 사무국의 역할을 증대시키려는 국가와 그렇지 않은 국가가 있을 경우에는 후자에 맞출 수밖에 없는 문제점이 있다. 3국 외교부 실무진들은 매년 사무국의 차년도 예산 규모를 협의 결정하는데 각각 자국의 국내 사정 및 예산 당국과의 협의 문제가 있어 조정에 어려움을 겪어 왔으나 기본적으로 예산의 상당 폭 증액 추세는 계속되어 왔다.

18_박재영, 『국제정치 패러다임』(서울: 법문사, 2013), pp. 493-498.

3국 협력사무국은 초기 운영비용을 수백만 달러 규모로 시작했으나 시간이 갈수록 늘어날 것으로 보인다. 또한 기본 운영비용 이외에 3국 협력의 제반 활동을 지원하기 위한 별도 펀드 설립에도 실무적 합의가 있었다. 2012년 이래 3국 관계가 악화되면서 펀드 설립이 3국 실무자 간의 기본적 합의에도 불구하고 진전되지 못하고 있으나 상당 규모의 별도 펀드가 설립될 경우 3국 협력 강화에 큰 이정표가 될 수 있을 것이다.

사무총장과 차장을 포함하여 전체 사무국 인력들의 보수는 전액 사무국 예산에서 지불한다. 파견된 외교관 신분의 직원들의 보수를 파견 국가에서 지급하는 파견 형식을 지양함으로서 수준 높은 직원들의 유치를 가능하게 했다. ASEAN, APEC 등 일부 지역 협력기구가 회원국 파견 직원들의 보수를 파견 국가가 책임지게 하는 것과 차이가 있는 것이다. 또한 국적을 불문하고 동일 직급에 대해서는 동일 금액을 지불한다는 원칙이 적용되고 있다. 3국의 국내 보수 수준의 차이를 인정하지 않는 것이다.[19]

사무 공간 제공의 책임은 소재국 정부가 지도록 되어 있다. 즉 사무국의 업무 공간은 사무국을 유치한 한국 정부가 책임지고 제공하도록 되어 있는 것이다. 이것은 국제기구 본부를 유치한 국가가 사무 공간을 제공해 온 일반적인 관례에 따른 것이라고 할 수 있다.[20] 2011년 9월 사무실을 연 3국 협력

19_사무국 파견 3국 외교관들의 보수 체계는 3국 중 상대적으로 보수 수준이 높은 일본 외교관의 수준을 참고로 책정되었다. 국제기구 보수 수준은 기구 참여국가 중 가장 보수가 높은 국가의 정부 관리의 보수를 기준으로 하는 일반적 관례가 적용되었다.

20_ASEAN과 남아시아 지역협력연합(SAARC)의 경우 인도네시아 및 네팔 정부가 각각 사무국 부지 및 건물을 무상으로 제공하였고 아시아 교류 및 신뢰 구축 회의(CICA: Conference on Interaction and Confidence Building Measures in Asia) 및 APEC의 경우 카자흐스탄과 싱가포르 정부가 각각 사무국 건물을 무상으로 제공하고 있다.

사무국은 서울시 중심의 한 비즈니스 건물인 에스타워 빌딩에 입주해 있다.

사무국은 다양한 분야에서의 3국 협력 촉진을 목적으로 내부 부서를 설치할 수 있도록 되어 있는데(협정 제5조 3항 참조) 현재 3국 협력사무국은 정무, 경제, 사회문화, 총무 등 4개 분야의 부서를 운영하고 있다. 4개 부서의 운영은 사무국 업무가 사실상 3국 협력의 모든 분야를 망라하고 있음을 나타낸다. 실제로 3국 정상회의나 외교장관 회의도 정치·군사·안보 등을 포함하여 의제에서 제한이 없다. 참고로 ASEAN은 1976년 사무국 설립 당시 정무를 제외한 경제, 과학기술, 사회문화의 3개 분야의 부서를 설치했다. 정무 부서가 없었다는 것은 ASEAN의 초기 시작 시 매우 조심스럽게 그리고 제한적 분야에서 업무를 시작했음을 알 수 있다.[21]

사무국의 실무 언어(working language)는 영어로 되어 있다. 이에 따라 사무국 내에서의 회의 시에는 영어가 사용되며 공문서 작성 및 회의 기록 등도 영어로 하게 되어 있다. 3국 협력사무국의 3개국 언어를 모두 실무 언어로 사용할 경우의 비효율성을 감안하여 영어가 실무 언어가 된 것이다. 다만 사무국이 운영하는 웹 사이트는 초기 화면이 영어로 되어 있으나 한국어·중국어·일본어 번역 사이트 등 4개 언어로 운용되고 있다. 사무국 직원들에게는 영어와 자국 언어는 필수로서 최소한 2개 언어의 구사가 요구된다. 참고로 ASEAN도 영어를 실무 언어로 사용하고 있다.[22]

21_ASEAN 사무국 설립 협정(1976년) 참조하였다.

22_EU의 경우는 회원국 전체의 언어를 합한 24개 언어를 모두 공용어(official language)겸 실무언어(working language)로 사용하고 있다. 회원국 모두에게 EU 관련 정보에 대한 동일한 접근성(equal access)과 공평성(impartiality)을 보장한다는 명분에 따른 것이다. 브뤼셀의 EU 본부에 근무하는 직원들은 자국어 이외에 기타 EU 회원국 언어 최소 2개 이상(mother tongue plus two)을 구사하도록 권장된다. 브뤼셀의 EU 이사회(Council of

5. 법적 성격

1) 정부 간 국제기구로서의 성격

3국 협력사무국은 한중일 3국 정부가 체결한 국제협정에 의해서 설립되었다는 점에서 국제기구라고 할 수 있다. 사무국 설립 협정이 3국 정부로부터 정당하게 권한을 위임받은 자에 의해 서명되고 또 각 당사자가 협정의 발효에 필요한 자국의 내부 절차를 거친 후 외교 경로를 통해 서면 통보함으로서 발효된 점(협정 제15조 참조)이 협정의 국제조약으로서의 법적 성격을 말해 준다. 국제조약은 일반적으로 국내법과 동일한 법적 효과를 가지고 있는 만큼 사무국 설립 협정상의 내용은 3국 정부에서 국내법과 동일한 효력을 가지고 있다.

이와 함께 사무국은 국제기구에 일반적으로 따르는 제반 특권과 면제를 향유하고 있는 점(협정 제9조 제10조 제11조 참조)도 국제기구로서의 성격을 나타내고 있다. 또한 3국 정부에 의해 설립된 점에서 정부 간 기구이며 비정부 간 국제기구와는 성격이 다르다. 국제기구는 일반적으로 가입과 탈퇴 등의 조항을 가지고 있는데 사무국 설립 협정은 가입과 탈퇴에 관한 명시적 조항이 없는 대신에 어떠한 당사자도 협정의 개정을 제안할 수 있으며 협정이 당사자의 서면 합의에 의해 개정될 수 있게 규정(제14조 참조)하고 있다.

Europe) 사무국에는 3,000명이 넘는 직원들이 소속되어 있는데 그 중 번역 및 통역 담당 직원이 과반수이상을 차지하고 있다. 이에 따라 통번역 비용 예산이 큰 부분을 차지한다. 전체 EU 회원국가 국민 1인당 연간 부담하는 통번역 비용이 2.5유로 규모다.

3국 협력사무국은 위와 같이 다자간 조약(협정)에 의해 설립되었고 국제기구 일반이 가지고 있는 특권과 면제를 향유하는 점에서 국제기구라고 할 수 있다. 그러나 국제기구가 일반적으로 헌법적 성격의 헌장에 의해 설립된 모 기구(예를 들어 유엔, ASEAN 등)가 있고 이를 뒷받침하는 사무국이 설립되는 것이 일반적인 관행임에 비추어 아직 헌장에 의해 설립된 모 기구가 없이 사무국만 설립된 것은 매우 특이한 형태라고 할 수 있다.

2) 특권과 면제

사무국 설립 협정은 특권과 면제 관련 사항을 협정 제9조 제10조 및 제11조에서 규정하고 있다. 먼저 협정 제9조는 특권과 면제에 관한 일반 사항을 규정하고 있다. 사무국 및 직원은 사무국의 목적 달성 및 기능 활동 수행에 적절한 특권 면제를 누린다고 규정하고, 계약 또는 배상 청구와 관련해서는 민사 및 행정 관할권의 면제 불가를 규정하고 있다. 협정 제10조는 사무국의 특권 면제를 규정하고 있다. 즉 법적 소송 절차 면제, 공관 불가침, 통신 보호, 문서 불가침, 펀드와 통화 보유, 송금 및 환전 가능, 공공요금을 제외한 직접세 면제, 공용 목적 수출입품 및 출판물에 대한 관세 및 수출입상의 금지와 제한으로부터의 면제 등이 규정되어 있다. 또한 공용 목적의 동산 부동산 구매 시 면세 또는 환급을 위한 행정 조치 등이 규정되어 있다. 협정 제11조는 사무국 직원의 특권과 면제를 규정하고 있다. 소득세 면제, 국가 봉사 의무 및 출입국 제한 면제, 최초 부임 시 가구 및 가정용품 면세, 외환 편의 제공 등이 규정되어 있다. 또한 한국 국민 또는 영주권자에게는 특권과 면제를 부여할 의무를 지지 않는다고 규정하고 사무총장 및 사무차장은 3국 외교장관 회의에서 그리고 사무국 직원은 사무총장이 사무차장과 협의 후 특권 면제를 포기할 수 있게 되어 있다.

이와 같이 사무국과 사무국 직원은 한국에 소재한 여타 국제기구들과 동일한 제반 특권 면제를 향유한다. 다만 사무국 설립 협정은 소재국인 한국 국민에게는 특권과 면제를 부여할 의무를 지지 아니한다고 규정함으로서 한국 국적 직원들에게는 특권과 면제를 사실상 인정하지 않고 있다.[23]

상기 사무국과 사무국 직원의 특권과 면제는 국제기구 일반에게 적용되는 특권과 면제의 표준이라고 할 수 있는 것으로서 3국 협력사무국의 국제기구로서의 성격을 나타내는 것이다.

3) 기구의 독립성 문제

앞에서 서술한 협의이사회 관련 규정 설명 시 언급한 바와 같이 사무국의 주요 의사 결정은 협의이사회의 컨센서스로 이루어지게 되어 있다. 그러나 동시에 "사무국은 3국 외교장관 회의를 통하여 또는 3국 외교장관 회의가 결정한 방식에 따라 당사자가 부여한 권한 범위 내에서 당사자의 감독 하에 그 기능 및 활동을 수행"하게 되어 있다. 사무국의 주요 의사 결정을 3국 정부에서 파견된 대표들의 집합인 협의이사회에서 자체적으로 하

23_사무국 직원들의 특권 면제와 관련해서는 중국 및 일본에서 파견된 사무총장이나 사무차장 그리고 전문직 직원에 대해서는 주한 외교관들과 동일하게 세금면제 등의 혜택이 주어지고 있다. 다만 사무국 소재지인 한국에서 파견된 사무총장이나 사무차장 그리고 전문직 직원은 세금 면제 등의 혜택이 부여되지 않고 있다. 전문직 직원이 아닌 일반직 직원은 세금 면제 등의 특권 면제가 해당되지 않는다.

도록 하여 표면상으로는 어느 정도 활동에서 독자성을 갖게 하되 기본적으로 3국 정부의 감독 하에 움직이도록 함으로서 사무국의 독립성에 기본적으로 제약을 둔 것이다.

국제기구의 정점에 있는 유엔 사무국의 경우와 비교해보면 이러한 제약은 더욱 명확해진다. 유엔 헌장 제100조는 사무총장이나 사무국 직원이 어떠한 정부나 또는 유엔 밖의 기관 또는 개인으로부터 지시를 요청하거나 받아서는 안 된다고 규정하고 있다. 또 회원국들은 사무총장이나 사무국 직원들의 임무의 국제적 성격(international character)을 존중하여 이들의 임무 수행에 영향력을 행사하려 해서는 안 된다('not to seek influence')고 규정하고 있다.[24] ASEAN 사무국의 경우도 유사하다. 2007년 채택된 헌장 제11조 9항에서 ASEAN 회원국들이 사무총장과 직원들의 업무의 아세안적인 성격(ASEAN character)을 존중하여 이들의 임무 수행에 영향력을 행사하려 해서는 안 된다고 규정하고 있다. 또 SCO도 헌장 제11조에서 사무총장이나 차장 그리고 직원들은 그들에게 부여된 임무를 수행함에 있어서 회원국 정부나 기관 또는 어떤 개인으로부터도 지시를 요청하거나 받아서는 안 된다고 규정하고 있다.

이에 비해 3국 협력사무국의 경우는 국제기구로서의 성격을 가지고 있음에도 불구하고 사무총장이나 직원들의 활동의 독립성에 상당한 제약을 두었는데 사무국이 아직 출범 초기 단계이고 3국 간에 신뢰관계가 충분치 않은 상황에서 사무국이 당사국들의 통제를 벗어나 독자적으로 움직이지 못하도록 한 것이다. 또 한편으로는 유엔이나 ASEAN 등의 경우는 회원국

24_Linda Fasulo, *An Insider's Guide to the UN* (New Haven: Yale University Press, 2009), p. 29.

수가 많아서 사무국이 이들 개별 국가들의 영향력 하에 움직이게 될 경우 기본적으로 사무국이 기능할 수 없는 문제가 있으나 3국 협력사무국의 경우는 회원국 수가 매우 단출해서 그러한 문제가 적은 점에 차이가 있다고도 할 수 있다. 어쨌든 3국 협력사무국의 경우는 기구의 독립성에는 아직 제약 요인이 많으며 그런 점에서 직원들의 국제공무원(international officials)으로서의 지위에도 한계가 있다.

6. 독특한 제도화 과정

지역 협력기구의 사무국은 일반적으로 모 기구 성격의 지역 협력체가 설립된 뒤 그 기구를 받쳐 주는 사무국이 설립되는 것이 관례이다. EU, ASEAN, APEC, SCO, SAARC, AU 등이 모두 이러한 예이다. 그러나 3국 협력의 경우 조약이나 헌장 또는 정치적 선언에 의한 공식적인 지역 협력체 창설 없이 사무국이 먼저 설립된 특이한 경우다. 3국 간의 정상회의 외교장관 회의 등 정부 간 협의 메커니즘(consultative mechanism)에 기반을 두고 사무국을 설립한 것이다. 지역 협력체 설립에 관한 공식 합의 없이 상설 사무국을 설립한 최초의 사례라고 할 수 있다.

1) 2003년 발리 선언의 의미[25]

제3장에서 본바와 같이 2003년 10월 인도네시아 발리에서 개최된 3국

정상회의에서는 3국 역사상 최초로 3국 협력 증진에 관한 공동선언이 채택(2003년 10월 7일)되었다.[26] 노무현 대통령과 원자바오 총리, 고이즈미 총리가 각각 서명한 이 선언은 3국 간 협력(tripatite cooperation)을 대외적으로 선포한 최초의 선언이었다.

이 공동선언은 3국이 지리적 근접성, 경제적 상호 보완성, 경협 증대, 상호 인적 교류 증가로 상호 간 중요한 경제 무역 파트너로 발전했으며 지역 문제와 국제 문제에 있어서 서로 조정과 협력을 강화해 왔음을 적시하고 있다. 그리고 3국 간 3자 협력 증진을 위한 확고한 기반이 만들어졌다고 밝히고 있다. 이 선언은 아시아와 세계의 주요 국가로서 3국은 지역의 평화와 안정 그리고 모든 국가들의 공동의 발전을 위한 책무를 분담하고 있다고 했다. 또한 3국 협력은 개발을 증진하고 동아시아 협력을 강화하며 지역 및 글로벌 차원에서의 평화와 번영을 수호하는 것을 목적으로 하고 있다고 밝히고 있다.

이러한 입장에서 3국 정상은 아래의 다섯 분야에서 기본적으로 견해를 같이하고 있다고 밝혔다. 첫째, 3국 협력은 유엔 헌장 등 보편적 국제 규범에 따라 추구한다는 것, 둘째, 상호 신뢰·존중·호혜를 바탕으로 포괄적 미래지향적 협력을 추구한다는 것이다. 셋째, 3국 간 경제계 학계 및 NGO의 역할 수행을 권장한 것이다. 넷째, 3국 협력이 동아시아 협력의 일부로서 아세안 통합 과정을 지원한다는 것이다. 다섯째, 3국 협력은 투명하고 개

25_저자는 2003년 발리에서의 '3국 협력 증진에 관한 공동선언'이 ASEAN 발족을 선언한 1967년 '방콕 선언'과 유사점이 있는 점을 감안하여 이 선언을 편의상 '발리 선언'으로 부르기로 한다.

26_외교부, 『2013 한일중 협력 개황』, pp. 144-153.

방적이며 비 배타적으로 추진한다는 것이다.

이 선언에서 3국은 무역, 투자, IT, 환경, 재해 방지, 에너지, 금융, 과학 기술, 관광, 어족 자원, 인적 교류, 국제 문제, 아시아 지역 협력, 안보 대화, 초국가 범죄(전염병, 테러, 해적, 인신 매매, 마약 거래, 돈 세탁, 사이버 범죄) 등 14개 분야에서의 협력 강화에 합의했다.

이 선언은 특히 안보 대화 강화 및 국방 또는 군 인사 간 교류 협력 촉진 의지를 밝히는 등 경제 이외의 정치적 성격의 내용을 공동선언에 포함시켰다. 이 선언은 군축 대화 협력을 강화하고 대량 살상 무기 및 운반 수단 확산을 억제하며 북한 핵 문제의 평화적 포괄적 해결 추구와 한반도 비핵화를 위해 노력한다는 내용도 포함하고 있다.

마지막으로 이 선언은 3국 간 정상회의를 계속 개최할 것임을 밝히고 또 3국 간의 여타 장관급 회의 개최도 지원할 것임을 밝히고 있다. 그리고 3국 공동선언상의 제반 협력을 연구 기획 조정하며 진전 사항에 관한 보고서를 연례 정상회의 시 제출하도록 3자 위원회를 구성하기로 했다고 밝혔다.

이 선언은 1967년 ASEAN 창설을 선언한 방콕 선언과 유사점이 많다. 방콕 선언도 ASEAN 창설의 목적, 기본 원칙, 협력을 위한 메커니즘(연례 외교장관 회의 개최 등)을 밝히고 있다. 발리 선언도 마찬가지다. 3국 간 협력 증진에 관한 정치적 의지를 대외적으로 천명하고 3국 협력의 목적, 협력의 기본 원칙, 협력 분야, 협력을 위한 정상회의 등 협의 메커니즘의 정례적 가동을 대외적으로 선언했다. 가장 큰 차이점은 방콕 선언의 경우 동남아시아 국가연합, 즉 ASEAN이라는 명칭의 지역 협력체를 창설한다는 것을 명시적으로 선언하고 있는 점이다. 그리고 동남아 지역 국가에게 이 지역 협력체에의 가입이 개방되어 있음을 밝히고 있다. 발리 선언은 지역 협력체 창설을 별도로 선언하고 있지 않다. 3국 간 협력을 3자 협력이라는 보통명사로 밝히고 있을 뿐이다.

2) 지역 협력체 설립 헌장 부재

지역 협력체가 설립되고 사무국이 설치되는 과정은 몇 가지 경우로 분류될 수 있다. 지역 협력체 창설에 대한 공식 선언이 있는지와 지역 협력체의 헌법이라고 할 수 있는 헌장의 유무 그리고 이러한 절차들의 선후관계 등이 기준이다.

첫째, EU형이다. 지역 협력체가 창설되고 헌장이 채택된 뒤 사무국이 설립되는 경우다. 거의 모든 지역 협력체가 이런 경로를 밟았다. 유럽의 EU, 아프리카의 AU, 아시아의 SAARC, SCO 등이 이런 예에 속하고 중동의 지역 협력체인 걸프 협력회의(GCC: Gulf Cooperation Council)도 이런 경우다. 1967년 창설된 유럽 공동체(EC: European Community)를 모태로 발전되어온 EU의 경우는 지역 협력체 헌장에 해당하는 EU 조약(마스트리히트 조약)이 1991년 12월 체결된 뒤 1993년 11월 조약 발효와 함께 공식 출범했다. 사무국 등 관련 기구는 이에 맞추어 정비되었다. 1963년 출범한 아프리카 단결기구(OAU: Organization of Africa Unity)를 모태로 발전한 AU의 경우는 2000년 7월 아프리카연합 헌법안을 채택한 뒤 2002년 7월 공식 출범하였으며 사무국 등 주요 조직은 2003년부터 출범했다. SAARC의 경우는 1985년 12월 8일 제1차 정상회의 시 설립 헌장이 채택되었고 1987년 1월 사무국이 네팔의 카트만두에 설립되었다. 또 SCO의 경우는 2001년 6월 SCO 창설이 선언되어 상하이 협력기구가 정식 발족된 후 2004년 1월 상설 행정기구로서 사무국이 베이징에 설치됐다.

둘째는 ASEAN형이다. 지역 협력체 창설 선언이 있고 상당한 기간이 지난 후 사무국이 설치되었으며 헌장은 그 후에도 몇 십 년이 지난 후 만들어진 경우다. ASEAN의 경우는 1967년 8월 ASEAN 창립 선언(방콕 선언)이 있고 1976년 2월 동남아 우호협력조약을 체결하면서 ASEAN 사무국을 설립했다. 또 헌장은 사무국 설치 후 거의 30년이 지난 2007년 제정되었다. 지역 협력의 제도화에 극도로 신중했으며 수십 년에 걸쳐 점진적 발전의 단계를 밟았다. 이 경우는 ASEAN이 유일한 예로 생각된다.

셋째는 APEC형이다. 1989년 각료회의 형태로 출범한 후 3년 뒤인 1992년 9월 방콕에서 개최된 각료회의에서 APEC 사무국 설립을 선언(방콕 선언)했다. 사무국은 조약의 형태가 아닌 정치적 선언의 형태로 설립됐다. 별도의 헌장도 없다.

넷째, 3국 협력사무국(TCS)형이다. 위의 어느 형에도 속하지 않는 지역 협력 제도화 과정의 특별한 사례다. 지역 협력체 창설에 대한 공식 선언이 없는 채로 그동안 발전되어 온 3국 간의 제반 협의 메커니즘을 배경으로 상설 사무국을 설립했다. 물론 헌장도 만들어지지 않았다.

다만 지역 협력체 설립에 관한 선언과 유사한 공동선언이 있었다. 2003년 10월 인도네시아 발리에서 개최된 3국 정상회의에서 채택된 3국 협력 증진에 관한 공동선언이 그것이다. 3국 협력을 대외적으로 선포한 최초의 선언이었다. 3국 간 협력 증진에 관한 정치적 의지를 대외적으로 천명하고 3국 협력의 목적, 협력의 기본 원칙, 협력 분야, 협력을 위한 정상회의 등 협의 메커니즘의 정례적 가동을 대외적으로 선언했다. 선언의 내용상 ASEAN 창설을 선언한 방콕 선언과 유사한 점이 많았다. 다만 방콕 선언과 달리 지역 협력체의 명칭 등을 명시적으로 선언하고 있지 않다. 3국 간 협력을 3자 협력이라는 보통명사로 밝히고 있을 뿐이다.

3) 3국 간 협의 메커니즘에 기반한 사무국 설립

3국 협력사무국은 지역 협력체 창설에 대한 공식 선언이 없는 채로 그동안 발전되어 온 3국 간의 제반 협의 메커니즘을 배경으로 상설 사무국부터 만든 경우다. 2010년 3국 협력사무국 설립 협정 서명 당시 3국 간에는 이미 정상회의를 포함하여 18개 분야의 장관급 협의체 등 총 50여 개의 3국 정부 간 협의 메커니즘이 가동되고 있었다. 장관급에서는 외교장관 회의를 포함하여 통상/산업, 금융/거시경제, 에너지, 환경, 관광, 문화, 교육, 과학기술/정보통신, 운송/물류, 방재, 감사, 인사행정, 보건 등 국정의 전 분야에서 회의 채널이 만들어져 오랜 기간 가동되고 있었다. 이러한 협의 메커니즘은 장관급뿐만 아니라 차관보급과 국장, 부국장급에서도 설치되어 시행되고 있었다.

각종 고위급 회의도 상당 기간 정례적으로 개최되고 있었다. ASEAN +3 회의 계기에 개최된 3국 정상회의의 경우 1999년 최초 회합을 시작으로 2011년까지 총 11차례 회의가 개최되었다. 그리고 ASEAN 회의와 연계되지 않은 3국 별도의 정상회의의 경우 2008년 이래 2012년까지 총 5차례 회의가 개최되었다. 3국 외교장관 회의는 2007년 제1차 회의 개최를 시작으로 2015년까지 총 일곱 차례 회의가 개최되었다. 또 외교부 차관보급을 수석대표로 한 고위급 회의도 2007년부터 계속 개최되었다. 특히 정상회의와 외교 관련 고위급 회의 이외에도 환경과 경제 분야 등 비정치 분야에서의 3국 간 협의가 활발히 진행되었다.

3국 협력사무국은 이러한 제반 3국 간 협의 메커니즘을 기반으로 창설된 것이다. 3국 협력사무국 설립 협정도 그 기능 및 활동의 하나로 "3국 정상회의, 3국 외교장관 회의, 3자 위원회 및 다른 장관급 회의 그리고 3국 고위급 회의와 같은 당사자 간 3국 협의체의 운영과 관리를 위한 지원"을 명기하고 있다. 그동안 3국 정부 내에는 이러한 3국 간 협의 메커니즘의 활동을 총괄적으로 파악하고 챙겨 나가는 기관이 없었다. 3국의 외교부가 각각 이러한 역할을 해야 했으나 3국 모두 정부부처 상호 간의 경쟁과 칸막이 현상 등으로 그 역할에 한계가 있었다. 따라서 이러한 정상회의와 외교장관 회의를 포함한 방대한 3국 간 협의 메커니즘의 운영과 관리를 지원하고 관련 활동을 데이터베이스화 하는 등의 업무를 위한 독립적인 기관이 필요했다. 그리고 3국 간의 잠재적인 협력 사업을 중립적 입장에서 발굴하고 시행해 나가는 기관이 필요했다. 한중일 상설 사무국은 이러한 실제적 필요에 따라 3국 간 제반 협의 메커니즘에 기반을 두어 설치되었다고 할 수 있다.

4) 제도화 과정에서의 혁신

지역 협력기구의 사무국은 일반적으로 모 기구 성격의 지역 협력체가 설립된 뒤 그 기구를 받쳐 주는 사무국이 설립되는 것이 관례이다. EU, ASEAN, APEC, SCO, SAARC, AU 등이 모두 이러한 예이다. 그러나 3국 협력사무국의 경우 조약이나 헌장 또는 정치적 선언에 의한 공식적인 지역 협력체 창설 없이 사무국이 먼저 설립된 특이한 경우라고 할 수 있다. 3국 간의 정상회의, 외교장관 회의 등 정부 간 협의 메커니즘(consultative mechanism)에 기반을 두어 사무국을 설립한 것이다. 지역 협력체 설립에 관한 공식 합의 없이 상설 사무국을 설립한 최초의 사례라고 할 수 있다.

이와 같이 지역 협력체 창설에 관한 공식 선언이 없이 사무국부터 설립한 것은 여러 가지 고려에 의한 것으로 보인다. 우선은 지역 협력체 공식 창설을 선언할 만한 여건이 되지 않았기 때문이다. 2003년 3국 정상이 3국 협력에 관한 발리 선언을 발표했을 때 3국은 여러 면에서 이해가 일치했다고 할 수 있다. 동북아 지역 정세 안정에 3국 협력이 매우 중요하다는 공통의 인식이 있었다. 경제적 측면에서도 3국 간에는 무역 투자 등이 큰 폭으로 증가되고 있었으며 기술과 시장 등의 측면에서 서로가 서로를 필요로 하고 있었다. 경제적 상호 의존성도 크게 증대되고 있었다. 3국 간에 윈-윈(win-win)의 상황이 계속되고 있었던 것이다. 1997년 이래 ASEAN+3 정상회의가 자리를 잡아감에 따라 +3(plus three) 국가로서의 정체성도 강화되고 있었다. 이러한 상황에서 발리 선언이 나온 것이다. 그러나 3국이 하나의 통합체로서의 정체성을 주장하기에는 아직 이른 시점이었다. 이런 것들이 고려되어 지역 협력체 창설에 대한 공식 선언이 없는 지역 협력 선언이 나온 것이다.

3국 협력사무국 설립 교섭 당시 3국의 외교 실무자들이 의도적으로 지역 협력체 창설과 관련한 헌장 논의 등을 피했다는 주장도 있다. 왜냐하면 3국의 역사적 관계 등을 생각할 때 지역 협력기구를 정식으로 출범시키기에는 여러 어려움이 많았기 때문이다. 특히 협력기구의 헌장 문안 등을 교섭하려면 너무 많은 시간이 소요되거나 아예 합의 도달이 어려울 수도 있기 때문에 사무국 설립 자체가 무산될 수 있었기 때문이라는 것이다. 3국 관료들이 융통성을 발휘하면서 상설 사무국 설립에 관해 매우 창의적으로 접근했다고 할 수 있다.

이러한 결정이 가능했던 것은 3국 협력사무국이 3국 정상들의 합의에 의한 정상들의 지시로 하향식으로 만들어졌기 때문이라는 분석도 가능할 것이다. 즉 정상들의 정치적 의지에 의해 상설 사무국 설립이라는 기본 방침이 정해진 상황에서 실무 관료들이 이를 이행하는 형식으로 사무국 설립이 진행되었기 때문에 이와 같은 선례가 없는 방법이 가능했다고 볼 수도 있다. 3국 협력을 제도화해 나가는 과정에서의 하나의 '제도적 혁신(institutional innovation)'이라고 말할 수도 있다. 경제학에서의 세이의 법칙(Say's law), 즉 공급이 수요를 창출하다는 명제와 같이 앞으로 상설 사무국의 설립이 거꾸로 상위 기구, 즉 공식 지역 협력체의 설립을 촉진하는 모델의 발전이 이루어질 수도 있을 것이다. 앞으로 3국 협력이 좀 더 진행되어 가면 협력의 모 기구의 명칭과 헌장 등을 제정하는 절차가 따를 것으로 생각된다. ASEAN의 경우 ASEAN이라는 지역 협력체 창설은 1967년 방콕 선언으로 시작되었지만 ASEAN 헌장은 2007년에야 이루어진 점도 참고가 될 수 있을 것이다.

4장

3국 협력 발전의 주요 동인

1. 3국 협력 발전 과정에서의 '정치적 의지' 요인

동북아 지역 협력에 관한 분석은 현실주의 이론 모델에 근거한 설명이 주를 이루어 왔다. 현실주의 이론 모델은 국가 간 경쟁, 역사, 영토 문제, 세력 균형 등 국제정치에서의 힘, 국가 이익 등 권력 정치의 측면을 강조하는 이론 모델이다. 즉 유럽 북미 동남아시아 등 여타 지역에서는 전후 반세기를 거치면서 상당한 지역 협력과 통합 현상이 나타나고 있으나 유독 동북아 지역에서는 지역 협력기구 부재(organizational gap)라고 할 만큼 지역 협력 및 통합의 부재 현상이 나타나고 있는 원인을 현실 국제정치적 요인에 의해 설명했다. 즉 역사와 영토 문제를 둘러싼 갈등, 동북아 국제정치에서의 미국의 원심력 작용, 지역 내의 핵심 구성원들 간의 힘의 불균형 등으로 인한 구조적 어려움이 그것이다. 그러나 이러한 현실주의 이론 모델에 입각한 설명은 21세기 들어 이 지역에 나타나고 있는 지역 협력 강화 현상과 제도화 현상 설명에 한계를 보인다. 즉 지난 십수 년간 한중일 3국이 정상회의와 함께 외교장관 회의 등 18개 분야의 장관급 회의를 정례적으로 개최하는 등 상당한 정도의 지역 협력이 진전되고 있는 실증적 사실을 충분히 설명하지 못한다. 2011년에는 이들 3국이 ASEAN 사무국과 비교되는 상설 사무국을 설치, 운용하고 있다. 현실주의 이론 모델에 의한 동북아 지역 협력 문제 설명에 한계가 노정되고 있는 것이다.

저자는 이러한 상황에서 21세기 동북아 지역의 지역 협력 강화 현상을 설명할 수 있는 새로운 모델 구축 필요성을 제기하면서 새로운 분석 방법으로 '정치적 의지' 요인을 제1장에서 제시한 바 있다.

지금부터 이러한 '정치적 의지' 요인으로 앞선 제2장의 3국 협력의 역사적 전개 과정을 분석하여 이 모델이 3국 협력의 발전에 실제 어떻게 작용했는지를 밝힌다. 먼저 1992년 한중 수교로 3국 관계가 정상화된 후 시작된 3국 협력 초기 단계는 경제를 중심으로 한 민간 분야의 협력이 3국 협력을 주도하던 시기였다. 정상들의 회합과 같은 정치 분야 협력의 제도화는 시작되지 않았지만 3국 관계는 경제를 중심으로 급속히 발전되고 있었다. 이후 3국 협력이 연구자가 분류한 1999년 태동기, 2008년 발전기를 거쳐 2011년 3국 협력사무국 설치라는 도약기에 이르는 단계별 발전 과정에서 결정적 역할을 한 것은 당시의 3국 정치지도자들의 '정치적 의지'였다.

1) 동아시아 공동체에 대한 비전

3국 협력이 단계별로 발전해 나가는 과정에서 주요한 동력이 되었던 것은 당시 정치지도자들의 동아시아 협력에 대한 각별한 비전이 배경에 있었다. 아시아인에 의한 아시아라는 관점에서 동아시아 통합 노력의 선구적 역할을 한 것은 말레이시아의 마하티르 빈 모하마드(Mahathir bin Mohamad) 총리였다. 1990년의 동아시아 경제코커스 제안이 그것이다. 그러나 미국의 반대와 일본의 소극적 태도로 실패한 바 있다. 아시아 금융 위기 직전 일본 측이 제안한 아시아통화기금 설립도 미국 및 IMF의 반대로 무산됐다. 이러한 상황에서 한국의 김대중 대통령은 1998년 11월 하노이 개최 ASEAN+3 정상회의 참석 시 동아시아 협력의 새로운 모델을 만들기 위한 동아시아 비전그룹 창설을 제의했다. 김대중 대통령은 한국 최초로 여야 간 정권 교체를 이루어 낸 정치가인 데다 매우 리버럴한 신념을 가진 정치지도자였다. 오랜 야당 생활을 거치면서 집권 후의 플랜을 미리 준비하고 있었다. 동아시아 비전그룹 창설 제안은 동구권 붕괴라는 역사적 사건과 유럽 및 북미 대륙에서 EU와 NAFTA 등 지역 협력 강화 움직임이 나타나고 있는 상황에서 세계의 흐름을 내다본 역사의식이 바탕에 깔려 있었다. 1997년부터 1998년까지 밀어닥친 아시아 금융 위기도 이러한 제안의 배경이 되었다. ASEAN+3 정상회의 참석 13개국 중 한국의 김대중 대통령이 이러한 제안을 했다는 것도 특기할 만한 일이다. 이 점과 관련해서는 제3절 3국 협력과 한국의 역할과 관련된 부분에서 상세히 설명하고자 한다.

일본의 오부치 총리도 총리 취임 전부터 아태 지역의 평화와 번영을 일본의 중요한 외교 과제로 주장했던 정치인이다. 취임 직후에는 민간 전문가들로 구성된 '21세기 일본의 구상 간담회'와 '아시아 경제 재생 미션'을 설치하여 아시아 중시의 외교 정책을 수립했다. 한국의 김대중 대통령 집권기에 마침 일본에서는 오부치 총리가 있었다. 두 지도자는 한일 관계 개선에도 의기투합하여 '21세기 새로운 한일 파트너십 공동선언'을 만들어 냈다.

두 지도자 모두 냉전적 사고를 뛰어넘는 새로운 리더십을 보여 주었다.

이러한 상황에서 오부치 총리가 1999년 11월 ASEAN+3 정상회의 참석 기회를 활용한 한중일 3국 정상들의 회합을 제의했고 3국이 합의함으로서 역사상 최초의 3국 정상회합이 실현된 것이다.

여기에는 마침 아시아 금융 위기라는 현안을 만나 중국이 이 문제 해결을 위한 나름의 역할을 생각하면서 다자 틀에의 참여를 적극 검토한 것도 배경이 되었다. 한일 정상들 공통의 강력한 정치적 의지가 있었고 이것이 아시아 금융 위기를 거치면서 3국 정상회합이 만들어진 것이다. 이 과정에서 김대중 대통령과 오부치 총리의 평소의 정치적 비전과 신념이 적극적 역할을 했다.

3국 협력이 일정한 조정기를 거친 후 2008년 ASEAN+3 계기와는 별개의 독립적인 3국 정상회의로 발전하게된 것은 한국의 노무현 대통령과 일본의 후쿠다 총리의 정치적 의지가 큰 역할을 했다. 앞서 설명한 바와 같이 노무현 대통령은 정부 출범 시 동북아 시대 구상을 새 정부의 핵심적인 외교 정책으로 내세웠다. 동북아 시대 구상은 냉전 종식과 3국 협력사무국의 부상에도 불구하고 동북아에 대립과 갈등의 구조가 계속되고 있다는 평가 하에 이러한 상황 극복을 위해서는 유럽 통합과 같은 새로운 비전이 필요하고 한국이 주도적 역할을 할 필요가 있다는 정세 인식에서 출발했다. 그는 동북아 공동체 추진 구상도 제기했는데 ASEAN을 중심으로 한 동아시아 공동체는 동북아 공동체를 전제하지 않고는 공허한 구상이라는 생각에서였다. 이러한 정치적 신념에서 3국 정상회의의 별도 개최 필요성을 주장했다. 그러나 3국 정상회의 별도 개최 추진은 일본의 아베 총리 1기 내각 집권 시에는 성사되지 않았다. 아베 총리가 이 구상에 대해 소극적이었기 때문이다. 그러다가 후쿠다 총리 내각이 출범하면서 진전되기 시작했다.

노무현 대통령 임기 말에 집권한 후쿠다 총리는 집권 전부터 동남아시아와 한국 중국을 포함한 동아시아 공동체 구상에 대한 지지 입장을 밝힌 바 있었다. 동아시아 공동체에 대한 비전을 가지고 있었던 것이다. 후쿠다 총리의 제안으로 3국의 독립 정상회의 개최가 합의되었으나 후쿠다 총리의 갑작스런 사임으로 3국 정상회의는 그 후 아소 총리가 계승하여 일본 후쿠오카에서 첫 정상회의를 개최한 바 있다. 노무현 대통령과 후쿠다 총리의 지역 공동체에 대한 공통된 신념이 2008년 3국 협력사무국 정상회의 단독 개최를 만들어 내는 데 큰 역할을 했다고 할 수 있다.

3국이 별도 정상회의를 개최한지 불과 3년 만에 3국 협력사무국이라는 상설 사무국을 설치한 데는 한국의 이명박 대통령과 일본의 하토야마 총리의 '정치적 의지'가 결정적 동력이 되었다. 이명박 대통령은 한국의 대기업 집단인 현대그룹에서 오랜 CEO 경력을 거친 최고경영자 출신이다. 그는 한국이 국제사회에서 신장된 국력에 상응하는 역할을 하여야 한다고 믿었으며 이를 위해서는 먼저 아시아 이웃들로부터 지지를 받아야 한다는 생각을 가지고 있었다. 이러한 인식이 '신 아시아 외교 추진' 발표의 배경이 되었다. 이명박 대통령은 이러한 외교 전략과 경영자적 마인드 위에 2009년 10월 베이징 개최 3국 정상회의에서 상설 사무국 설치를 전격 제안했다. 한편, 하토야마 총리는 그의 조부 때부터 물려받은 아시아 중시에 대한 확고한 신념을 가진 정치지도자였다. 집권 시부터 동아시아 공동체 구상을 외교 대안의 하나로 제시했다. 이명박 대통령의 상설 사무국 설치 제안에 하토야마 총리가 바로 환영의 입장을 표시한 것은 이러한 정치적 신념을 배경으로 한 것이었다. 베이징 3국 정상회의 직후 개최된 정상 기자회견에서 하토야마 총리가 누구보다도 더 적극적으로 상설 사무국 설치 문제에 대한 관심과 지지 의사를 표시한 것은 제3장에서 설명한 바와 같다. 상설 사무국 설치를 제안한 이명박 대통령이 사이버 사무국 설치의 성과를 보아 가며 추진하자는 이야기라고 해명했던 것에 비하면 오히려 하토야마 총리의 입장이 더 적극적이었다고 할 수 있다. 그 후 상설 사무국 설립을 위한 협상 과정에서 일본 관료 집단의 신중하고 소극적 태도에도 불구하고 결과적으로 일본 측이 3국 협력사무국 설립에 동의한 것은 하토야마 총리의 개인적 비전 신념과 관계된다는 것이 당시 협의에 참여했던 3국 실무자들의 공통된 의견이다. 즉 이명박 대통령의 성취지향적인 CEO적 추진력에 하토야마 총리가 정치적 비전과 신념하에 적극 호응한 것이 3국 협력사무국의 조기 출범의 배경인 것이다. 두 사람의 '정치적 의지'가 없었으면 이루어질 수 없는 일이 이루어졌다고 할 수 있다.

한편 3국 협력 발전 과정에서의 중국의 긍정적 역할과 관련해서는 개혁 개방이 성공적으로 진전되면서 중국의 다자주의에 대한 관심과 자신감이 더욱 높아진 점이 배경이 되었다. 이 시기 중국은 화평굴기 화평발전 화해세계를 표방하면서 국제적으로 더욱 역할을 증대해 나가고 있었다. 특히 세계 정치 경제의 핵심 지역으로 떠오른 동북아 지역을 중국의 영향력 내에 붙잡아 두려고 했다. 후진타오 체제 전기의 아시아 지역 협력 외교, 후기의 실무적 대주변국 외교 전략으로 설명될 수 있다. 표면적으로 구체적 이니셔티브를 발휘한 것은 아니지만 내면적으로는 3국 협력의 발전에 가장 적극적인 입장이었다. 특히 그간의 3국 협력이 경제를 위주로 한 미래 지향적인 어젠다로 착실하게 발전하고 있었던 것을 감안할 때 중국은 3국 협력을 중국 외교의 가장 중요한 어젠다의 하나로 판단했을 것이다.

2) 미국의 원심력 극복

동북아 지역 협력의 가장 큰 걸림돌의 하나는 현실주의자들이 주장한 바와 같이 동북아 지역에 작용한 미국의 원심력이었다. 미국과 동맹관계에 있던 한국과 일본에 대한 미국의 영향력이 워낙 커서 미국의 양해 없이 한국과 일본이 동북아 국제정치에서 독자적 활동을 한다는 것은 매우 어려운 일이었다. 이러한 미국의 원심력을 극복하고 동북아 지역 협력이 가능했던 것은 당시 한국과 일본의 정치지도자들의 강력한 정치적 의지가 있었기 때문에 가능한 일이었다.

먼저 1999년 11월 한중일 3국 정상들의 회합이 역사상 최초로 실현된 것은 한국의 김대중 대통령과 일본의 오부치 총리가 모두 친 아시아적인 정치 신념을 가진 지도자들이었다는 점과 관련된다. 김대중 대통령은 한국의 역대 정부가 미국과의 관계 강화에 주력한 보수적 색채를 띠었던 것에 비하면 훨씬 리버럴한 정책 마인드를 가진 지도자였다. 일본의 오부치 총리도 총리 취임 전부터 아태 지역의 평화와 번영을 일본의 중요한 외교 과제로 주장했던 정치인이다. 취임 직후에는 민간 전문가들로 구성된 '21세기 일본의 구상 간담회'와 '아시아 경제 재생 미션'을 설치하여 아시아 중시의 외교 정책을 수립했다는 것은 앞에서 설명한 바와 같다. 두 지도자 모두 냉전적 사고를 뛰어 넘는 새로운 리더십을 보여 주었다. 최초의 한중일 3국 정상회합은 평소 아시아 중시의 정치적 비전과 신념을 공유하고 있던 한국과 일본의 정치지도자의 합작품이라고 할 수 있다. 미국의 원심력을 평소의 정치 신념으로 넘어선 것이다.

3국 협력이 2008년 ASEAN+3 계기와는 별개의 독립적인 3국 정상회의로 발전하게 된 것도 한국의 노무현 대통령과 일본의 후쿠다 총리의 정치적 의지가 큰 역할을 했다. 앞서 설명한 바와 같이 한국의 노무현 대통령은 균형자론을 내세우며 한국의 외교를 미국 일변도에서 아시아 쪽으로 끌어 낸 리버럴한 정치 노선의 지도자였다. 후쿠다 야스오 일본 총리도 아시아와의 연대를 중시하는 지도자였다. 후쿠다 총리의 아시아 중시 정책은 한국과 중국의 환영과 기대를 받았다. 2007년 11월 3국 도쿄 정상회의에서 후쿠다 총리가 3국 협력사무국 정상회의를 ASEAN+3와 별개로 단독 개최할 것을 제안했던 것도 이러한 맥락에서였다. 3국 정상회의의 별도 개최는 원래 2007년 1월 필리핀 세부 개최 3국 정상회의에서 노무현 대통령이 제안했던 것이다. 그러나 미일 동맹을 무엇보다 중시했던 아베 1차 내각 시의 아베 총리의 소극적 태도로 실현되지 못했다. 후에 이 제안이 아베 총리의 후임인 후쿠다 총리 집권으로 실현된 것을 생각하면 상황이 명백해진다. 노무현 대통령과 후쿠다 총리의 정치적 의지가 3국 정상회의 단독 개최를 만들어 낸 것이다.

반세기의 자민당 집권을 깨고 집권한 민주당의 하토야마 내각도 미국 의존 일변도의 일본 외교의 기존의 틀을 깨려고 시도했다. 과거 자민당 정권과 달리 과거사 문제 해결, 중국과의 관계 재정립, 미국에 대한 맹목적 의존 탈피 등을 외교 대안으로 제시했다. 일미 동맹에 모든 것을 걸었던 기존의 일본 외교의 입장에서 보면 하토야마 내각의 이러한 정책 노선은 획기적인 패러다임 변화라고도 할 수 있다. 3국 협력사무국을 당사국으로 한 상설 사무국 설립에 하토야마 총리가 적극적으로 나온 것은 이러한 정책 노선을 배경으로 한 '정치적 의지'가 작용했기 때문이라고 할 수 있다. 특히 평소 대미 관계를 중시했던 일본의 외교부 등 관료 집단은 미국과의 관계를 고려하여 매우 신중하게 대응했을 가능성이 크다. 이러한 신중하고 소극적인 관료 집단의 의견을 누르고 일본 측이 3국 협력 강화에 적극적으로 나온 것은 하토야마 총리의 개인적 비전과 신념이 아니고서는 불가능했을 것이다.

이명박 대통령은 기본적으로 실용적 사고의 정치지도자였다. 그는 대미 외교를 기본 축으로 하는 한국의 전통적 외교 노선을 따랐지만 중국과의 관계 강화에도 관심이 컸다. 신 아시아 외교 추진을 주장한 것도 이러한 실용주의 외교 노선의 연장이었다고 할 수 있다. 동시대에 집권했던 하토야마 총리와 이명박 대통령의 '정치적 의지'가 미국의 원심력에도 불구하고 3국 협력 강화로 나가는 데 큰 역할을 했다고 할 수 있다. 3국 협력사무국이 초스피드로 설립될 수 있었던 것도 이러한 맥락에서 이해할 수 있을 것이다. 두 사람의 강력한 '정치적 의지'가 결합하여 평상시 이루어질 수 없는 일이 이루어진 것이다.

이와 같이 한국과 일본에서 아시아 중시의 새로운 시각을 가진 지도자들이 집권 미국의 원심력을 극복해 나갔을 때 3국 협력이 순조로웠다는 것은 이와 관련한 '정치적 의지'의 중요성을 나타내 준다고 할 수 있다. 한국에서의 김대중 노무현 대통령 정부의 출범, 그리고 일본에서의 오부치 후쿠다 하토야마 총리 내각의 출현이 그것이다.

한편, 미국의 원심력 문제와 관련해서는 1997년의 아시아 금융 위기를 전후해서 미국의 동아시아 다자 협력에 대한 입장이 좀 더 유연해진 점도 영향을 끼쳤다. 앞에서 밝힌 바와 같이 미국은 1990년의 말레이시아 마하티르 총리의 동아시아 경제코커스(EAEC) 구상과 1997년의 일본의 아시아 통화기금(AMF) 창설 구상을 반대하여 무산시켰다. 즉 미국이 빠진 동아시아 지역 협력에 부정적이었으며 이는 한국과 일본에도 일정 부분 영향을 끼쳤다. 그러나 아시아 통화 위기를 겪으면서 ASEAN+3를 중심으로 창마이 협정이 체결되는 등 동아시아가 지역 협력을 바탕으로 자구책에 나서는 상황에서 미국의 관여에는 한계가 있을 수밖에 없었다. 이러한 상황들도 3국 협력 강화에 대한 미국의 원심력 작용을 제한했다. 특히 3국 협력사무국 협력은 경제를 중심으로 발전하고 있었기 때문에 기존의 한미·미일 동맹과도 양립할 수 있는 지역 협력으로 이해할 수 있었을 것이다.

3) 역사 문제 극복 노력

동북아 지역 협력과 관련 현실주의자들이 큰 장애 요인으로 간주했던 중요한 또 하나의 요인은 역사 문제였다. 3국 간에는 19세기 말과 20세기를 거치면서 전쟁과 식민 침탈 등 불행한 역사가 계속되었다. 1894년의 청일 전쟁, 1910년의 일본의 조선 합방, 1937년의 중일 전쟁 등이 그것이다. 이후 2차 세계 대전을 종료하는 1945년의 샌프란시스코 강화 조약으로 3국 간에도 새로운 전후체제가 성립되었다. 그 후 1960년대와 70년대 그리고 90년대를 거치면서 한일 간, 중일 간 그리고 한중 간 국교가 정상화되었지만 식민 지배 및 전쟁을 둘러싼 역사 인식의 차이가 계속되면서 3국은 수시로 갈등의 양상을 보여 왔다. 2차 세계 대전 후 유럽이 프랑스와 독일을 중심으로 대화해의 역사를 만들어 낸 것에 비해 동북아는 전후 갈등을 완전히 극복하지 못한 상황이 계속된 것이다. 이러한 갈등과 반목이 동북아 지역 협력체제 형성에 부정적 영향을 끼쳐 온 것은 어떤 면에서 당연한 것이었다.

그럼에도 불구하고 3국 협력이 2011년 지역 협력 강화를 위한 상설 사무국까지 진전한 것은 역시 이러한 역사 문제를 극복하려는 나름의 정치적 의지가 있었기 때문에 가능한 일이었다. 그 예로서 일본의 고이즈미 총리 집권 시기 계속된 야스쿠니 신사 참배로 3국 협력사무국 관계가 매우 악화되어 2005년에는 3국 정상회의가 무산되는 등 어려움을 겪었으나 그 후 3국 관계를 정상화시키는 데는 1기 아베 내각 당시의 아베 총리의 정치적 의지가 큰 역할을 했다. 제3장에서 본 바와 같이 당시 아베 총리는 한국 및 중국과의 관계를 빨리 정상화시키는 것이 일본의 국익을 위해 무엇보다 중요하다고 판단했다. 조기 관계 정상화를 희망하는 일본 경제계의 압력도 고려했다. 이를 위해 그는 자신의 정치적 기반이자 강력한 지지층인 보수 우익 층을 실망시키면서까지 한국 및 중국과의 관계 개선에 우선적 노력을 기울였다. 야스쿠니 신사 참배 문제에 관해서도 한국과 중국을 자극하지 않으려고 노력했다. 참배 문제에 대해서는 부인도 확인도 하지 않는 일종의 NCND 정책을 취하면서 최대한 이 문제가 부각되지 않도록 힘썼다. 그리고 역사 인식 문제와 관련해서도 일본의 식민지 지배에 대해 사죄한 무라야마 총리 담화와 위안부 문제에 관한 고노 담화(河野談話)를 계승한다는 입장을 분명히 밝혔다. 이러한 태도는 본인의 평소 보수 우익적 신념과는 차이가 있으며 자신의 지지층에 대해서는 실망스러운 것이었다. 그러나 자신이 판단한 일본의 국익을 위해 정치적 결단을 내린 것이라고 할 수 있다. 일종의 '정치적 의지'의 발현이다. 알렉산더 조지(Alexander George) 교수의 외교 정책 결정 이론상의 조작적 코드 중 철학적 신념을 누르고 도구적 신념을 앞세운 것이다.

한편 2012년 아베 2차 내각 출범 후에는 정반대의 현상이 나타난다. 아베 총리가 평소의 정치적 신념에 따라 보수 우익적 정책 성향이 강하게 나타나면서 3국 관계가 악화일로를 걸은 것이다. 1차 내각 시와는 달리 한국과 중국이 매우 거부감을 가지고 있는 야스쿠니 신사를 총리로서 공개적으로 참배했고 일본의 전쟁과 관련한 과거사 문제에 대해서도 한때 고노 담화와 무라야마 총리 담화에 대해 부정적 태도를 보이기도 했다. 이러한 역사 수정주의적 태도에 대해 한국과 일본 정부는 격렬히 반발하고 나섰으며 그 결과 2013년과 2014년의 3국 정상회의가 무산되었다. 같은 아베 총리 내각이었지만 역사 문제를 다루는 태도에 따라 3국 협력의 진전에 큰 차이가 나타난 것이다. 이와 같이 일본에 우경화된 보수주의 시각의 정치인이 집권했을 때는 3국 협력이 어려움을 겪었다. 고이즈미 총리 집권 시기 및 아베 2차 내각 집권 시기가 이 경우라고 할 수 있다.

위와 같이 3국 협력이 고비 고비 한 단계씩 발전했던 것은 당시의 정치 지도자들의 정치적 비전과 신념의 적극적 발현, 즉 '정치적 의지'가 결정적인 원동력이었다. 3국 정부의 실무 관료들의 이니셔티브나 다른 기능적 요인보다 정치지도자들의 '정치적 의지'가 가장 중요한 동력으로 작용했음은 여러 예를 보아 나타난다. 그리고 일본에서 보수주의 성향을 띤 고이즈미 총리 내각과 아베 총리 2기 내각 당시에는 3국 관계가 조정기 또는 침체기로 들어갔음을 생각할 때 3국 관계 발전 과정에서 지도자의 정치적 의지가 얼마나 중요한 역할을 했는가 하는 것을 알 수 있다.

3국 협력에서 중국 측의 역할과 관련해서는 중국은 자신이 적극적인 이니셔티브를 취하기보다 도광양회의 기본 기조 하에 한국과 일본의 이니셔티브를 지지하는 형식으로 대응해 왔다. 다만 일본에서 아베 2차 내각이 출범하고 대외 정책에 보수 우경화 성향이 두드러지자 중국이 정상회의 개최에 반대하고 3국 협력의 향방에 적극 개입하고 나선 것은 앞장에서 본 바와 같다. 그러나 앞에서 본 바와 같이 중국의 3국 협력에 대한 입장은 기본적으로 매우 적극적인 것이었다. 3국 협력이 전략적 그리고 장기적 관점에서 중국에게 매우 중요하고 유용한 협력 메커니즘이라는 인식이다. 중국은 2013년 6월 박근혜 대통령의 방중 시 발표된 한중 미래 비전 공동성명과 그 부속서에서 3국 협력이 3국 각자의 발전에는 물론 동북아의 평화와 공동 번영에 매우 중요한 역할을 하고 있다고 평가하고 3국 협력사무국의 기능과 역할을 보다 강화하는 것을 검토해 나가기로 한다고 밝혔다. 또 3국 협력의 미래 방향으로 경제 통합을 천명했다.

2. 정상들의 합의의 하향식 이행

3국 협력은 지역 협력 및 통합의 이론 중 기능주의 이론에 의한 상향식 발전이 배경을 이루고 있는 가운데 앞서 설명한 정치적 의지 요인의 하향식 발전이 주도적으로 작용해 온 발전 모델이라고 할 수 있다. 상향식 발전은 민간 분야의 경제 발전 인적 교류 등이 파급 효과를 만들어 내면서 정부 차원의 협력까지 만들어 내는 것이다. 반면 하향식 발전은 정치지도자들의 정치적 합의에 의한 결정이 아래로 이행되는 것과 같은 상부의 이니셔티브에 의한 발전 모델이다. 또한 협력을 저해하는 요인이 발생했을 때 이를 극복하고 새로운 발전을 만들어 내는 것도 정치지도자들의 정치적 의지였다.

1) 정치적 의지 요인에 의한 하향식 발전

정부 차원의 지역주의 진전에는 혁신적 마인드를 가진 정치지도자들의 역할이 있었다는 것은 앞 절에서 설명한 바와 같다. 3국 협력이 짧은 기간 내에 비약적인 발전을 하기까지는 정치지도자들이 자신의 정치적 비전과 신념을 실현시키려는 특별한 정치적 의지가 작용했다. 김대중 대통령의 동아시아 비전그룹 제안, 오부치 총리의 동아시아 구상, 노무현 대통령의 동북아시대 구상, 후쿠다 총리의 아시아 외교, 이명박 대통령의 신 아시아 외교 구상, 하토야마 총리의 동아시아 공동체 구상 등이 모두 이러한 범주에 들어간다. 3국 협력이 태동기를 거쳐 발전기와 도약기를 만들어 가는 과정에서 이들 정치지도자들의 '정치적 의지'가 강력한 동력을 만들어 낸 것이다.

이와 같은 정치지도자들의 '정치적 의지'는 하향식 이행 과정을 겪었다. 먼저 정상들 간의 합의 과정을 거치고 후에 이를 각국 정부 차원에서 실행하는 하향식 과정이다. 정상회의 개최 전 3국 정부 실무자들 간의 사전 협의를 거쳐 합의 사항을 도출하고 이를 정상회의 합의 사항의 형식으로 발표하는 경우도 있지만 3국 정상들이 정상회의 현장에서 주요 사항을 결정하고 실무자들이 이를 이행하는 경우도 많았다.

3국 협력사무국이 설립된 과정을 보면 '정치적 의지'에 의한 하향식 이행 과정이 특별히 두드러진다. 정상들이 먼저 상설 사무국 설치 필요성에 대한 공감대를 만들어 내고 이러한 정치적 결정을 실무 레벨에서 이행하는 형식으로 사무국이 설립되었다. 2009년 10월 베이징 회의에서 이명박 대통령이 상설 사무국 설치 필요성을 처음 제기했을 때 하토야마 총리는 즉석에서 찬성 의사를 표시했고 원자바오 총리는 공감하는 정도의 의사 표시를 했다. 정상들의 기본적인 공감대가 우선 형성되었다고 할 수 있다. 상설 사무국 설치 건은 3국 실무진 레벨에서 사전에 충분히 협의되지 않았던 안건이라는 것이 당시 관계자들의 공통된 의견이다. 말하자면 실무 레벨에서 충분히 검토되지 않은 상황에서 3국 정상 간 공감대가 먼저 형성된 것이다. 3국 정상 간 공감대 형성에도 불구하고 일본 측 실무진은 이 문제에 대해 매우 신중하게 접근했던 것으로 알려지고 있다. 그럼에도 불구하고 결국 일본 측이 긍정적으로 협상에 임한 것은 일본 내각의 수장이었던 하토야마 총리의 강력한 정치적 의지가 배경에 있었다는 것이 일반적 의견이다. 특히 민주당의 하토야마 내각은 자민당 시기의 관료 지배 현상을 타파하고 정치가 관료를 지배하는 새로운 정부 시스템을 추진하고 있던 상황이어서 이러한 하토야마 총리의 정치적 의지가 관료들을 움직였다.

3국 협력사무국 설립과 관련한 위로부터의 하향식 이행은 이 기구가 특이한 형식으로 설립된 점과도 연관이 있다. 지역 협력기구의 사무국은 일반적으로 지역 협력체가 설립되면서 그 기구를 받쳐 주는 사무국이 따라서 설립되는 것이 관례이다. 그러나 3국 협력사무국의 경우 지역 협력기구 창설 선언이나 지역 협력체 헌장 제정이 없이 사무국부터 설립된 경우다. 앞에서 설명한 바와 같이 EU의 경우 1993년 11월 마스트리히트 조약의 발효에 따라 EU가 공식 출범한 뒤 EU 이사회를 받쳐 주는 사무국으로서 EU 이사회 사무국이 조직되었다. ASEAN의 경우는 1967년 8월 ASEAN 창립 선언(방콕 선언)이 있고 1976년 2월 동남아 우호협력조약을 체결하면서 ASEAN 사무국을 설립했다. 상하이 협력기구(SCO)의 경우나 남아시아 지역협력연합(SAARC)의 경우도 지역 협력체 창립 선언과 헌장 제정을 끝낸 후 사무국이 설립되었다. 그러나 3국 협력의 경우 비록 그동안 3국 정상회의 등이 연례적으로 개최되어 왔지만 지역 협력의 공식 명칭도 없는 상황에서 사무국이 먼저 개설되었다는 점에서 큰 차이가 있다. 기존의 지역 협력체 사무국 설립 모델과는 차이가 있는 것이다. 이러한 것이 가능했던 것은 정치지도자들 차원의 결정을 하향식으로 이행했기 때문에 가능했다. 그렇지 않고 실무 레벨에서의 협상을 통해 상향식으로 진행시켰다면 지역 협력체 창설 선언이나 헌장 제정 없이 사무국부터 설치하는 접근은 불가능했을지 모른다.

2) 정상회의 효과

3국 협력의 발전 과정에서는 정례적으로 개최된 정상회의가 큰 역할을 했다. 정상회의를 할 때마다 협력 수준이 한 단계씩 뛰어 올랐다고 할 수 있다. 정상회의는 3국 정치지도자들의 정치적 의지 실현의 가장 중요한 플랫폼이었다.

3국 간의 최초의 공동선언은 2003년 10월 인도네시아 발리 개최 정상회의에서 발표되었다. 3국 협력을 최초로 대외적으로 천명한 중요한 정치 선언이었다. 그리고 다음해인 2004년 11월 라오스 비엔티엔 개최 정상회의에서는 3국 협력에 관한 행동전략이 발표되었다. 이후 고이즈미 총리의 야스쿠니 신사 참배로 인한 역사 분쟁으로 한동안 3국 정상회의가 개최되지 못했다. 그 후 2008년 3국 정상회의는 ASEAN+3 참석 기회를 이용한 정상회의가 아닌 별도 정상회의 형식으로 후쿠오카에서 개최되었다. 3국 정상회의의 정례적 단독 개최 결정이 이때 내려졌다. 후쿠오카 정상회의에서는 최초의 단독 정상회의라는 명분에 걸맞게 공동성명 이외에도 3국 협력 증진을 위한 행동계획, 재난 관리 공동발표문, 국제 금융 및 경제에 관한 공동성명 등 여러 개의 중요한 합의가 도출됐다.

2009년 중국 베이징 개최 정상회의에서는 상설 사무국 설립에 관한 기본적 양해가 이루어진 점에서 3국 협력 발전에 중요한 의미를 가진 정상회의였다고 할 수 있다. 또한 3국 협력 10주년 기념 공동성명이 발표됐다. 2010년 한국 제주 개최 정상회의에서는 3국 협력사무국 설립 각서가 서명됨으로서 3국 협력의 제도화에 가장 중요한 발전을 기록했다. 또한 향후 10년간의 3국 협력의 비전을 제시한 총 5개 부문 41개 항목의 '비전 2020'을 채택했다. 2011년 5월 일본 도쿄 개최 정상회의에서는 실질 분야에서의 3국 협력을 보여 주는 여러 합의가 이루어졌다. 특히 2011년 3월의 동일본 대지진을 배경으로 재난 관리 협력 문서와 원자력 안전 협력 문서가 서명된 것은 3국 협력이 3국 국민들의 안전에 관한 실질적인 문제를 다룬 것으로서 의미가 크다. 또한 정상회의에 맞추어 3국 정부가 상설 사무국 설립 협정을 발효(2011년 5월 17일)시킬 수 있었던 것도 의미가 컸다. 2012년 5월 중국 베이징 개최 정상회의에서는 3국 투자보장협정이 서명되었고 3국이 FTA 협상을 연내 개시하기로 합의했다.

이와 같이 정상회의 때마다 협력이 한 단계씩 발전할 수 있었던 것은 3국 정부에서 정상회의를 3국 협력 발전을 위한 중요한 플랫폼으로 활용했기 때문이다. 특히 3국 정부는 각자 자신들이 의장국일 때 뭔가 특별한 성과를 내고 싶어 했다. 예를 들어 한국 정부가 의장국이었던 2007년 싱가포르 회의 시 노무현 대통령은 3국 정상회의의 단독 개최 안을 제안하여 3국의 합의를 이끌어 냈고 사이버 사무국 설치도 제의하여 합의를 이끌어 내는 성과를 거두었다. 또한 2010년 5월 한국이 의장국으로 한국 제주도에서 개최한 3국 정상회의에서 이명박 대통령은 3국 협력사무국 설립에 관한 최종 합의, 즉 사무국 설립 각서 3국 서명의 성과를 만들어 냈다. 정상회의를 주최한 한국 측의 적극적인 노력에 따른 것이었다. 2011년 3월 동일본 대지진 이후 도쿄에서 개최된 3국 정상회의에서 일본 측의 주도로 재난 관리 및 원자력 안전 협력에 관한 합의문서가 채택된 것도 마찬가지다. 2012년 5월 중국이 정상회의 의장국으로서 베이징에서 개최했던 3국 정상회의에서 3국 투자보장협정이 서명되고 3국 FTA 협상 연내 개시가 합의된 것도 이러한 맥락에서 볼 수 있다. 3국 협력에서 특히 경제 분야 협력에 관심이 컸던 중국의 이니셔티브의 작용이다. 자국이 의장국일 때 자국 관심 분야에서 특별한 정상회의 성과물을 만들어 내려는 각국의 의식적 노력의 성과라고 할 수 있다. 이와 같이 3국 협력의 발전에는 정상회의라는 커다란 이벤트를 활용하여 무언가 성과물을 만들어 내려는 각국 정부의 의식적 노력이 있었다. 이를 정상회의 효과(summit effect)라고 불러도 될 것이다.

3. 한국의 역할

1) 3국 협력 강화 과정에서의 한국의 이니셔티브

3국 협력 발전 단계에서 보면 협력이 한 단계씩 도약하는 과정에서 항상 한국 정치지도자의 이니셔티브가 크게 작용했음을 알 수 있다.

첫째, 1999년 ASEAN 계기 비공식 3국 정상회합을 처음 시작할 때도 동아시아 비전 그룹을 출범시켜 동아시아 지역에서의 공동체 형성 담론을 처음으로 제기한 김대중 대통령의 기여가 있었다. 김대중 대통령과 의기투합한 오부치 총리가 공식적으로 3국 정상회합을 제의하여 최초의 3국 정상모임이 조찬 모임 형식으로 개최되었다는 것은 앞에서 이미 밝힌바 있다.

둘째, 2008년 3국이 ASEAN 계기와는 별도의 3국 정상회의를 개최하게 된 것도 동북아 시대 구상을 제기한 노무현 대통령의 이니셔티브가 있었다. 노무현 대통령은 2004년 라오스 비엔티엔에서 개최된 3국 정상회의에서 이미 3국 정상회의의 별도 개최를 제안한 바 있었고 2007년 11월 싱가포르 개최 3국 정상회의에서도 이를 다시 제기하여 3국의 합의를 이끌어 냈다. 그 후 3국의 단독 정상회의는 2008년 12월 일본 후쿠오카에서 일본 측 초청으로 개최된 바 있다. 노무현 대통령은 2007년 11월 싱가포르 개최 3국 정상회의 시 사이버 사무국 설치도 제의하여 3국의 합의를 이끌어 냈다. 사이버 사무국은 2009년 10월 제2차 단독 정상회의에 맞추어 개통된 바 있다.

셋째, 3국 협력을 위한 상설 사무국을 설치할 것을 제의하고 이를 한국에 유치 설립한 것도 한국의 이명박 대통령의 이니셔티브에 의한 것이었다. 3국 협력사무국은 2011년 9월 서울에서 사무실 문을 열었다. 이와 같이 3국 협력이 한 단계씩 협력의 수준을 높여 갈 때마다 그 배경에는 한국 정부의 이니셔티브가 있었다.

넷째, 3국 협력이 역사 문제 등으로 3국 간 심각한 갈등과 분열이 나타나면서 2012년 5월 이래 장기간 정상회의가 개최되지 못하고 있는 상황에서 3국 협력 복원의 모멘텀을 만든 것도 한국이었다. 2014년 10월 미얀마 수도 네피도에서 개최된 ASEAN+3 회의에 참석한 박근혜 대통령이 3국 외교장관 회의를 거쳐 3국 정상회의를 개최할 것을 공식 제의하고 나온 것이다. 이러한 이니셔티브에 입각하여 2015년 3월 3국 외교장관 회의가 서울에서 개최되어 3국 협력 복원의 모멘텀이 만들어졌다.

일본과 중국은 이 과정에서 주로 보완적인 역할을 했다. 일본은 1999년 필리핀 마닐라에서의 첫 3국 정상회합을 조찬 모임 형식으로 주최했고 첫 3국 단독 정상회의도 2008년 후쿠오카에서 주최했다. 한국 측의 이니셔티브를 받아 주최국으로서 회의를 개최하는 역할을 담당했다. 중국은 1999년 3국 정상의 첫 회합에 참석한 이래 3국 정상 협의 메커니즘에 매우 긍정적이고 적극적인 태도로 나왔다. 다만 일본의 고이즈미 총리 집권 시와 아베 2차 내각 당시 야스쿠니 신사 참배 문제가 큰 이슈로 부각되었을 때는 정상회의 개최 연기를 주장하여 3국 정상회의의 정례 개최에 제동을

건 바 있다.[1]

위와 같이 한중일 3국 협력의 발전 과정에서 특히 한국의 역할이 두드러지게 나타나는 이유는 무엇인가? 이러한 한국의 특별한 역할 입지와 관련 그동안 한국을 국제정치적으로 가교(bridge) 국가, 완충 국가, 중간 국가, 간사 국가, 중견 국가 등의 명칭으로 부르기도 했다. 그 역할에 대해서는 촉진자(facilitater), 강제자(enforcer), 정직한 브로커(honest broker) 등으로 자리매김하는 분석들이 있었다.[2] 그 배경에는 아래와 같은 한국의 동북아에서의 특별한 입지와 관련이 있다.

첫째는 한국의 지정학적 입지가 중국과 일본의 중간자적 역할을 가능하게 한 점이 있었다. 중국과 일본은 역사적으로 동북아의 강국으로서 경쟁관계에 있었으며 여러 차례 전쟁을 치른 관계인 반면, 한국은 중국이나 일본을 침략한 적이 없으며 역사적으로 중립적이었다고 할 수 있다. 이러한 정치적 입지가 상대적으로 중간자적 위치에서 중국과 일본 관계를 이끌어 갈 수 있는 배경이 되었다.[3]

1_중국은 일본 총리의 야스쿠니 신사 참배 문제로 정상회의를 보이콧할 때도 항상 '연기'라는 표현을 쓰고 '취소'라는 표현을 쓰지 않았다. 중국 정부가 역사 문제와 영토 문제로 일본과 마찰을 빚으면서도 3국 협력 메커니즘 자체는 계속 중시하는 의사의 표현이라고 해석할 수도 있다. 친강(秦剛) 중국 외교부 대변인 발언 참조; "[G20 정상회의] '중일 관계 잡음 원치 않아' 시진핑, 아베에 일침," 『한국아이닷컴』, 2013년 9월 6일.

2_Shiping Tang, "Leadership in institution building," in Bertrand Fort and Douglas webber, ed., *Regional Integration in East Asia and Europe* (New York: Routledge, 2006), pp. 73-74.

3_한중일 3국은 3국 정상회의와 외교장관 회의를 '한중일 동반자 관계를 위한 공동성명(2008)' 합의에 따라 3국 내에서 정례적으로 개최해 온바 있다. 그동안 일본 한국 중국의 순서로 연례적으로 의장국이 바뀌면서 개최되어 왔다. 그러나 2012년 5월 중국 베이징에서 3국정상회의가 개최된 후 2013년과 2014년 연이어 정상회의가 개최되지 못함으로서 문제가

둘째는 한국은 영토, 인구, 경제력, 군사력 등 전반적인 국력에서 중국과 일본의 중간적 위치에 있다. 한국은 지난 20여 년 동안 신장된 국력을 배경으로 국제정치에서 중견 국가로서 상당한 입지를 확보했다. 그러나 중국과 일본에게 심각한 위협이 될 정도는 아니며 그렇다고 두 나라가 무시할 정도의 위치는 아니라고 할 수 있다. 이러한 특별한 위치가 한국의 역할 공간을 만들었다.

셋째는 대통령 중심제 하에서 집권 시부터 특별한 정치적 어젠다를 가지고 출범하는 역대 한국 대통령들의 '정치적 의지'와 관련이 있다. 즉 5년마다 국민들의 직선에 의해 선출되는 한국의 대통령은 단임인 집권 기간 중 자신의 정치적 비전과 신념을 실현하려는 강력한 열망을 가지게 된다. 리버럴한 정치 성향을 가진 지도자로서는 처음으로 집권한 한국의 김대중 대통령이나 미국 의존 일변도에서 탈피하려고 했던 노무현 대통령이 재임 중 자신의 특별한 정치적 비전과 신념을 실현하고자 각별한 노력을 기울였던 데는 이러한 배경이 있다.

역사적으로 동북아 국제정치는 중국과 일본의 라이벌 관계와 미국 등 서구 열강의 작용을 중심으로 설명되어 왔다. 거의 한국의 존재는 설명 메커니즘에 빠져 있다. 그러나 21세기에 들어서면서 한국의 역할 공간이 만들어지기 시작했다. 이러한 역사적 공간 속에서 김대중, 노무현, 이명박,

---

생겼다. 원래 2008년 3국 공동성명의 정신에 따르면 정상회의가 개최되지 못했더라도 2013년은 한국 2014년은 일본이 의장국의 지위에 있었다고 보는 것이 타당할 것이다. 그러나 정상회의가 개최되지 못하는 상황에서 중일 간의 미묘한 갈등과 신경전 속에서 실제로는 3년째 한국이 의장국 역할을 계속해 왔다. 2015년 3월 3국 외교장관 회의가 한국의 의장국 지위 하에 서울서 개최된 것이 그것이다. 한중일 3국 관계 하에서 한국의 특별한 입지를 보여주는 사례라고 할 수 있다.

박근혜 대통령의 이니셔티브가 가능했던 것이다.

2) 노무현 정부의 동북아 시대 구상

동북아적 차원에서의 한국의 특별한 역할에 관해서는 노무현 정부 시절에 많은 토론이 있었다. 노무현 대통령은 집권 후 동북아 시대 구상을 신정부의 주요 국정 목표로 천명하고 대통령 자문기구로서 동북아시대위원회를 설립했다. 동북아 시대란 탈냉전, 경제적 상호 의존 증대 등에도 불구하고 동북아에서 북핵 문제, 중국의 부상과 미중 패권 경쟁, 일본의 재무장, 역내 국가들 간의 영토 및 역사 분쟁 등 긴장 국면이 지속되고 있는 상황 인식하에 협력의 담론과 실천을 통해 평화와 번영의 21세기 동북아를 만들어 나가겠다는 노무현 정부의 정책의지의 표현이다. 또한 그 전략의 핵심에는 북핵 해결이 놓여 있었다. 한편 동북아 중심국가론은 미래지향적 전략 포석을 통해 한국이 동북아 연계망의 중심 고리, 아이디어와 인적 물적 교류의 중심 거점, 즉 허브로서 기능하는 것을 의미했다.[4]

노무현 정부는 또한 동북아 평화의 균형자, 협력의 촉진자 역할을 선언했다. 노무현 대통령은 동북아도 21세기 유럽처럼 통합의 큰 길로 나아가야 하며 한국은 이러한 새로운 동북아에서 지역 내 갈등의 조정자(moderator), 평화의 촉진자(promoter) 역할을 하겠다는 것이었다. 그의 정치적 비전은 한국을 대륙 세력과 해양 세력을 연결하는 가교 국가로서 또 역내 평화

4_배긍찬, "동북아시대와 한국의 외교과제," 『주요 국제문제 분석』, 2004년 7월 21일.

번영의 중심이 되는 거점 국가로서 자리매김하는 것이었다.[5] 한국이 동북아 국제정치의 조정자 내지는 촉진자 역할을 수행하기 위해서는 우선 경제력, 군사력, 외교력 등의 면에서 그러한 역량을 갖추고 있어야 한다고 할 수 있다. 또 중국과 일본 등 관련 국가들이 한국의 이러한 역할을 인정해 주어야 가능하다고 할 수 있다. 노무현 대통령이 주창한 한국의 균형자론은 한국의 능력, 주변 국가들의 인정 여부 등에서 많은 비판이 있었다.[6]

다만 3국 협력사무국 협력이 강화되어 가는 과정에서 중간적 위치에 있던 한국이 큰 역할을 했다는 것은 앞에서 본 바와 같다. 3국 협력사무국이 설립되는 과정에서 중국과 일본이 모두 사무국의 위치를 한국으로 하는 데 합의한 것도 어느 면에서는 한국의 조정자적 지위에서 가능했던 것이라고 할 수 있다.

5_성기영, "문정인 동북아시대위원장 인터뷰, 한중일 정상회담 제안 구상중," 『신동아』, 2004년 9월 22일.

6_국제정치 이론에 있어서 균형자(balancer)에 대해서는 국제정치학의 고전으로 불리는 한스 모겐소(Hans J. Morgenthau) 교수의 '국가 간의 정치'에서 이론화되어 있다. 모겐소 교수는 균형자는 특정 국가나 동맹 정책에 동조하지 않으며 유일한 목적은 체제의 균형을 유지하는 것이라고 했다. 또 균형자에게는 영원한 우방도 적도 없으며 오직 균형이라는 영원한 이해관계만이 있을 뿐이라고 했다. 그리고 영광스러운 고립(splendid isolation)을 각오해야 한다고 했다. 이러한 균형자의 전형적인 예로 엘리자베스 1세 여왕과 헨리 8세 시대의 영국을 들었다. 그리고 영국이 그러한 균형자 역할을 할 수 있었던 것은 자체적인 힘이 있었고 또 유럽 대륙에서 좀 떨어져 상황을 관망하는 태도(aloofness)를 견지했기 때문이라고 주장했다(참조; Hans J. Morgenthau, *Politics Among Nations* (New York: Alfred A Knopf, 1973), pp. 193-197, p 347). 위와 같은 모겐소 교수의 전통적인 균형자론을 준거로 할 경우에는 미국과 동맹관계에 있던 한국이 동북아 국제정치에서 균형자 역할을 한다는 것은 불가능한 일이었으며 당사자인 미국 중국 일본 등의 오해를 살 여지가 많았다고 할 수 있다.

3) 박근혜 정부의 동북아 평화 협력 구상

박근혜 정부 출범 후 한국 외교 정책의 핵심 어젠다로 추진되고 있는 동북아 평화 협력 구상도 큰 범위에서는 한중일 3국 협력과 관련된 어젠다라고 할 수 있다.[7] 박근혜 대통령은 대통령 후보 시절인 2012년 10월 15일 신라호텔에서 개최된 한중일 3국 협력사무국(TCS) 1주년 기념 리셉션 참석 시 축하 연설을 통해 자신의 집권 시 대외 정책 구상의 일단을 밝힌 적이 있었다. 국내외의 수많은 언론 매체와 주한 외교 사절들이 참석한 자리였다.

당시 그는 동북아시아 평화 협력 구상을 밝히면서 이 구상의 핵심 요소로서 한중일 3국 협력의 중요성을 강조했다. 그는 동북아가 새로운 국제질서의 중심축으로 부상했고 한중일 3국 간 경제 의존도도 최고 수준에 도달했으나 역설적으로 역사와 영토 갈등, 군비 경쟁, 핵 위협 그리고 신뢰 부족으로 큰 진통을 겪고 있다고 진단했다. 그는 이러한 아시아의 패러독스(Asian Paradox) 극복을 위해 첫째, 대화해(grand reconciliation), 둘째, 책임 있는 동북아(responsible Northeast Asia) 건설, 셋째, 한중일 트로이카 협력(troica cooperation) 확대를 주장했다.

그는 유럽이 2차 세계 대전 후 독일 영국 프랑스의 대화해를 바탕으로 통합의 길을 열었듯이 동북아도 올바른 역사 인식을 바탕으로 대화해를 통해 새로운 지평을 구축해야 하며 이를 위한 제도적 장치를 마련할 필요가 있다고 말했다. 이와 함께 한중일 3국 협력사무국이 보다 제도화된 동북아 지역 협력체 출범에 기여할 수 있을 것으로 기대했다. 또 동북아는 아시아

7_동북아 평화 협력 구상과 관련한 전반적인 설명 참조; 외교부, 『동북아 평화협력 구상: 아시아 패러독스를 넘어 평화협력의 동북아로』(서울: 외교부, 2014).

는 물론, 세계의 평화와 발전에 적극적으로 기여하는 책임 있는 동북아가 되어야 한다고 역설했다. 그리고 경제 사회 협력과 균형을 맞추어 한중일 3국 간의 정치 안보 대화를 더욱 강화해야 한다고 말했다. 그는 동북아가 갈등과 대립의 과거로 회귀할지 새로운 도약을 할지 선택의 갈림길에 있다고 말하면서 이를 위한 정치지도자들의 용기 있는 결단과 정치적 리더십의 필요성을 강조했다.

박근혜 후보의 2012년 10월 15일 TCS 출범 1주년 기념 연설은 자신이 제시한 동북아 평화 협력 구상의 핵심 당사국으로서의 한중일 3국 협력의 중요성을 특별히 강조한 것이었다. 올바른 역사 인식을 바탕으로 한 한중일의 대화해를 주장한 것이나 한중일 3국 협력사무국(TCS)을 미래의 보다 제도화된 동북아 지역 협력체 출범의 단초로 본 것이나 한중일 3국 간 정치 안보 대화 강화를 주장한 것 등은 동북아 지역 협력과 통합을 향한 대단한 정치적 비전이었다고 할 수 있다. 특히 역사적 선택의 갈림길에서의 이 지역 정치지도자들의 용기 있는 결단과 정치적 리더십의 필요성을 강조한 것은 그 뒤에 전개되고 있는 한중일 3국 간의 여러 갈등 국면을 생각하면 시사하는 바가 큰 것이었다.

이와 같이 박근혜 정부는 출범 당시부터 이미 동북아의 평화 협력 및 이의 핵심 요소로서의 한중일 3국 협력에 대한 뚜렷한 비전과 정치적 의지를 가지고 출발했다. 그러나 출범 이후 전개된 동북아의 여러 지정학적 상황은 이러한 정치적 비전을 실현시키기에 매우 어려운 상황으로 전개되었다. 출범 직후인 2013년 3월 북한이 전격적으로 3차 핵 실험을 실시하고 유엔 안보리가 대북 제재에 나서면서 한반도에서는 극도의 긴장이 조성되었다. 새 정부의 한반도 신뢰 프로세스와 동북아 구상이 시작 단계부터 중대한 장애물을 맞닥뜨리기 시작한 것이다. 거기다가 전임 이명박 정부 때부터 크게 부각된 일본과의 독도 영토 문제, 위안부 문제가 계속 한일 간 갈등 요인으로 작용하면서 3국 협력의 한 축이 흔들리기 시작했다. 특히 중국과 일본 간의 센카쿠 아일랜드(조어도) 영토 분쟁이 격화되어 전쟁 가능성까지 거론되고 일본 아베 정부의 역사 수정주의를 근간으로 한 우경화가 계속되자 3국 협력은 결정적으로 흔들릴 수밖에 없었다.

이러한 배경 하에서 관례대로라면 2013년 5월 한국에서 개최되어야 할 3국 정상회의도 무기 연기되었다. 2012년 중국의 의장국 수임에 이어 2013년은 한국이 의장국을 수임해야 할 차례였다. 박근혜 정부로서는 북한의 핵 실험과 이은 한반도의 전쟁 위기를 해소해 나가는 것이 더 급선무였다고 할 수 있다. 박근혜 대통령은 취임 직후 미국을 방문하여 오바마 대통령과 정상회담을 가진 데 이어 중국을 방문하여 시진핑 주석과 정상회담을 했다. 일본은 방문하지 않았다. 이후 한중일 3국 간에는 영토 문제와 역사 문제를 둘러싼 갈등이 계속되는 가운데 한중일 3국 협력의 가장 중요한 협의 메커니즘인 3국 정상회의가 2년째 개최되지 못하는 상황이 전개되었다.

이러한 상황에도 불구하고 박근혜 정부는 새 정부의 핵심 대외 정책 비전인 동북아 평화 협력 구상을 실천에 옮기려는 노력을 계속 전개했다. 한중일 3국 관계 경화로 인한 어려움에도 불구하고 동북아에서의 신뢰 구축을 위한 노력을 인내심을 가지고 계속해 나가겠다는 의지의 표현이었다. 외국과의 정상회담에서 동북아 평화 협력 구상에 대한 설명과 지지 요청은 늘 빠지지 않는 핵심 어젠다였다. 미국 중국 일본 러시아 등 핵심 국가들로부터 일반적인 이해와 지지를 확보했다고 할 수 있다.

이러한 기반 위에서 박근혜 대통령은 2014년 8월 15일 경축사에서 동북아 원자력 안전 협의체 구성을 제의했다. 동북아 평화 협력 구상의 실천을 위해 제시된 첫 실천적 과제라고 할 수 있다. 또 한국 외교부는 2014년

10월 28일 한국 중국 일본 미국 러시아 몽골 6개국 정부 대표와 민간 전문가, 국제기구 관계자 등 200여 명이 참가한 가운데 동북아 협력 포럼을 개최했다. 동북아 평화 협력 구상과 관련해 6개국 정부 관계자들이 회합을 한 것은 최초의 일이었다.

박근혜 대통령은 2014년 11월 13일 미얀마 네피도에서 열린 ASEAN+3 정상회의에서는 전격적으로 한중일 3국 정상회의 개최를 제의했다. 3국 정상회의는 2012년 5월 베이징 회의 이후 열리지 못하고 있는 상황에 있다. 박 대통령은 먼저 자신의 동북아 평화 협력 구상을 소개한 뒤 아세안이 보여 준 협력 증진과 갈등 해소, 신뢰 구축 상황을 동북아에 적용하고자 하는 것이라고 설명했다. 그리고 3국 정상회의 개최를 제의했는데 한중일 3국이 영토 문제 역사 문제 등으로 인한 갈등으로 정상회의를 개최하지 못하고 있는 상황에서 주도적으로 상황 타개에 나선 것이라고 할 수 있다.

이와 같이 박근혜 정부는 동북아 평화 협력 구상을 통해 한중일 3국 협력의 강화 및 나아가 확대된 동북아 협력체제의 발전을 위한 노력을 하고 있다고 할 수 있다.

4. 북한의 참여 문제

동북아의 평화와 번영 문제의 핵심 중 하나는 북한 문제다. 세계에서 냉전의 유산이 유일하게 남아 있는 곳이고 유일하게 스탈린주의 체제가 유지되고 있는 곳이다. 또 핵무기 개발을 끊임없이 진행시키고 있는 곳이다. 북핵 문제를 포함한 북한 문제의 해결 없이는 동북아에서의 평화와 공동 번영은 불가능하다. 여기에서 3국 협력과 북한 문제의 연결점이 발견된다.

3국 협력과 북한 문제는 어떻게 연결되는가? 3국 협력이 한반도 및 북한 문제에 갖는 함의는 무엇인가? 3국 협력은 앞으로 북한을 개혁 개방으로 끌어내는 도구로서 작용할 수 있을 것인가? 3국 협력은 앞으로 한반도 통일 문제에 어떤 형식으로 작용할 수 있을 것인가?

1) 북한 문제 협의의 장으로서의 3국 협의 메커니즘

(1) 3국의 북한 문제 협의

북한 문제는 3국 정상회의, 외교장관 회의 등 제반 3국 협의 메커니즘의 주요한 협의 의제의 하나였다. 3국 정상이 1999년 11월 필리핀 마닐라에서 조찬 모임 형식의 첫 정상회동을 했을 때는 북한 문제는 논의의 대상이 아니었다. 중국이 민감하게 생각했던 한반도 정세나 대만 문제 등은 거론되지 않았으며 중국의 주룽지 총리의 전문 분야라고 할 수 있는 경제 문제를 중심으로 의견 교환이 있었다. 또 당시는 1997년 발생한 아시아 금융위기 직후여서 더욱 경제 문제 중심으로 대화가 이어졌다. 북한이 3국 정상회의와 관련한 반응을 보인 것은 1999년 11월 28일 3국이 ASEAN+3 기회를 활용하여 최초로 조찬 모임 형식의 정상 간 회합을 했던 때였다. 북한은 며칠 뒤인 12월 10일 발표된 조선 중앙통신 보도를 통해 한국과 일본 당국이 마닐라에서의 정상회동을 한반도 문제를 다루는 모임으로 만들려는 기도를 했다고 비난하면서 한반도 문제가 장래에 3국 정상회의에서 논의되는 것은 한반도 문제 해결에 아무 도움이 되지 않을 뿐 아니라 오히려 문제를 복잡하게 할 뿐이며 문제 해결에 브레이크를 걸 것이라고 비난했다.[8] 당시 북한의 반응은 3국 협의 메커니즘에서 북한 문제가 협의되는 것에 대한 매우 부정적 반응이었지만 그만큼 북한 문제와 3국 협력이 밀접하게 관련되어 있다는 것을 나타낸 것이라고 할 수 있다.

그러나 다음 정상회의부터는 상황이 달라진다. 중국이 3국 정상회의에 적극적으로 나오면서 모임의 의제에 대해서도 융통성을 보인 것이다. 중국은 2000년 11월 싱가포르 개최 3국 정상회의 전 북한 문제나 동북아 문제에 대해서도 적극적으로 토의에 나설 의사가 있다고 밝혔다. 그리고 모임의 성격도 비공식 조찬 모임에서 공식 회담 형식으로 바뀌었다. 2001년 11월의 브루나이 정상회의까지는 조찬 모임으로 개최되었으나 2002년 11월 캄보디아 프놈펜 개최 3국 정상모임부터는 정상회의가 공식 회담 형식으로 격상되어 개최되었다. 북한 문제가 본격적으로 다루어지기 시작한 것은 2002년 11월 프놈펜 정상회의 때부터이다. 2002년은 켈리 미 국무부 차관보가 방북하여 북한의 농축 핵 개발 의혹을 따진 시점이다. 자연 2002년 11월의 프놈펜 개최 3국 정상회의에서는 북한 핵 문제가 중요한 의제로 다루어졌다. 이때부터 북핵 문제를 포함한 북한 문제는 3국 정상회의에서 주요 의제로 계속 다루어졌다.

이와 함께 3국 정상회의는 북한과 관련한 주요 메시지를 전달하는 중요한 통로로서 기능했다. 원자바오 총리가 이명박 대통령과 김정일 위원장 간의 정상회의 가능성 등을 타진하고 주선하려 했던 것도 3국 정상회의 기

8_Iida Keisuke, "Trilateral Dialogue in Northeast Asia: A Case of spillover from Economic to Security Cooperation?," in T.J. Pempel, ed., *Economy -Security Nexus in Northeast Asia* (New York: Routledge, 2013), p. 7.

회를 활용한 것이다.[9] 첫 번째는 2009년 10월 10일 베이징에서 한중일 정상회의가 열렸을 때였다. 오찬 자리에서 원자바오 총리가 자신이 김정일 위원장을 만났는데 정상회담을 희망하고 있다고 전했다. 이명박 대통령은 김정일이 직접 원자바오를 통해 남북 정상회담을 제안해 온 것은 큰 의미가 있다고 생각했다. 제안 자체를 신뢰할 수 있고 중국의 중재 역할을 기대할 수 있었기 때문이었다고 회고했다. 이때 이명박 대통령은 대가나 조건 없이 만나 핵 문제를 비롯하여 모든 것을 허심탄회하게 이야기할 수 있다면 만날 용의가 있으며 장소는 이번에는 서울에서 했으면 한다고 말했다. 두 번째는 2009년 10월 24일 타이 후아인에서 ASEAN+3 정상회의가 열렸을 당시에도 원자바오 총리가 다시 한 번 정상회의를 희망하는 김정일 위원장의 뜻을 전했다. 그러나 그해 11월 통일부와 통일전선부 간의 실무 접촉에서 북한이 정상회담 조건으로 막대한 경제 지원을 요청하면서 회담이 무산됐다. 세 번째는 2011년 5월 22일 일본 도쿄에서 한중일 정상회의가 열렸을 때다. 회의가 끝나고 귀국 준비 중인 이명박 대통령에게 원자바오 총리가 긴급 회담을 제의, 중국을 방문 중인 김정일 위원장을 다음날 오찬에서 만날 예정이라고 하면서 재차 남북한 정상회담을 제의했다. 이때 이명박 대통령은 북한이 천안함과 연평도 도발에 대해 책임 있는 모습을 보여야 가능하다는 입장을 전달했다. 이 정상회담 제의도 우여곡절을 겪으며 무산됐다. 김정일 위원장은 그해 12월 17일 갑자기 사망했다.

북한 문제는 3국 외교장관 회의에서도 주요 의제로서 협의되었다. 2007년 6월 한국 제주 개최 3국 외교장관 회의를 시작으로 2008년 6월 일

9_이명박, 『대통령의 시간』(서울: 알에이치코리아, 2015), pp. 330-362.

본 도쿄, 2009년 9월 중국 상하이, 2010년 5월 한국 경주, 2011년 3월 일본 교토, 2012년 4월 중국 닝보에서 연례적으로 개최된 3국 외교장관 회의에서 모두 북핵 문제, 북한의 미사일 발사 문제 등이 토의되었다. 3년 만에 재개된 2015년 3월의 7차 3국 외교장관 회의에서도 북한 문제가 협의되었다. 3국 외교장관들은 회의 후 발표된 공동 언론발표문에서 "한반도에서의 핵무기 개발에 확고히 반대한다는 입장을 재확인하고 관련 안보리 결의 및 9·19 공동성명상의 국제적 의무와 약속이 성실히 이행되어야 한다는 데 의견을 같이했다"며, 또한 "한반도 비핵화의 실질적 진전을 이루기 위한 6자회담의 의미 있는 재개를 위해 공동의 노력을 계속해 나가기로 했다"고 밝혔다.

2008년 이래 6자회담이 중단된 뒤부터는 유엔 차원을 제외하고는 3국 협력 메커니즘이 북한 문제가 협의된 유일한 다자 채널이었다. 따라서 3국 정상회의, 3국 외교장관 회의 등 3국 협력의 주요 협의 메커니즘은 북한 문제에 관한 다자간 정례 협의 채널로서는 가장 오랫동안 계속되어 온 중요하고 의미 있는 협의 채널이라고 할 수 있다.

(2) 협의 내용

3국 정상회의에서 토의된 북한 문제는 몇 가지 카테고리로 분류될 수 있다.

첫째, 북핵 문제다. 2002년 11월의 프놈펜 정상회의 이래 모든 정상회의에서 주요 의제로 협의되었다. 2002년 10월 켈리 미 국무부 특사의 방북 시 농축 우라늄 이슈가 제기되면서 1994년의 북미 간의 제네바 핵 합의가 붕괴되기 시작한 시점이다. 이후 북한 핵 문제와 농축 우라늄 이슈는 연례 정상회의에서 계속 다루어져 왔다. 6자회담이 시작된 이후에는 6자회담의 진전과 관련한 사항, 2005년 북한의 핵 프로그램 포기에 관한 9·19 합의 관련 사항, 2007년의 9·19 합의 이행에 관한 2·13 합의 등이 토의 의제로 다루어졌다. 또한 북한의 2006년 10월 1차 핵 실험, 2009년 5월 2차 핵 실험 시에는 유엔 안보리에서의 제재 문제 등을 의제로 협의했다.

둘째는 북한의 장거리 미사일 발사와 관련한 문제다. 2007년 1월 필리핀 세부 개최 정상회의에서 주요 의제로 다루어졌다. 또한 2009년 4월 북한이 장거리 로켓인 대포동 2호를 발사하자 3국 정상은 동아시아 정상회의 참석차 머무르던 태국 파타야에서 긴급회의를 갖고 유엔에서의 토의와 제재 문제를 협의했다. 또 2012년 5월 베이징 개최 정상회의에서도 북한의 장거리 로켓 발사와 관련한 토의를 했다.

셋째는 각국의 북한 관련 현안 사항이다. 일본의 경우 일본인 납치 문제를 3국 정상회의에서 제기했다. 북한에 납치된 일본인 문제가 국내적으로 큰 이슈였던 일본은 3국 정상회의 기회를 이용, 이 문제를 계속 협의 의제로 제기했던 것이다. 이 문제는 2002년 11월 프놈펜 정상회의와 2003년 10월 발리 정상회의, 2004년 11월 비엔티엔 정상회의, 2008년 12월 후쿠오카 정상회의 등에서 일본 측 제기로 협의되었다. 한국도 천안함 피폭 사태를 3국 정상회의에서 제기했다. 2010년 5월 제주 개최 정상회의에서 한국 측은 이 문제를 핵심 현안으로 제기하여 안보리에서 북한을 제재하는 문제를 협의했다.

넷째, 3국은 정상회의 기회를 활용하여 자국의 대북 정책이나 북한과의 회담 내용 등을 설명했다. 고이즈미 총리는 2002년 11월 프놈펜 정상회의 시 자신의 평양 방문과 일북 국교 정상화 교섭 사항에 대해 한국과 중국 측에 설명했다. 노무현 대통령은 2007년 11월 싱가포르 개최 3국 정상회의에서 한 달 전에 있었던 자신의 평양 방문과 남북 정상회담 결과에 대해 설명했다. 이명박 대통령은 2009년 10월 베이징 개최 정상회의 시 북핵 일괄 타결 방안(grand bargain) 정책을 중국과 일본 측에 설명했다. 그리고 원자바오 총리는 2009년 10월 베이징 개최 정상회의에서 자신의 평양 방문 및 김정일 위원장과의 회담 결과를 설명했다. 원자바오 총리가 정상회의 기회를 활용하여 한국 측에 김정일 위원장의 남북 정상회담 희망을 전달하고 회담을 주선하려 했던 것은 앞에서 설명한 바와 같다. 위에서 본 바와 같이 3국 정상회의에서는 북핵 문제를 포함한 여러 북한 관련 사항이 협의되었다.

(3) 분석

그동안의 3국 정상회의의 핵심 의제는 경제 문제 등 미래지향적 이슈였다. 아직까지 3국 간에 충분한 신뢰가 조성되지 않은 상황에서 정상회의 의제가 경제 문제와 인적 교류 등 비정치적 이슈를 중심으로 다루어져 온 것은 당연한 일이었다. 그런 차원에서 역사나 영토 문제 등 논란이 있는 정치적 이슈는 3국 정상회담이 끝난 후 별도의 양자 간 회담에서 주로 다루어졌다. 그럼에도 불구하고 북핵 문제를 포함한 북한 문제가 역대 3국 협력사무국 3국 정상회의에서 주요 협의 의제로서 계속 논의되어 왔다는 것은 특기할 만한 일이다. 상황에 따라 북한 내부 정세가 토의되고 북한의 미사일 발사 문제와 천안함 사태가 토의되기도 했다. 북한과 가진 정상회담에 대한 설명도 있었다. 북한과 관련한 모든 이슈에 대해 3국 정상이 자유롭게 의견을 교환해 온 셈이다. 따라서 앞으로도 북한 문제는 3국 정상회의에서 계속 주요 의제로서 협의될 것이다. 3국 정상회의가 북한 문제를 협의하는 정례 다자 채널로서 확고히 자리 잡았다는 것은 큰 의미가 있다.

또 하나는 협의의 성격이다. 3국 정상들의 북한 문제 토의가 대북 공동 정책의 수립 등 구속력이 있는 결정을 만들어 내는 회의라고 하기는 어렵다. 정상들의 상호 의견 교환적 성격이 강하다고 할 수 있다. 북한의 핵 실험이나 장거리 미사일 발사, 천안함 사건 등의 경우 유엔 안보리에서의 토의와 제재 문제 등을 협의했지만 구체적인 합의를 만들어 냈다고 할 수는 없다. 그러나 동북아의 3강국이라고 할 수 있고 또 북한 문제와 관련 핵심적 이해관계를 가지고 있다고 할 수 있는 한국·중국·일본 3개국 정상이 북한 문제를 정기적으로 협의하는 채널을 가지고 있다는 것 자체에 큰 의미가 있다.

마지막으로 3국 정상회의 3국 협의 메커니즘을 북한 문제에 관한 정책 협의 및 결정 그리고 이행을 보장하는 좀 더 강력한 메커니즘으로 발전시키는 문제도 검토될 수 있을 것이다. 특히 북한 문제와 관련한 대북 정책은 로드맵(road map)식 접근만으론 한계가 있을 수밖에 없으며 정치적 결단이 필요한 사안이다. 따라서 고도의 정치적 결단이 필요한 사안들은 3국 정상들이 정상 차원의 정치적 결단을 만들어 내고 이를 하향식으로 해결하는 문제도 검토될 수 있을 것이다. 여기에 3국 정상회의와 같은 고위 협의 채널의 중요성이 있다.

2) 3국 협력에의 북한 참여 문제

(1) 개방 채널로서의 3국 협력

3국은 그동안 3국 협력이 개방적인 협의 채널이라는 점을 밝혀 왔다.

2003년 10월 인도네시아 발리 개최 3국 정상회의 후 발표된 3국 협력에 관한 최초의 공동문서인 발리 선언('3국 협력 증진에 관한 공동선언')에서도 3국 협력은 투명하고 개방적이며 비 배타적으로 추진한다는 것을 밝혔다. ASEAN+3 계기와는 별개의 최초의 독립 정상회의였던 2008년 12월 일본 후쿠오카 개최 3국 정상회의에서 발표된 '3국 동반자 관계를 위한 공동성명'도 3국 협력의 5대 기본 원칙의 하나로 개방성을 들었다. 그리고 3국 협력사무국 설립 협정도 14조에서 당사자의 서면 합의에 의해 협정을 개정할 수 있다고 규정하고 있다.

두 차례의 공동선언이 천명하고 있는 개방성의 의미는 3국 협력체제에의 참가국이 확대될 수도 있다는 것을 의미한다. ASEAN이 당초 인도네시아 등 6개국에서 시작하여 현재 10개국으로 확대되고 EU도 당초 프랑스, 독일, 이태리, 베네룩스 3국 등 6개국에서 시작하여 현재 28개국까지 확대된 것을 생각하면 이해될 수 있는 일이다. 3국 협력사무국이 최초의 참가국으로 시작한 3국 협력에 동북아의 여타 국가 그리고 동북아에 핵심적 이해관계를 가지고 있다고 할 수 있는 미국 등이 참여할 수 있는 여지는 얼마든지 있다. 특히 유럽 국가이며 동시에 아시아 국가임을 강조하며 아시아 중시 정책을 펴고 있는 러시아나 내륙 국가로서 고립에서 탈피를 시도하며 적극적으로 지역 내 다자기구 참여를 모색해 온 몽골은 3국 정부가 동의하면 언제든지 3국 협의 메커니즘에 참여할 가능성이 있어 보인다. 그렇게 될 경우 ASEAN이 ASEAN+1, ASEAN+3 등의 형태로 대화 채널을 확대해 나갔듯이 3국 협력도 3+1, 3+2 등의 형태로 여타 국가와의 협의 채널을 구축할 수 있을 것이다. 또한 바로 대등한 입장에서의 협의 채널 참여가 어려우면 관계국들이 옵서버 형태로 3국 협의 채널에 참여할 수 있을 것이다. 그리고 참여의 수준도 바로 3국 정상회의 참여가 어려우면 3국 외교장관 회의나 3국 환경장관 회의 등 장관급 회의 또는 그보다도 더 아래의 실무 전문가 회의에서부터 시작할 수도 있을 것이다. 참여 분야도 환경 재난 구조 등 비정치적 분야에서 우선 시작할 수 있을 것이다.

이와 같이 3국 협력이 기본적으로 개방성을 천명하고 있음에 비추어 여건이 갖추어지면 3국 이외의 국가도 3국 협력체제에 참가할 수 있는 여지가 얼마든지 있다.

(2) 북한의 참여 문제

3국 협력체제에 참가시킬 필요가 있는 가장 중요한 대상은 북한이다. 3국은 2003년 10월 인도네시아 발리 개최 3국 정상회의 후 발표한 발리 공동선언에서 3국 협력의 목적이 지역 및 글로벌 차원에서의 평화와 번영이라고 밝혔다. 그리고 3국은 지역의 평화와 안정을 위한 책무를 분담하고 있으며 지역 문제와 국제 문제에 있어서 서로 조정과 협력을 강화해 왔음을 밝혔다. 동북아 지역에서의 평화와 번영 문제에 가장 중요한 국가는 북한이다. 북한의 핵과 미사일 문제가 동북아 문제뿐만 아니라 세계적 이슈가 되어 있고 한반도의 평화와 안정이 3국 모두의 관심사임을 생각할 때 적절한 시기에 북한을 3국 협의 메커니즘에 참여시키는 문제는 매우 중요한 어젠다가 될 것이다. 3국 정상회의나 3국 외교장관 회의 등에 북한을 참여시키는 방안이다. 또는 바로 정치적 협의 메커니즘 참여가 어려우면 환경 문제나 재난 구조, 원자력 안전 분야 등 비정치적 분야에의 참여를 우선적으로 모색해 볼 수도 있을 것이다.

문제는 북한의 태도다. 북한은 전통적으로 다자주의(multilateralism)에 거부감을 보여 왔다. 북한이 이해하고 있는 서구 국제정치학의 다자주의는 제국주의와 동일한 개념으로 보인다. 무정부 상태의 국제정치에서 제국주의 국가들이 자신들의 이익을 추구하는 도구로 이해하는 경향이 있다. 다자주의를 다자간에 합의한 규칙 원칙에 의해 규율되는 시스템으로 이해하는 서구적 입장과 큰 차이가 있는 것이다. 북한이 지금까지 참여해 온 대표적 다자주의 협의 채널인 유엔과 비동맹회의의 경우를 보아도 그렇다. 북한은 매우 느슨하고 이빨이 없는 다자주의(exceptionally loose and toothless multilateralism)에만 참여해 왔다.[10] 북한이 2000년 7월 ASEAN 주도의 동아시아 다자주의 메커니즘인 ARF에 참여한 것도 ARF의 그러한 성격과 관련이 있다고 보아야 할 것이다. 북한의 ARF 참여로 역설적으로 ARF에서의 북한 문제 토의가 어려워졌다는 분석도 있다.[11]

그러나 북한의 다자주의에 대한 태도는 1990년 전후로 사회주의권이 붕괴하고 고립의 위기에 직면하면서 변화의 양상을 보이고 있다. 북한은 2000년대 들어 북한 핵 문제와 관련한 6자회담에 참여했다. 한반도 주변 4강이 참여한 동북아 다자회담의 틀이다. 물론 북한이 기존의 다자주의에 대한 부정적 입장에 변화가 있는 것은 아니다. 북한은 북핵 문제는 기본적으로 북미 간의 양자 문제라는 기본 입장을 견지했다. 6자회담은 어려운 고비를 겪으면서도 일견 큰 성공을 만들어 낸 듯했다. 2005년의 9·19 공동성명이 그것이다. 북한의 핵 포기 약속이 합의되었다. 또 동북아라는 큰 틀에서의 평화와 안정을 위한 공동 노력에 합의하는 성과도 있었다. 9·19 공동성명 4항은 "6자는 동북아시아의 항구적인 평화와 안정을 위해 공동

10_Dean J. Ouellete, "North Korea's Perception of Multilateralism," 『현대북한 연구』, 제16권 3호(2013), pp. 201-203.

11_Mark Beeson, *Institutions of the Asia- Pacific* (New York: Routledge, 2009), p. 68.

노력할 것을 공약하였다"고 천명하고, 또 "6자는 동북아시아에서의 안보 협력 증진을 위한 방안과 수단을 모색하기로 합의하였다"고 밝혔다. 이 선언에는 동북아라는 지역 개념과 6자라는 다자주의 개념이 모두 포함되어 있다. 그러나 9·19 공동성명 합의는 1년여 뒤인 2006년 10월 북한이 핵 실험을 단행함으로서 사실상 사문화되었다. 이어 2007년 들어 2·13 합의가 다시 시도되었지만 2009년 5월 북한이 2차 핵 실험을 함으로서 북핵 포기와 관련 다자 합의는 실효성을 상실했다. 이와 같이 북한이 참여한 6자 회담이라는 동북아 다자주의 실험은 큰 실패로 끝났다.[12]

위와 같은 상황 전개를 볼 때 북한이 3국 협력이라는 동북아의 다자주의에 참여할 수 있을지는 부정적 전망이 앞선다. 북한은 한국 정부가 2014년 10월 국립외교원 외교안보연구소(IFANS) 주최 동북아 평화 협력 포럼에 북한을 초청하자 반공화국 책동이라고 비난하면서 이를 거부했다.[13] 또한 조선중앙통신에 논평을 내고 "동북아 평화 협력 구상은 한 마디로 우리의 핵 포기와 흡수통일을 노린 미국과 남조선 괴뢰들의 반공화국 합작품이며 이번 연단(포럼)도 그런 책동의 일환"이라고 주장했다. 또 이 논평은 "이 구상은 유럽의 통합 방식을 맹목적으로 본뜬 동북아 상황을 완전 무시한 비현실적인 것"이라고 비판했다.[14] 동북아 평화 협력 구상은 한중일 3국

12_북한의 동북아 다자주의 참여 문제와 관련한 상세사항 참조; 구갑우·최완규, "북한의 동북아 지역 정책," 『북한의 국제관과 동북아 질서』(서울: 한울, 2011), pp. 140-157; 이수훈·박병인, "동북아 안보질서에 대한 북한의 인식," 『북한의 국제관과 동북아 질서』(서울: 한울, 2011), pp. 36-65.

13_한국 정부 초청장은 외교부 장관 명의로 북한 외무성 앞으로 보낸 것으로 주유엔 한국 대표부가 북한 대표부에 팩스로 보내고 전화로 이를 통보하는 형식으로 전달된 것으로 알려졌다. 『연합뉴스』, 2014년 10월 23일자, '뉴욕채널 통해 북에 동북아 평화 협력 포럼 초청' 제하 기사.

협력보다 더 포괄적인 구상으로서 포럼 참석 거부가 바로 3국 협력 참여 거부라고 할 수는 없다. 그러나 동북아 지역 다자 협력에 대해 북한이 상당한 의심과 거부감을 가지고 있는 것은 사실로 보인다. 다만 앞서 설명한 바와 같이 9·19 선언에서 다자주의에 의한 동북아의 평화와 안정에 북한이 합의한 예가 있어서 완전히 비관적인 것만은 아니다. 또 북한이 어떤 형태로든 고립을 탈피하기 위해 환경 문제나 재난 구조, 원자력 안전 협력 등 비전통적 안보 이슈에서 3국 협의 메커니즘에 참여할 가능성을 완전히 배제할 수는 없다. 북한의 3국 협력 참여 문제는 하나의 유효한 정책 방안으로 계속 검토될 수 있을 것이다.

북한을 동북아 다자 협력에 참여시키는 문제는 유럽 통합의 경험이 참고가 될 수도 있다. 2차 세계 대전 후 패전 국가인 독일의 처리 문제와 관련해서 독일을 제재하고 고립시키는 방법을 통해 해결할 것이 아니라 통합된 유럽 안으로 끌어들임으로서 해결하고자 하는 의견들이 대두되었다. 프랑스의 인민전선 내각을 이끌었고 나치스에 대한 저항 운동의 상징적 지도자였던 레온 블럼(Leon blum) 같은 사람이 대표적이다. 그는 증오를 증오로서 해결할 수 없고 폭력을 폭력으로서 해결할 수 없다고 주장했다. 그는 독일의 침략성을 평화적으로 그리고 근본적으로 해결하기 위해서는 독일을 유럽 공동체 안으로 끌어들여야 한다고 주장했다.[15] 독일이 통합 유럽 구상에 처음으로 들어간 것은 유럽 최초의 초국가적 통합기구로 출범한 ECSC 참여를 통해서였다. ECSC는 유럽 통합의 아버지로 불리는 장 모네(Jean

---

14_『동아일보』, 2014년 10월 25일자, '북, 동북아 평화 협력 포럼 참가 거부' 제하 기사.

15_손기웅 외, 『EC/EU 사례분석을 통한 남북 및 동북아공동체 추진방안』(서울: 통일연구원, 2012), pp. 31-32.

Monnet) 구상에 의해 구체화된 기구다. 모네의 구상은 초국가적 기구에 독일을 묶어 두어 독자적 세력화를 견제하려는 프랑스와 공동체 가입을 통해 주권을 회복하려는 서독의 이해관계가 일치함으로서 현실화되었다. 유럽 통합을 후원함으로서 소련의 팽창에 대항하는 세력을 형성하려 했던 미국의 이해관계와도 일치했다. 독일과 프랑스가 충돌할 때마다 중간에 큰 재난을 당했던 베네룩스 3국이 중간 접착제 노릇을 했다. ECSC가 성공적으로 운영됨으로서 유럽 통합의 기초를 닦았던 것은 잘 알려진 사실이다. ECSC의 성공은 다른 산업 분야로 진전되어 EEC와 유럽 원자력공동체(EURATOM: EURopean ATOMic Energy Community)가 탄생했고 이들 기구들이 다시 EC로 통합된 바 있다.[16]

1989년 베를린 장벽 붕괴 후의 동서독 통합도 당시 서유럽의 전반적인 통합의 움직임 속에서 가능했다. 이러한 관점은 남북한의 통합 문제와 3국 협력 문제에 대해서도 시사점이 될 수 있다. 북한 문제를 동북아 통합의 큰 틀 속에서 해결해 나가는 것이다. 즉 3국 협력이 계속 진전되어 동북아에서 통합이라는 큰 그림이 그려지면 이 그림 속에 북한을 끌어들이는 것이다. 이 경우 남북한 간의 통합 문제가 훨씬 현실성을 띄고 다가올 수 있을 것이다.

3) 한국의 지역주의 추구와 북한 문제

역대 한국 정부의 아시아 지역주의 또는 통합의 비전은 직, 간접적으로

16_위의 글, pp. 51-52.

한반도의 통일 또는 통합의 문제와도 관련성이 있었다. 따라서 역대 한국 정부가 구상하고 실천했던 지역주의 비전을 살펴보는 것은 동북아 지역주의와 한반도 문제, 그리고 북한 문제를 연구하는 데 불가결한 것이다. 먼저 지금까지 한국의 외교 공간에 나타난 지역적 정체성은 크게 아시아 태평양, 동아시아, 동북아시아 세 가지 카테고리가 있다. 이러한 세 카테고리의 지리적 개념성이 외교 정책의 방향성과 결합되면서 특정한 지역주의로 나타나고 또 북한과도 관련되었다.[17]

한국에게 제일 먼저 나타난 지역주의 내지 지역 구상은 '아시아 태평양'이다. 전후 냉전기 한국은 북한과 중국이라는 공산체제와 지리적으로 인접하면서 태평양 국가인 미국의 안보 우산에 기대는 형식의 아시아 태평양 지역주의를 추구했다. 이승만 정부의 반공 지역주의는 타이완의 장제스 정부와 제휴하고 미국과 연계하면서 북한과 중공, 소련 등 공산 블록에 대항하는 형식으로 전개됐다. 이때의 '아시아 태평양'은 지리적 지역 개념이라기보다 전략적 지역 개념이다. 이러한 지역 전략 구상은 박정희 정부 시대에도 계속되었다. 박정희 정부는 1965년 한일 국교 정상화를 달성하고 베트남 파병을 추진하면서 여세를 몰아 아시아 반공 국가들을 규합하는 아시아태평양협의회(ASPAC: The Asian-Pacific Council) 창설을 주도했다. 미국의 측면 지원 하에 1966년 서울에 설립된 ASPAC은 냉전적 반공주의 색채가 강한 지역기구로서 한국이 주도해 설립한 최초의 지역기구였다. ASPAC은 1966년 6월 제1차 각료 회의를 서울에서 개최했는데 일본, 한국, 대만, 필리핀, 남베트남, 라오스, 태국, 말레이시아, 호주, 뉴질랜드 등

17_한국의 지역주의와 관련한 일반적 내용 참조; 山本吉宣 編, 『東アジア共同体』(京都: ミネルヴァ書房, 2012), pp. 131-146.

이 참석했다. 중국이나 북베트남에 대항하는 반공적 성격의 지역기구다. ASPAC은 비록 단명으로 끝났지만 아시아 태평양 지역을 포괄하는 정치안보 협의의 지역기구로서는 최초였다는 데 의의가 있다.

이후 한국 정부가 포괄적 전략을 가지고 지역 외교를 본격적으로 전개한 것은 노태우 정부(1988~1993년)의 북방 외교였다. 이때는 한국을 둘러싼 외교 환경에 이미 상당한 변화가 있었다. 1970년대의 미중 수교와 일중 수교로 중국과의 냉전 상황은 사실상 종료되었고 중국의 개혁 개방 본격 추진으로 동북아 정세에도 큰 변화가 일어나고 있었다. 노태우 정부는 1990년 9월 구소련과 국교를 수립한 뒤 1992년 6월에는 중국과도 국교를 수립했다. 노태우 정부의 북방 외교의 궁극적 목적지는 북한이었다고 할 수 있다. 말하자면 소련과 중국을 우회, 북한을 개혁 개방시키며 궁극적으로는 한반도의 평화통일을 이룬다는 구상이었다. 이러한 차원에서 1991년 남북기본합의서가 서명되었고 1992년에는 유엔 동시 가입을 이루었다.

한국에서 지역주의 담론이 다시 크게 공론화한 것은 김영삼 정부(1993~1998년)를 이은 김대중 정부(1998~2003년) 시절이다. 김대중 정부는 앞장에서 본 바와 같이 동아시아 비전그룹 창설을 주도하면서 동아시아 공동체 구상을 적극적으로 주도해 나가기 시작했다. 비전그룹 보고서는 동아시아 FTA를 통한 지역 경제 통합의 구상도 담고 있었다. 김대중 정부의 적극적인 동아시아 구상은 대북 정책의 측면에서는 포용 정책을 떠받드는 외교 기반으로서도 중요한 것이었다. 국제무대에서의 활약을 기반으로 남북관계 개선에 탄력을 기대했던 것이다. 실제로 김대중 대통령은 2000년에는 남북 정상회담을 성사시켰고 남북한 통일 문제와 관련해서도 한국의 민족공동체 통일 방안과 북한의 연방제 통일 방안 사이에는 낮은 차원에서 공통점이 있다는 요지의 성명을 발표했다.

노무현 정부(2003~2008년)는 외교 정부의 핵심 과제로 동북아의 평화와 공동 번영을 내세웠다. 동북아위원회를 설립했고 동북아 균형자론을 내세웠다. 동북아를 한국 지역주의 외교의 핵심으로 부각시키면서 미국과 3국 협력사무국이 복잡하게 얽혀 있는 동북아의 국제정치에 일정한 역할을 추구했다. 그러나 동북아 지역주의 구상에 가장 큰 발목을 잡은 것은 북한 핵 문제였다. 이러한 상황에서 역대 한국 정부의 경협 위주의 기능주의적 접근은 북핵 해결에 한계를 보일 수밖에 없었다. 이러한 상황에서 나온 것이 북핵 6자회담이었다.

6자회담은 북핵 문제 해결을 위한 북미 양자 회담이 한계에 부닥치면서 북미 이외에 동북아의 핵심 지역 국가들의 관여가 불가피하다는 인식하에 나타난 것이다. 북미 이외의 한국, 일본, 중국, 러시아의 참가는 동북아 지역주의와 관련된 핵심 국가들이 망라된 회의였다고 할 수 있다. 2005년 9월 19일의 소위 9·19 합의에는 한반도의 항구적 평화체제 구축 노력과 동북아 지역의 안전 보장을 위한 상호 협력의 내용도 포함되어 있었다. 동북아 지역 핵심 6개국이 포함된 지역주의적 접근을 통해 북핵 문제를 해결하고자 했던 시도였다. 그리고 6자 회담은 북한이 처음으로 동북아 내지는 동아시아 지역주의 모임에 참가한 사례였다. 그리고 6자회담은 북핵 문제 해결뿐만 아니라 동북아 지역 안보 체제로도 발전해 나갈 수 있는 큰 잠재력을 가진 지역 협력의 포럼이었다. 그러나 6자회담을 통한 북핵 문제 해결 노력은 북한이 2006년에 이어 모두 3차례의 핵 실험을 행함으로서 좌초했다.

이명박 정부(2008~2013년)가 동북아 지역주의에 가장 크게 기여한 것은 3국 협력을 떠받들어 나갈 상설 사무국 설치를 제안하고 이를 실현시킨 것이다. 2011년 9월 1일 3국 협력사무국이 서울에서 문을 열었다. 또 3국 협력이 본격적으로 가동되면서 경제적 측면에서도 3국 FTA 협상이 본격 개시되는 성과가 있었다. 3국 FTA가 타결될 경우 이는 단순한 3국 간의 무역 자유화 협정에 그치지 않고 동북아 지역의 경제 공동체로의 발전과 북한의 개혁 개방에도 큰 역할을 할 수 있을 것으로 기대된다. 북한이 동북아 지역의 경제 공동체 흐름에 고립된 섬으로만 남을 수는 없기 때문이다.

동북아 지역주의는 박근혜 정부 들어 '동북아 평화 협력 구상'과 '한반도 신뢰 프로세스' 형태로 나타나고 있다. 동북아 지역 국가들 간에 비정치적 분야, 즉 소프트한 분야에서의 신뢰를 쌓아 나가서 이러한 신뢰의 바탕 위에 정치적 이슈 등 어려운 문제도 해결해 나간다는 구상이다. 대북 정책인 한반도 신뢰 프로세스도 신뢰가 관계의 가장 기본이자 핵심이라는 점에서 동북아 평화 협력 구상과 맥을 같이 한다.

앞에서 살펴본 바와 같이 한국 정부의 역대 지역주의 구상은 직, 간접적으로 모두 북한과도 연결되는 정책이다. 북한을 이러한 지역주의의 큰 울타리 속으로 끌어내어 번영과 안보를 담보하겠다는 외교 비전이다. 북한은 지역주의에 대해 적극적이지 않았지만 2002년 9월 고이즈미 일본 총리 방북 시 발표된 조일 평양 선언에서는 진전된 태도를 보이기도 했다. 동북아시아 지역의 평화와 안정을 유지 강화하기 위하여 상호 협력하며 이 지역의 유관국들 사이에 상호 신뢰에 기초하는 협력관계 구축의 중요성을 확인했다. 또 이 지역의 유관국들 사이의 관계가 정상화되는 데 따라 지역의 신뢰 조성을 도모하기 위한 체제를 정비해 나가는 것이 중요하다는 데 인식을 같이했다. 여기에서 주목해야 할 것은 지역주의의 비전을 실현시키는 데는 기능주의적 접근만으로는 한계가 있다는 점이다. 통합 이론은 기본적으로 동일한 체제 내에서 가능한 것이다. 교류 협력 대화와 같은 소위 점진적 기능주의적 접근만으로는 한계가 있다. 남북한 정상회담을 통한 남북한 정치지도자들의 '정치적 의지'에 의한 하향식 결단이 불가결하다고 할 수 있다. 결론적으로 북한이 없는 3국 협력이나 동북아 협력은 한계가 있을 수밖에 없다. 어떤 형태로든 북한을 3국 협력 내지 동북아 협력의 장으로 끌어들이는 문제가 한국의 지역주의 추구의 가장 큰 과제라고 할 수 있다.

5장

결어

지난 15년간 꾸준히 발전해 온 3국 협력은 동북아의 평화와 공동 번영을 위한 가장 중요한 소다자 협력 메커니즘으로서 이를 계속 발전시켜 나가야 한다. 한중일 3국 협력은 정상회의 이외에도 18개 분야에서 장관급 회의가 결성되어 있고 3국 협력 전반을 추동하는 상설 사무국까지 설립한 동북아 지역 협력의 핵심 메커니즘이다. 기존의 한국 외교의 가장 중요한 안보 협력 메커니즘이라고 할 수 있는 한미일 협력도 이런 정도의 포괄적인 협력 메커니즘을 가지고 있지 못하다. 비록 동아시아의 앞선 지역 협력 메커니즘인 ASEAN만큼의 지역적 정체성이 만들어져 있지는 못하지만 동북아도 ASEAN 사무국에 준하는 한중일 3국 협력사무국(TCS)을 창설하는 등 지역 협력 메커니즘으로서 상당한 제도화를 이루어 냈다. 따라서 이러한 협력의 제도화의 성과를 적극적으로 활용해야 할 것이다.

이를 위해서는 첫째, 3국 정상회의가 연례적으로 개최되도록 해야 한다. 3국은 2008년 12월 '한중일 동반자 관계를 위한 공동성명'에서 3국 내에서 정상회의를 정례적(on a regular basis)으로 개최하기로 합의했다. 그리고 2010년부터 2012년까지는 매년 5월에 정상회의를 개최했다. 그러나 그 후 영토 문제, 역사 인식 문제로 3국 간 갈등이 커지면서 2013년과 2014년에는 정상회의가 개최되지 못했다. 앞으로는 정상회의 등 3국 간 주요 협의 메커니즘이 3국 간의 제반 정세 요인과 관계없이 연례적으로(annually) 개최되도록 3국 간 합의를 만들어 내야 한다. ASEAN 정상회의가 역내 갈등 요인과 관계없이 연례적으로 하반기에 개최되는 것과 마찬가지다. 참여 국가들 간의 제반 갈등 요인은 오히려 정상회의 등을 통해 협의 조정되어야 할 것이다. ASEAN 정상회의가 매년 10~11월경에 개최되고 한중일 3국이 여기에 참석하는 기회를 이용, 3국 간 약식 정상회의를 개최해 온 것을 감안할 때 3국 간 별도 정상회의는 매년 상반기에 3국을 돌아가며 개최하는 것으로 합의하면 될 것이다.

둘째, 3국 협력사무국(TCS)을 대폭 강화해야 한다. 사무국은 3국 정부가 동일한 지분으로 참여한 정부 간 국제기구다. 한국이 중국, 일본과 동일한 지위에서 역할을 하고 있는 것은 한국 현대사의 기적이라고 할 수도 있다. 지난 반세기 동안에 한국이 그만큼 부상한 것이다. 이러한 역사의 기적을 우리가 적극적으로 활용해야 한다.

현재 사무국에는 30명이 되지 않는 3국의 외교관과 직원들이 일하고 있다. 3국 협력사무국이 정상회의뿐만 아니라 18개의 장관급 회의를 본격적으로 지원하고 3국 협력의 제반 활동을 추동하기에는 태부족이다. 세계가 주목하는 동북아의 본격적인 지역 협력기구로서 역할을 하기 위해서는 가까운 장래에 적어도 100명 수준의 기구가 되어야 한다. 인구나 GDP 면에서 3국에 훨씬 못 미치는 ASEAN 사무국의 인력이 300여 명 수준임을 감안할 때 이 정도의 인원은 필요하다고 생각한다.

사무실 등 사무국의 제반 인프라에 대한 한국 정부의 지원도 대폭 강화되어야 한다. 상하이 협력기구(SCO) 사무국을 유치하고 중-아세안 협력센터를 설립한 중국 정부가 이들 국제기구 모두에게 상당한 울타리를 가진 독립 건물들을 제공한 것을 참고할 필요가 있다. 한국 내 본부가 있는 국제기구로서는 국제백신연구소(IVI)와 글로벌녹색성장연구소(GGGI), 녹색기후기금(GCF) 등이 있지만 3국 협력사무국(TCS)은 한중일 3국의 포괄적 지역 협력기구로서의 특별한 정치적 함의와 잠재력을 가지고 있다. 지역 협력기구가 위치한 곳은 그 지역의 허브로서의 의미가 매우 크다. 국제기구 유치 국가가 어느 정도 강력한 지원을 해주느냐에 따라서 소재 도시가 지역의 허브로서 발전할 수 있느냐가 결정된다. 3국 협력사무국은 서울 시내 빌딩의 한 개 층도 되지 못하는 좁은 공간에 있다. 한국 정부가 이런 문제에 대해서 인색해서는 안 된다.

3국 협력사무국은 추후 자체 싱크탱크도 설립하여 3국의 평화와 공동 번영을 위한 독자적 어젠다를 개발해 나갈 수 있도록 해야 한다. 정부 관료들 간의 협상에 의한 어젠다 개발에는 한계가 있다. 독립적 성격의 싱크탱크가 독자적인 연구를 통해 3국 협력 발전을 위한 제반 전략을 수립하고 창의적인 어젠다를 개발할 수 있도록 해야 한다.

3국 협력에 관한 상당한 경험과 열정을 갖춘 민간 인사들로 3국 협력 비전그룹 같은 것을 구성해 운용하는 것도 한 방법이 될 수 있을 것이다. ASEAN의 예가 참고가 될 수 있다.

3국이 실무 레벨에서 합의한 3국 협력을 위한 별도 펀드 설립도 조속히 추진해야 한다. 기금은 민간의 활동을 포함하여 3국 협력을 증진시키는 모든 활동을 지원할 수 있도록 상당한 규모의 금액이 조성되어야 할 것이다.

기금 조성에는 한중일 세 나라의 민간 기업들도 적극적으로 참여하도록 해야 한다. 3국 협력 펀드가 설립되고 이를 3국 협력사무국이 관리하게 될 경우 한국에 설립된 사무국이 3국 협력의 명실상부한 허브로서 기능할 수 있을 것이다.

중장기적으로는 3국 협력사무국에게 3국 협력을 계획(plan)하고 조율(coordinate)하는 기능을 부여해야 할 것이다. 3장에서 검토한 바와 같이 3국이 상설 사무국 설립 각서에 서명할 때는 '계획'하고 '조율'하는 기능에 대한 언급이 있었으나 설립 협정에는 빠졌다. 3국 관계의 발전을 위해서는 사무국이 현재와 같이 지원 기능에만 머무르지 않고 좀 더 광범위한 기능과 역할을 할 수 있도록 해야 한다. 이와 함께 사무총장의 임기를 3년 정도로 연장하는 문제도 검토할 필요가 있다. 2년의 임기는 설립 초기 나름의 상황을 고려한 것으로 볼 수 있으나 3국이 한 차례씩 사무총장 직을 수임한 이후에는 임기를 연장하는 것이 안정적인 리더십 운용을 위해 필요할 것이다.

셋째, 3국 협력 메커니즘을 북한 문제 해결을 위한 적극적인 플랫폼으로 활용해야 한다. 북핵 문제를 포함한 북한 문제의 해결 없이는 동북아에서의 평화와 번영은 불가능하다고 할 수 있다. 이에 따라 동북아의 핵심 3개국인 한중일 세 나라는 정상회의와 외교장관 회의 기회에 항상 북한 문제를 협의해 왔다. 그동안 3국 정상회의에서 토의된 북한 문제는 핵 문제, 장거리 미사일 발사 문제, 북한과의 최고위급 대화, 대북 정책, 일본인 납치 문제, 천안함 사건 등이었다. 비록 3국 정상회의의 북한 문제 협의가 의견 교환적 성격이 강한 것이긴 하지만 앞으로 구속력이 있는 공동 정책을 만들어 내는 좀 더 강력한 메커니즘으로 발전시켜 나가야 할 것이다. 이와 함께 북한의 핵과 미사일 문제가 동북아 문제뿐만 아니라 세계적 이슈가 되어 있고 한반도의 평화와 안정이 3국 모두의 주요한 관심사임을 감안할 때 적절한 시기에 북한을 3국 협의 메커니즘에 참여시키는 문제도 검토해야 할 것이다. 당장에 3국의 정치적 협의 메커니즘 참여가 어려우면 환경 문제나 재난 구조, 원자력 안전 분야 등 비정치적 분야에 우선 참여시키는 방안을 모색할 수 있을 것이다. 북한 문제를 앞으로 한중일 3국 협력의 가장 중요한 미래 어젠다로 개발해 나가야 한다.

넷째, 3국 협력을 더 큰 지역 협력의 모태로 만들어 나가야 한다. 3국은 2003년 10월 발리 선언과 2008년 12월 후쿠오카 정상회의 종료 후 발표된 '3국 동반자 관계를 위한 공동성명'에서 3국 협력이 기본적으로 개방적인 협의 채널임을 밝혔다. 3국 협력이 표방한 개방성을 생각하면 3국(한중일)+1 등의 다양한 협력 메커니즘을 확대해 나갈 수 있다. +1에는 러시아가 될 수도 있고, 미국 그리고 궁극적으로는 북한이 될 수도 있다. 러시아와 몽골은 이미 여러 차례 한중일 3국 협의 메커니즘 참여 가능성을 비공식적으로 타진한 적이 있다.[1] 처음부터 정상회의 참여 등이 어려우면 그 하위 메커니즘인 외교장관 회의나 역사가 오래되고 가장 안정적으로 운용되고 있는 환경장관 회의 참여 등으로 시작될 수도 있을 것이다. 또 정식 멤버 참여 전에 옵서버 자격으로 참여할 수도 있을 것이다. 박근혜 정부의 주요 외교 어젠다인 동북아 평화 협력 구상의 핵심 구성 국가가 한중일 3국임을 생각할 때 3국 협력의 중요성은 더욱 부각된다. 기존의 3국 협력을 공고히 하는 가운데 참여 국가를 넓혀 나가면 결국 동북아 구상이 목표로 하

1_저자가 한중일 협력사무국(TCS) 사무총장 재직 시 주한 러시아 대사와 몽골 정부 대통령 외교안보 보좌관은 여러 차례 저자에게 러시아와 몽골의 3국 협의 메커니즘 참여 가능성을 각각 타진해 온 바 있었다.

는 동북아에서의 다자 간 협력의 관행이 만들어질 수 있는 것이다.

또 3국 협력은 ASEAN을 포함한 동아시아를 망라하는 지역 협력체 창설의 모태가 될 수 있다. 한중일 3국이 차지하는 역내 비중이나 국제정치적 비중을 생각할 때 동아시아 지역 협력의 주도자로서의 지위는 분명하다고 할 수 있다. 경제적 접근 방식이 현실적인 것이 될 수 있을 것이다. 먼저 한중일 3국이 FTA 협상을 타결하고 이를 바탕으로 동아시아를 망라하는 FTA를 타결시켜 동아시아 지역 협력의 추동력을 확보하는 것과 같은 것이다.

다섯째, 3국 협력에 대한 한국의 주도적 역할 문제다. 그동안에도 3국 협력 추동력의 가장 중요한 원천은 한국이었다. 1999년 ASEAN 계기 비공식 3국 정상회의를 처음 시작할 때도 동아시아 비전그룹을 출범시켜 공동체 담론을 제기한 김대중 대통령의 기여가 컸다. 2008년 3국이 ASEAN 계기와는 별도의 3국 정상회의를 개최하게 된 것도 2004년 라오스 비엔티엔 회의에서 별도 회의 개최를 제안한 노무현 대통령의 이니셔티브가 있었다. 3국 협력사무국 설치를 제의하고 이를 한국에 유치한 것도 이명박 대통령의 이니셔티브에 의한 것이었다. 박근혜 대통령도 대통령 후보 시기인 2012년 11월 3국 협력사무국 출범 1주년 기념 리셉션에 참석, 3국 협력의 중요성을 강조하고 동북아의 대화해를 주장했다. 2015년은 동북아 국제정치의 중요한 한 해다. 2차 대전 종전 70주년이 되는 해이기도 하고 한일 국교 정상화 50주년이 되는 해이기도 하다. 3국 협력의 복원을 위해 한국이 적극적 역할을 해야 한다. 당초 2013년은 한국이 3국 정상회의 의장국의 순번이 되던 해였다. 그러나 중국과 일본이 센카쿠(댜오위다오) 영토 문제로 크게 대립한 데다 2013년 3월에는 북한이 3차 핵 실험을 하는 등 동북아 정세가 요동치는 상황 속에서 3국 정상회의가 열리지 못했다. 그러나 그 후 상황이 바뀌고 있다. 한국의 박근혜 대통령은 2014년 11월 미얀마에서 개최된 ASEAN+3 정상회의에서 전격적으로 한중일 3국 정상회의 개최를 제의했다. 2015년에는 한국 외교의 가장 중요한 현안이 3국 정상회의 개최라고 할 수 있다. 중국, 일본과 같이 상대적으로 한국보다 국력이 큰 국가들과는 양자 외교에는 어려움이 있을 수 있다. 그러나 3국 협력과 같은 소다자 협력에는 오히려 한국이 큰 역할을 할 수 있다. 2015년 3국 정상회의를 한국의 적극적 주도로 성공시킴으로서 동북아에 역사적 대화해와 공동 번영의 새로운 큰 모멘텀을 만들어야 한다.

| 참고문헌 |

| 국내 문헌 |

■ 단행본

구갑우. 『국제관계학 비판』. 서울: 후마니타스, 2008.

구갑우 외. 『동북아 지역협력과 북한의 체제전환』. 서울: 한울, 2012.

구천서. 『동북아 커뮤니티 드림』. 서울: 늘품플러스, 2013.

그래함 앨리슨·필립 젤리코. 김태현 역. 『결정의 엣센스』. 서울: 모음북스, 2005.

김계동 외. 『제2판 현대외교정책론』. 서울: 명인문화사, 2012.

김근식 외. 『동북아 질서에 대한 북한의 법 제도적 시각』. 서울: 한울, 2011.

김흥규 외. 『한국의 동북아시대 구상 - 이론적 기초와 체계』. 서울: 오름, 2005.

동북아시대위원회. 『동북아시대위원회백서』. 서울: 동북아시대위원회, 2008.

______________. 『평화와 번영의 동북아 시대 구상』. 서울: 동북아시대위원회, 2005.

동북아역사재단. 『역사 대화로 열어가는 동아시아 역사화해』. 서울: 동북아역사재단, 2009.

동북아지식인연대. 『동북아 공동체를 향하여』. 서울: 동아일보사, 2003.

동북아 평화협력구상팀. 『동북아 평화협력구상』. 서울: 오름, 2014.

마가렛 칸스·카렌 밍스트. 김계동 외 공역. 『국제기구의 이해: 글로벌 거버넌스의 정치와 과정』. 서울: 명인문화사, 2005.

문정인. 『중국의 내일을 묻다』. 서울: 삼성경제연구소, 2010.

문정인·오코노기 마사오. 『동아시아 지역 질서와 공동체 구상』. 서울: 아연출판부, 2010.

문화체육관광부. 『이명박 정부 국정백서』. 서울: 문화체육관광부, 2013.

박재영. 『국제정치패러다임』. 파주: 법문사, 2003.

박재규. 『북한의 신외교와 생존전략』. 서울: 나남, 1997.

밸러리 허드슨. 신욱희·최동주·조윤영·김재천 공역. 『외교정책론』. 서울: 을유문화사, 2009.

서진영. 『21세기 중국 외교정책』. 서울: 폴리테이아, 2006.

성균중국연구소. 『중국의 주변외교와 한국』. 서울: 정디자인, 2014.

세종연구소. 『동북아평화협력구상』. 서울: 세종연구소, 2013.

손열. 『매력으로 엮는 동아시아: 지역성의 창조와 서울 컨센서스』. 서울: 지식마당, 2006.

손열 외. 『동아시아와 지역주의: 지역의 인식·구상·전략』. 서울: 지식마당, 2006.

알렉산더 웬트. 박건영·이옥연·구갑우·최종건 공역. 『국제정치의 사회적 이론: 구성주의』. 서울: 사회평론, 2009.

에즈라 보걸. 심규호·유소영 공역. 『덩샤오핑 평전』. 서울: 민음사, 2014.
외교통상부. 『유엔 개황』. 서울: 외교통상부, 2008.
________. 『유럽연합 이야기』. 서울: 외교통상부, 2010.
________. 『유럽연합 개황』. 서울: 외교통상부, 2010.
________. 『아세안 개황』. 서울: 외교통상부, 2011.
________. 『주요지역협력체 운영사례』. 서울: 외교통상부, 2012.
________. 『한·일·중 협력 개황』. 서울: 외교통상부, 2013.
________. 『2013 외교백서』. 서울: 외교통상부, 2013.
________. 『김성환 제36대 외교통상부 장관 연설문 및 기고문 선집』. 서울: 외교통상부, 2013.
________. 『2013 신뢰 외교』. 서울: 외교통상부, 2013.
________. 『2013 중국 개황』. 서울: 외교통상부, 2013.
________. 『중국관계 자료집』. 서울: 외교통상부, 2013.
유현석. 『동아시아 지역주의』. 서울: 집문당, 2012.
이내영·이신화. 『동북아지역질서의 형성과 전개: 역사적 성찰과 정치·경제적 쟁점』. 서울: 아연출판부, 2011.
이명박. 『대통령의 시간』. 서울: 알에이치코리아 , 2015.
이수훈. 『동북아 공동의 미래를 생각한다』. 서울: 선인, 2013.
이수훈 편. 『북한의 국제관과 동북아 질서』. 서울: 한울, 2011.
________. 『동북아질서 재편과 북한의 정치 경제적 변화』. 서울: 한울, 2010.
이정훈·박상수. 『동아시아, 인식지평과 실천공간』. 서울: 아연출판부, 2010.
이희옥. 『중국의 국가 대전략 연구』. 서울: 폴리테이아, 2007.
우철구·박건영. 『현대 국제관계이론과 한국』. 서울: 사회평론, 2004.
장대환. 『원아시아 모멘텀』. 서울: 매일경제신문사, 2011.
장 모네. 박제훈·옥우석 공역. 『유럽 통합의 아버지 장 모네 회고록』. 서울: 세림출판, 2008.
전홍택·박명호. 『동아시아 통합전략: 성장-안정-연대의 공동체 구축』. 서울: 한국개발연구원, 2010.
__________. 『동아시아 통합전략2: 한·중·일을 중심으로』. 서울: 한국개발연구원, 2011.
__________. 『동아시아 통합전략3: 협력의 심화·확대와 새로운 도전』. 서울: 한국개발연구원, 2012.
제럴드 커티스·와카미야 요시부미·박철희. 유지아 역. 『아베의 일본은 어디로 향하고 있는가』. 서울: 제이앤씨, 2013.
제주평화연구원. 『동아시아 다자협력의 제도화』. 제주: 오름, 2011.
쩡삐젠. 이희옥 역. 『중국 평화부상의 새로운 길』. 서울: 한신대출판부, 2007.
제주평화연구원. 『동북아의 평화와 번영: 유럽경험의 탐색』. 제주: 제주평화연구원.

하영선. 『현대국제정치이론』. 서울: 나남, 1995.
하영선 외. 『동아시아 공동체: 신화와 현실』. 서울: 동아시아연구원, 2008.
한광섭. 『새로운 물결의 동아시아를 본다: 격동의 동아시아 최신 리포트』. 서울: 한울, 2012.
한국동북아지식인연대. 『동북아공동체를 향하여: 아시아 지역통합의 꿈과 현실』. 서울: 동아일보사, 2004.
한석희. 『후진타오 시대의 중국 대외관계』. 서울: 폴리테이아, 2007.
한스 모겐소. 이호재·엄태암 공역. 『국가 간의 정치』. 파주: 김영사, 2014.
함택영. 『국가안보의 정치경제학: 남북한의 경제력, 국가역량, 군사력』. 서울: 법문사, 1998.
홍정표 장즈롱. 『현대 중국 외교론』. 파주: 나남, 2011.
후지무라 미치오. 허남린 역. 『청일전쟁』. 서울: 소화, 1997.

■ 논문

구갑우. "지역통합이론의 재검토: 국가중심주의와 탈국가중심주의." 『한국과 국제정치』. 14권 1호, 1998.
김흥규. "중국 제17차 공산당 전국대표대회 평가 및 대외정책적 함의." 『주요 국제문제 분석』. 외교안보연구원. 11월 8일, 2007.
박건영. "한반도 평화체제 구축을 위한 동북아 다자간 안보협력 전략." 『한국과 국제정치』. 봄호, 2006.
버트란드 크룸부르게. "상호확증파괴로부터 협력안보로의 전환." 2008.
배긍찬. "동아시아 공동체의 발전과정: ASEAN+3 협력체제를 중심으로." 『동아시아 공동체: 비전과 전망』. 제2장, 2005.
손열. "일본의 동아시아전략과 공동체론." 『동아시아 공동체』. 제5장, 2008.
야마모토 가쯔야. "하토야마 정권의 동아시아 공동체 구상과 아시아 지역주의." 『입법과 정책』. 제1권 제1호, 2009.
양문수. "남북경제통합론의 쟁점과 과제." 『한반도통일론의 재구상』. 제5장, 2012.
이남주. "동북아경제협력과 한반도 경제." 『한반도통일론의 재구상』. 제13장, 2012.
이상현. "동아시아 안보공동체." 『동아시아 공동체』. 제7장, 2008.
전재성. "EU와 동아시아 공동체." 『동아시아 공동체』. 제2장, 2008.
조홍식. "유럽통합의 사상과 정치세력." 『국제정치논총』. 35-2, 1995.
최영종. "비교 지역통합연구와 동아시아의 지역협력." 『국제정치논총』. 40-1, 2000.

| 영문 문헌 |

■ 단행본

Acharya, Amitav and Alastair Iain Johnston. *Crafting cooperation: Regional International Institutions in Comparative Perspective*. Cambridge: Cambridge University Press, 2007.

Aggarwal, Vinod K. and Min Gyo Koo. *Asia's New Institutional Architecture: Evolving Structures for Managing Trade, Financial, and Security Relations*. Heidelberg: Springer-Verlag Berlin Heidelberg, 2008.

Asean-Korea Centre. *Rules and Regulations*. Seoul: Asean-Korea Centre, 2009.

Beeson, Mark. *Institutions of the Asia-Pacific: ASEAN, APEC and beyond*. New York: Routledge, 2009.

Borchardt, Klaus-Dieter. *The ABC of European Union law*. Luxembourg: Publications Office of the European Union. 2010.

Calder, Kent and Min Ye. *The Making of Northeast Asia*. Stanford: Stanford University Press, 2010.

Dent, Christopher M. and Jörn Dosch. *The Asia-Pacific, Regionalism and The Global System*. Cheltenham: Edward Elgar Publishing Limited, 2012.

Evans, Graham and Jeffrey Newnham. *The Penguin dictionary of International Relations*. London: Penguin Group, 1998.

Fasulo, Linda. An Insider's Guide to the UN. Yale University Press, 2009.

Fort, Bertrand and Douglas Webber. *Regional Integration in East Asia and Europe*. New York: Routledge, 2006.

Hass, Ernst B.. *Beyond the Nation-State: Functionalism and International Organization*. Stanford: Stanford University Press, 1964.

____________. *The Uniting of Europe: Political, Social, and Economic Forces, 1950~1957*. Stanford: Stanford University Press, 1958.

Holsti, Ole R. *Making American Foreign Policy*. New York: Routledge, 2006.

Ikenberry, G. John and Chung-In Moon. *The United States and Northeast Asia: Debates, Issues, and New Order*. Lanham: Rowman & Littlefield Publishers, 2008.

Ippei Yamazawa. *New Agenda in Its Third Decade*. Singapore: ISEAS, 2012.

Jeju Peace Institute. *2011 JPI Peacenet series: Dialogue for peace and Cooperation in East Asia*. Jeju: Jeju Peace Institute, 2012.

Katzenstein, Peter J. and Takashi Shiraishi. *Beyond Japan: The Dynamics of East Asian*

Regionalism. New York: Cornell University Press, 2006.

Koh, Tommy·Rosario G Manalo and Walter Woon. T*he Making of The Asean Charter*. Singapore: World Scientific Publishing, 2009.

Macinture, Andrew·TJ. Pempel, and John Ravenhill. *Crisis as Catalyst: Asia's Dynamic Political Economy*. New York: Cornell University Press, 2008.

Mattli, Walter. *The Logic of Regional Integration: Europe and Beyond*. New York: Cambridge University Press, 1999.

Mitrany, David. *A Working Peace System*. Chicago: Quadrangle, 1966.

Moravcsik, Andrew. *The Choice for Europe : Social Purpose and State Power from Messina to Maastricht*. New York: Routledge, 1999.

Morgenthau, Hans J. *Politics among nations*. New York: Alfred A. Knopf.Inc, 1972.

Morton H. Halperin·Priscilla A.Clapp and Arnold Kanter. *Bureaucratic Politics and Foreign Policy*. Washington, D.C: The Brookings Institution, 2006.

Park, Jehoon·TJ. Pempel and Geng Xiao. *Asian Responses to the Global Financial Crisis: The Impact of Regionalism and the Role of the G20*. Cheltenham: Edward Elgar Publishing Limited, 2012.

Park, Jehoon·TJ. Pempel and Heungchong Kim. *Regionalism, Economic Integration and Security in Asia: A Political Economy Approach*. Cheltenham: Edward Elgar Publishing Limited, 2011.

Pempel, TJ.. *Remapping East Asia: The Construction of a Region*. New York: Cornell University Press, 2005.

__________. *Economy-Security Nexus in Northeast Asia*. New York: Routledge, 2013.

Ravenhill, John. *APEC and The Construction of Pacific Rim Regionalism*. Cambridge: Cambridge University Press, 2001.

Rozman, Gilbert. *Northeast Asia's Stunted Regionalism: Bilateral Distrust in the Shadow of Globalization*. Cambridge: Cambridge University Press, 2004.

Schäfer, Wolf·Hyun-Chin Lim and Suk-Man Hwang. *New Asias: Global Futures of World Regions*. Seoul: Seoul University Press, 2010.

Tang Jiaxuan. *Heavy Storm & Gentle Breeze*. New York: HarperCollins, 2009.

Thomas, Nicholas. *Governance and Regionalism in Asia*. New York: Routledge, 2009.

Trilateral Cooperation Secretariat. *The Trilateral Statistics*. Seoul: Trilateral Cooperation Secretariat, 2012.

■ 논문

George Alexander L. "The Operational Code: A Neglected Approach to the Study of Political Leaders and Decision-Making." *Memorandum RM-5427-PR*. September, 1967.

Hermann Margaret G. and Charles F. Hermann. "Who Makes Foreign Policy Decisions and How: An Empirical Inquiry." *International Studies Quarterly*. Vol. 33, No. 4, 1989, pp. 361-387.

Nishino Junya. "Japan-Rok Relations: Overcoming the Challenges." *Japan's Foreign Policy Challenges in East Asia*. 2014, pp. 31-40.

Ruggie, John Gerard. "Multilateralism: The Anatomy of an Institution." *International Organization*. 46-3, 1992.

Robert A. Manning. "The Asian Paradox: Toward a New Architecture." *World Policy Journal*. Vol. 10, No. 3(Fall, 1993), pp. 55-64.

| 중문 문헌 |

耿向東(껑샹뚱) 著.『解讀中國外交』. 北京: 人民出版社, 2011.

牛軍(뉘우쥔) 主編.『中國對外政策分析』. 北京: 世界知識出版社, 2013.

于軍(뉘우쥔) 著.『中國外交与外交政策』. 北京: 國家行政學院出版社, 2013.

魯毅(루이) 外 著.『外交學概論』. 北京: 世界知識出版社, 1997.

李良棟(리앙뚱) 等 著.『中國特色社會主義民族政治發展道路研究』. 北京: 中共中央黨校出版社, 2013.

李景治(리징즈) 等 著.『中國的抉擇:和平發展与構建和諧世界』. 北京: 中國人民大學出版社, 2012.

李秋發(리치우파) 著.『中國夢的世界圖式』. 北京: 時事出版社, 2014.

常務部研究院亞洲與非洲研究所(상무부연구원아시아아프리카연구소).『東北亞地域經濟一体化戰略研究』. 中國商務出版社, 2011.

謝益显(셰이셴) 主編.『中國當代外交史』. 北京: 中國青年出版社, 1997.

閻學通(옌쉐퉁) 著.『國際政治与中國』. 北京: 北京大學出版社, 2005.

閻學通(옌쉐퉁)·金德湘 主編.『東亞與安全』. 北京: 時事出版社, 2005.

吳敬璉(우징리앤) 等 著.『改革是最大政策』. 台北: 東方出版社, 2014.

吳鳴(위밍) 著.『中國新領袖:習近平傳』. 香港: 香港文化藝術出版社, 2010.

余文模(위원모) 著.『政治領導學』. 四川: 西南交通大學出版社, 2013.

吳建民(위지앤민) 著.『我的中國夢』. 北京: 北京大學出版社, 2013.

張蘊岭(장웬링) 主編.『東北亞區域經濟合作』. 北京: 世界知識出版社, 2004.
鄭永年(정용니엔) 著.『通往大國之路:中國與世界秩序的重塑』. 台北: 東方出版社, 2011.
________著.『中國改革三步走』. 台北: 東方出版社, 2012.
________著.『中國國際命運』. 杭州: 浙江人民出版社, 2011.
鄭華(정후아) 主編.『外交的智慧』. 北京: 北京大學出版社, 2013.
中華人民共和國外交部 政策規划司(중국인민공화국외교부 정책기획과) 主編.『中國外交』. 北京: 世界知識出版社, 2013.
中國現代國際關係研究院(중국현대국제관계연구원) 主編.『國際戰略与安全形勢評估』. 北京: 時事出版社, 2013.
曲星(취싱) 主編.『國際形勢和蓝中國外交皮書』. 北京: 世界知識出版社, 2013.
秦亞青(친야칭) 等 著.『國際體系與中國外交』. 北京: 世界知識出版社, 2009.
龐中英(팡종잉) 著.『全球治理与世界秩序』. 北京: 北京大學出版社, 2012.
胡线勒(후시앤러) 主編.『李肇星說』. 北京: 人民日報出版社, 2012.
黃大慧(황따후이) 主編.『构建和諧東亞:中日韓關係與東亞未來』. 北京: 社會科學文獻出版社, 2010.

| 일문 문헌 |

酒井哲哉(사카이 테츠야).『外交思想(日本の外交 第3巻)』. 東京: 岩波書店, 2013.
進藤栄一(신도 에이치).『東アジア共同体をどうつくるか』. 東京: ちくま新書, 2007.
青地正史(아오지 마사후미).『東アジア地域統合の探求』. 京都: 法律文化社, 2012.
山本吉宣(야마모토 요시노부).『東アジア共同体』. 京都: ミネルヴァ書房, 2012.
小沢一郎(오사와 이치로).『日本改造計画』. 東京: 講談社, 1993.
大芝亮(오오시바 료).『対外政策課題編 (日本の外交 第5巻)』. 東京: 岩波書店, 2013.
岡本隆司(오카모토 타카시).『世界のなかの日清韓係史』. 東京: 講談社, 2008.
和田春樹(와다 하루키).『東北アジア共同の家』. 東京: 平凡社, 2003.
井上寿一(이노에 카즈이치).『外交史戦前編 (日本の外交 第1巻)』. 東京: 岩波書店, 2013.
井上寿一(이노에 카즈이치).『日本外交の再構築 (日本の外交 第6巻)』. 東京: 岩波書店, 2013.
日本再建イニシアティブ(일본재건이니셔티브).『民主党政権失敗の検証』. 東京: 中公新書, 2013.
________.『三年三ヶ月の朝鮮と挫折』. 東京: 中公新書, 2013.
国分良成(코쿠부 요시나리).『対外政策地域編 (日本の外交 第4巻)』. 東京: 岩波書 店, 2013.
近藤大介(콘도 다이스케).『日・中・韓「準同盟」時代』. 東京: 光文社, 2009.

北岡伸一(키타오카 신이치). 『グローバルプレイヤーとしての日本』. 東京: NTT出版, 2010.
田中明彦(타나카 아키히코). 『アジアのなかの日本("日本の現代")』. 東京: NTT出版, 2007.
田中均(타나카 히토시). 『外交の力』. 東京: 日本経済新聞出版社, 2009.
田中均(타나카 히토시)·田原総一郎. 『国家と外交』. 東京: 講談社, 2005.
八幡和郎(하야타 카즈오). 『歴代総理の通信簿』. 東京: PHP文庫, 2013.
波多野澄雄(하타노 스미오). 『外交史戦前編 (日本の外交 第2巻)』. 東京: 岩波書店, 2013.

Institutionalization of Trilateral Cooperation of China, Japan and the Republic of Korea

Shin Bongkil

This study is aimed at analyzing the institutionalization process of trilateral cooperation of China, Japan and the ROK. The study has two major purposes. First is to record the institutionalization process of the trilateral cooperation in a practical and comprehensive manner which has achieved a remarkable progress in 15 years time since the first gathering of the heads of the government of three countries in 1999. Second is to provide a theoretical background of the institutional evolution of the trilateral cooperation. Despite the prediction that historical issues, territorial disputes and U.S. presence in the region would hinder regional cooperation in Northeast Asia, the three countries have been building a considerable level of cooperation and institutionalization in the region.

In the course of examining the development process of trilateral cooperation, this study finds out that several leaps have been made during the institutionalization process. This study has, thus, divided the history of trilateral cooperation into several phases of institutional development. The period paving the first stage of institutionalization which began with the gathering of heads of government of three countries on the occasion of participating the ASEAN+3 meeting is categorized as a beginning stage. And the period from Dec. 2008 trilateral summit meeting which was held independently from that of ASEAN summit in Fukuoka, Japan, makes up the developing phase. Subsequently, the period where the cooperation makes a great leap forward by establishing Trilateral Cooperation Secretariat is labelled as a major leap phase. The last phase which follows a series of historical and territorial conflicts from the second half of 2012 is categorized as an adjustment phase.

It is also examined that political will of the top leaders of China, Japan and the ROK had a decisive impact on the institutionalization of cooperation. Based on the study, an analytic model called the 'political will model' is formulated. 'Political will' is a special type of volition that a political leader has in order to fulfill his/her political conviction or vision. By using the 'political will' model, this study analyzes the elements which contributed to the institutionalization of trilateral cooperation in phase. Especially, it is examined that Japanese Prime Minister Hatoyama's strong political will based on his personal conviction was absolutely essential in establishing the TCS despite the cautious position of Japanese officials.

However, the trilateral cooperation faced a big obstacle after the Japanese Prime Minister Abe's assertive diplomacy intensified with historical revisionism and conservative swing. The importance of political will is made even clearer when Abe's first administration is compared with the second. It shows that without the support of the political will, the institutionalization itself is not enough for the advancement of regional cooperation.

This study also states that political will of the ROK president as a mediator between China and Japan highly contributed to the institutionalization process of the trilateral cooperation. Furthermore, trilateral cooperation also has implications on North Korean issues. Given the openness of trilateral cooperation mechanism, encouraging North Korea's participation in the cooperation mechanism will become an important future agenda of the trilateral cooperation.

Key words: trilateral cooperation, ASEAN, political will,
Trilateral Cooperation Secretariat, TCS,
institutionalization, trilateral summit,
trilateral foreign ministers' meeting, North Korea

〈부록 1〉 대한민국, 일본국, 중화인민공화국 정부 간의 3국 협력사무국 설립에 관한 협정(2010)

대한민국 정부, 일본국 정부 및 중화인민공화국 정부(이하 함께 "당사자"라 한다)는,

2010년 5월 30일 대한민국 제주에서 개최된 제3차 3국 정상회의 결정에 따라, 당사자 간 3국 협력의 효율적 증진 및 관리를 위해 사무국을 설립하고, 기존의 대화 협력체를 강화하며, 당사자 간 협력관계를 더욱 증진시키는데 기여하기를 희망하면서,

다음과 같이 합의하였다.

제 1 조

1. 3국 협력사무국(이하 "사무국"이라 한다)이 이에 설립된다.
2. 사무국은 대한민국(이하 "소재국"이라 한다)에 위치한다.

제 2 조

사무국의 목적은 당사자 간 3국 협의체의 운영 및 관리를 지원하고, 협력 사업의 발굴과 이행을 촉진함으로써, 3국 간 협력관계를 더욱 증진시키는 데 기여하는 것이다.

제3조

1. 사무국은 제2조에 언급된 목적을 달성하기 위하여 다음의 기능 및 활동을 수행한다.
   가. 3국 정상회의, 3국 외교장관 회의, 3자 위원회 및 다른 장관급 회의, 그리고 3국 고위급 회의와 같은 당사자 간 3국 협의체(이하 "협의체"라 한다)의 운영과 관리를 위하여 행정적, 기술적으로 지원, 그리고 필요한 경우 주요 협의체에 사무국 대표를 참석하도록 조치
   나. 당사자 및 필요한 경우 그 밖의 국제기구, 특히 다른 동아시아 협력체와 연락 및 조정
   다. 당사자 간 잠재적인 협력 사업 발굴 및 확인 그리고 그 사업의 채택을 위하여 관련 협의체에 대한 보고
   라. 협력 사업 평가 및 보고서 작성, 필요 문서의 데이터베이스 구축 그리고 3자 위원회 또는 3국 외교장관 회의의 승인을 위하여 연간 실적보고서의 제출
   마. 3국 협력 관련 중요 주제에 대한 연구 수행, 사무국 홈페이지 관리 및 3국 협력에 대한 이해 증진
2. 사무국은 3국 외교장관 회의를 통하여 또는 3국 외교장관 회의가 결정한 방식에 따라 당사자가 부여한 권한 범위 내에서 당사자의 감독 하에 그 기능 및 활동을 수행한다.

제4조

사무국은 소재국 안에서 다음과 같은 법적 능력을 가진다.

가. 계약을 체결할 능력

나. 동산 및 부동산을 취득 및 처분할 능력

다. 소송을 제기할 능력

제5조

1. 사무국은 다음 방식으로 지명 및 임명되거나 고용되는 한 명의 사무총장과 두 명의 사무차장 및 전문 인력(이하 함께 "직원"이라 한다) 그리고 일 반인력으로 구성된다.
   가. 사무총장은 3국 외교장관 회의에서 대한민국, 일본국, 중화인민공화국의 윤번으로 하여 한 당사자가 지명하여 임명된다. 임기는 2년으로 한다.
   나. 당사자가 달리 합의하지 아니하는 한, 사무총장을 임명한 국가의 정부 외의 각 당사자는 각각 사무차장 1인을 지명하고 3국 외교장관 회의에서 이들을 사무차장으로 임명한다. 사무차장의 임기는 일반적으로 2년으로 한다. 사무차장의 임명은 3국 외교장관 회의의 승인을 얻어 추가적으로 최장 2년의 범위 내에서 1회 연장될 수 있다.
   다. 사무총장은 당사자가 파견한 인력을 전문 인력으로 임명한다.
   라. 사무총장은 사무국 기능 및 활동 수행에 필요한 일 반인력을 고용할 수 있다.
2. 사무국에 사무총장 및 사무차장으로 구성된 협의이사회를 둔다. 협의이사회는 심의를 위해 제출된 사안에 대하여 협의하고 총의로 결정한다. 협의이사회는 제3조제2항에 따라 중요 사안에 관하여 당사자와 협의한다.
3. 3국 외교장관 회의의 승인을 받아, 사무총장은 다양한 분야에서의 3국 협력 촉진을 목적으로 사무국의 기능 및 활동을 효율적으로 수행하도록 내부 부서를 설치할 수 있다.

제6조

사무총장은 사무국을 대표하며 사무국이 수행하는 기능 및 활동에 대하여 책임을 진다. 또한, 사무총장은 특히 다음과 같은 사무국의 행정에 책임을 진다.

가. 사무국의 연간 예산뿐만 아니라 사무국의 기능 및 활동에 대한 연례 보고서와 필요한 경우 임시보고서를 준비하고, 3국 고위급 회의의 승인을 받아 이를 3국 외교장관 회의에 승인을 위하여 제출

나. 3국 외교장관 회의의 승인을 받아, 사무국 내부 규칙 및 규정을 제정 또는 개정

다. 3국 외교장관 회의의 승인을 받아, 보수 관련 사항을 포함한 직원 파견의 기본 조건을 제정하고, 사무차장과 협의한 후 전문 인력의 임명 종료를 파견 당사자에 건의

라. 3국 외교장관 회의의 승인을 받아, 보수를 포함한 일 반인력의 직위 및 고용조건을 제정하고, 이 조 나호에 언급된 규칙 및 규정에 따라 필요한 경우 일반인력 자격을 갖춘 인력에 대한 고용 및 해고

마. 사무국 운영에 필요한 계약의 체결

제 7 조

1. 사무차장은 사무총장의 기능 및 활동 수행을 보조한다. 이와 관련하여, 사무차장은 특히 다음의 임무를 수행한다.

가. 3국 협력의 향후 점진적 발전 방향에 관하여 사무총장에게 조언

나. 사무총장이 부여한 권한에 따라 회의, 행사 그리고 그 밖의 경우에 사무국을 대표

다. 사무국의 연구 활동의 지원

라. 사무총장이 위임하는 그 밖의 기능 및 활동의 수행

2. 사무차장은 사무총장의 부재 또는 직무 수행 불능의 경우 제6조나호에 언급된 규칙 및 규정에 따라 사무총장을 대리한다.

제 8 조

1. 소재국 정부는 사무국 운영을 위하여 공관을 제공하고 마련할 책임을 진다.

2. 사무국의 운영비용은 당사자 각자의 국내 법령에 따라 마련되는 균등한 분담금으로 충당된다.

제 9 조

1. 사무국 및 직원은 소재국 안에서 제10조 및 제11조의 규정에 따라 사무국의 목적 달성과 그 기능 및 활동 수행에 적절한 특권과 면제를 누린다.
2. 소재국 정부 이외의 당사자는 각자의 국가 안에서 자국 법령이 허용하는 한도까지 사무국의 적절한 운영에 필요하다고 간주되는 편의를 부여할 수 있다.
3. 민사 또는 행정 절차에 관한 소재국의 관할권으로부터의 특권과 면제는 계약과 관련하여, 또는 사무국 및 직원이 이용하거나 소유하는 차량, 선박 또는 항공기에 의한 사고로 발생한 손해배상액으로서 보험으로 처리되지 않는 손해배상액에 대한 민사 소송에 대하여는 부여되지 아니한다.
4. 사무국은 이 협정에 따라 부여되는 특권과 면제 및 편의와 관련된 어떠한 남용의 발생을 방지하기 위하여 소재국의 관할 당국과 항상 협력한다.
5. 소재국 정부가 이 협정에 따라 부여되는 특권 또는 면제의 남용이 발생하였다고 판단하는 경우, 그러한 남용이 발생하였는지를 결정하고, 발생한 경우 그러한 남용의 재발 방지를 보장하기 위하여 소재국 정부는 사무국과 협의한다.

제 10 조

1. 사무국, 그 재산 및 자산은 사무국이 명시적으로 면제를 포기한 경우를 제외하고 법적 절차로부터 면제된다. 민사 또는 행정 절차에 관한 관할권으로부터의 어떠한 면제의 포기도 판결 집행에 대한 면제의 포기를 의미하지 않으며, 판결 집행을 위해서는 별도의 면제 포기가 필요하다. 앞 문장에도 불구하고, 사무국이 법적 절차를 개시하는 경우에는 해당 법적 절차뿐만 아니라 그에 따른 판결 집행에 대한 면제도 포기한 것으로 추정된다.
2. 사무국의 공관은 불가침이다. 사무국의 문서, 일반적으로 사무국에 속하는 모든 공식 문서 및 서류는 불가침이다.
3. 사무국은 공적 통신과 관련하여 소재국 정부가 소재국 안의 외교사절 또는 모든 국제

기구에 부여하는 대우보다 불리하지 아니한 대우를 누린다. 사무국은 외교신서사 및 외교행낭과 동일한 특권과 면제를 가지는 신서사 또는 봉인된 행낭에 의하여 서신 및 그 밖의 공적 통신을 발송하고 접수할 권리를 가진다.

4. 사무국은 어떠한 종류의 재정적 통제, 규제 또는 지불유예의 제약을 받지 아니하고,

가. 자금 또는 모든 종류의 통화를 보유할 수 있고, 모든 통화의 계좌를 운용할 수 있으며

나. 자금과 통화를 자유로이 소재국으로, 소재국으로부터, 또는 소재국 안에서 송금할 수 있으며, 보유 통화를 다른 통화로 태환할 수 있다.

5. 이 조 제4항에 언급된 권리를 행사할 때, 사무국은 소재국의 국내법을 준수하고, 소재국 정부가 제기한 의견은 사무국의 이익을 손상하지 않고 실행될 수 있는 것으로 여겨지는 한 적절히 존중된다.

6. 사무국과 그 재산 및 자산은,

가. 사실상 공공요금에 불과한 경우를 제외하고 모든 직접세로부터 면제된다.

나. 사무국이 공적 사용을 위하여 수입 또는 수출한 물품과 관련하여 관세 및 수출입 상의 금지와 제한으로부터 면제된다. 그러나 그 면세된 수입 물품은 소재국 정부가 정한 조건에 따른 경우를 제외하고는 소재국 안에서 판매되지 않는 것으로 양해한다.

다. 그 출판물과 관련하여 관세 및 수출입 상의 금지와 제한으로부터 면제된다.

7. 사무국은 원칙적으로 물품세와 동산과 부동산의 판매가격의 일부를 구성하는 조세에 대하여 면제를 요청하지 아니할 것이나, 그럼에도 불구하고 공적 사용을 목적으로 그러한 조세가 부과된 중요 재산을 구매하는 경우, 소재국 정부는 가능하다면 언제든지 조세액의 감면 또는 환급을 위한 적절한 행정적 조치를 할 수 있다.

제 11 조

1. 직원은,

가. 사무국이 지급하는 보수 및 수당에 대한 조세로부터 면제된다.

나. 소재국에 거주하는 배우자 및 부양가족과 더불어 출입국 제한, 외국인 등록 및 국민

적 역무 상 의무에서 면제된다.

다. 사무국에 최초로 부임할 때 본인과 배우자 및 부양가족의 사용을 위한 가구 및 가정 용품을 면세로 수입할 권리를 가진다.

라. 외환 편의와 관련하여 소재국에 위치한 다른 국제기구 소속의 동등한 지위의 직원에 부여되는 대우보다 불리하지 아니한 대우를 부여받는다.

2. 소재국 정부는 소재국 국민 또는 영주권자에게는 이 조에 언급된 특권과 면제를 부여할 의무를 지지 아니한다.

3. 특권과 면제는 사무국의 이익을 위하여 부여되며, 직원의 개인적 이익을 위하여 부여되지 아니한다. 사무총장은 면제가 정의의 실현을 저해하거나 사무국의 이익을 침해함이 없이 포기될 수 있다고 판단하는 경우, 사무차장과의 협의를 통해 이 협정에 따라 직원들에게 부여된 면제를 포기할 권리와 의무를 가진다. 사무총장과 사무차장에게 부여된 면제는 필요한 경우 3국 외교장관 회의에서 포기될 수 있다.

제 12 조

사무국의 실무언어는 영어로 한다.

제 13 조

사무국의 재정 사안은 매년 감사를 받으며 3국 외교장관 회의에 보고된다. 사무총장은 3국 외교장관 회의의 승인을 받아 감사 절차를 수립한다.

제 14 조

어떠한 당사자도 이 협정의 개정을 제안할 수 있다. 이 협정은 당사자의 서면 합의에 의하여 개정될 수 있다.

제 15 조

각 당사자는 그 밖의 모든 당사자에게 이 협정의 발효에 필요한 자국의 내부 절차가 완료되었음을 외교 경로를 통하여 서면 통보한다. 이 협정은 마지막 통보가 이루어진 날에 발효한다.

이상의 증거로, 아래 서명자는 그들 각자의 정부로부터 정당하게 권한을 위임받아 이 협정에 서명하였다.

이 협정은 2010년 12월 16일 서울에서 영어로 3부 작성되었다.

대한민국 정부를 대표하여

일본국 정부를 대표하여

중화인민공화국 정부를 대표하여

〈부록 2〉 3국 협력 VISION 2020(2010)

【전 문】

우리 대한민국, 일본국 및 중화인민공화국의 지도자들은 제3차 3국 정상회의 개최를 계기로 2010년 5월 29일, 한국 제주에서 회동하였다.

우리는 정치, 경제, 문화 및 인적 교류 등 제반 분야에서 과거 10년간 3국 협력의 실질적 성과가 가시화되고 있는데 대해 만족을 표명하였다. 우리는 3국 협력 증진에 관한 공동선언과 3국 동반자 관계를 위한 공동성명 및 3국 협력 10주년 기념 공동성명에 명시되어 있는 공통의 견해를 지속적으로 견지하면서 온전히 이행해 나갈 것이다.

우리는 향후 인적 교류 및 재화, 용역, 자본의 이동 증진과 세계화 추세에 따른 제반 지역 및 국제 문제에 있어서 3국 협력 발전의 여지가 매우 크다는 점을 확인한다. 우리는 역사를 직시하고 미래를 지향하는 정신에 따라, 선린 우호, 상호 신뢰, 포괄적 협력, 상호 이익 및 공동 발전의 방향으로 3국 협력을 굳건히 추진해 나갈 것이다.

우리는 2020년까지 3국 협력을 통해 달성해야 할 구체적인 목표와 미래상을 제시함으로써, 미래지향적이고 포괄적인 협력 파트너십이 더욱 공고해지고, 제반 분야에서의 호혜적인 협력이 보다 내실화되며, 3국 국민들 간의 우호적인 감정이 더욱 깊어지고, 3국 협력이 3국의 공동 이익과 동아시아 지역 및 세계의 평화, 안정, 번영에 기여할 수 있도록 3국의 역량을 보다 집중하여 3국 협력을 한 차원 높게 발전시켜 나가야 할 필요가 있다는 데 인식을 같이한다.

이러한 점에 유념하면서, 우리는 아래와 같이 결정하였다.

【본 문】

Ⅰ. 동반자적 협력관계 제도화 및 강화

1-1. 우리는 3국 간 고위인사 교류를 강화하고, 국민들 간의 우호친선 관계를 증진하는 한편, 3국 정상회의, 외교장관 회의, 기타 각료급 회의 및 고위급 회의와 같은 각종 정부 간 협의체를 통해 3국 간 교류를 심화·확대함으로써, 3국 간 공고한 전략적 상호 신뢰 구축을 구현해 나간다.

1-2. 우리는 3국 협력을 촉진하고 강화하기 위해 3국 협력사무국을 2011년 대한민국에 설립할 것이다. 동 사무국은 3국 정상회의, 외교장관 회의, 기타 각료급 및 고위급 회의 등 3국 간 협의체의 운영과 관리를 지원하고, 협력 사업의 발굴과 이행을 촉진할 것이다.

1-3. 우리는 자연재해에 효과적으로 공동 대처하고 동북아시아의 재해 경감에 기여하기 위해, 재난정보, 정책 및 기술 공유에 있어 3국 재난 관리 기관장 회의를 포함한 기존 제도와 기관들을 충분히 활용하도록 노력할 것이다.

1-4. 우리는 안보 대화를 강화하고, 3국 간 국방 및 군사 분야에서의 인적 교류와 협력을 촉진하기 위해, '3국 국방 대화' 개설 가능성을 모색해 나갈 것이다.

1-5. 우리는 국제 범죄에 공동 대응하고 3국 간 치안협력을 강화하기 위해 3국 치안당국 간 긴밀한 협력체를 구축할 것이다.

1-6. 우리는 3국 지방정부 간 자매결연 확대를 통해 행정·경제·문화 분야 등에서의 협력을 강화시켜 나가면서 3국 지방정부 간 교류 진전을 구현해 나간다.

Ⅱ. 공동 번영을 향한 지속가능한 경제 협력

2-1. 우리는 2010년 5월 출범한 한·일·중 FTA 산관학 공동 연구를 2012년까지 완료하기 위해 노력할 것이며, 이를 통해 향후 3국 FTA 협상의 실질적인 기초자료가 될 수 있도록 관련 이슈에 대한 3국 간의 공통 이해를 추구할 것이다. 나아가 한·일·중 3국 간 공동시장 형성을 포함한, 장기적인 3국 간 경제 통합을 향하여 지속적으로 노력할 것이다.

2-2. 우리는 역내 경제성장과 통합에 필수적인 3국 간 교역 규모를 2020년까지 늘려 나가기 위해 각종 무역장벽을 철폐하도록 노력하고, 무역 원활화 노력을 통해 3국의 무역 환경을 지속적으로 개선할 것이다.

2-3. 우리는 3국이 공조하여 역내 효율적인 운송 및 물류 체제를 설립하는 것이 생산비 절감과 국제경쟁력 개선에 도움이 될 것임을 인정한다. 따라서 원활한 물류 체제를 위한 동북아시아 지역의 운송 및 물류 네트워크 발전을 추진하기 위해 한·일·중 물류장관 회의 및 양자 간 정책 대화를 지속적으로 최대한 활용할 것이다.

2-4. 우리는 3국 및 역내 무역 원활화와 공급망 보안에 기여할 세관 협력의 중요성을 재확인한다. 이런 점에서 우리는 3국 관세청장 회의에서 채택된 '3국 간 협력 증진을 위한 행동계획'의 이행을 통해 세관 협력을 더욱 강화할 것이다.

2-5. 우리는 3국 기업의 역내 투자를 적극 권장한다는 관점에서 한·일·중 투자협정의 체결을 위해 공동 노력하고, 역내 투자자가 성공적으로 사업을 영위할 수 있도록 우호적인 법적·제도적·절차적 투자 환경을 제공할 것이다. 나아가 역내 투자 자본의 자유로운 이동을 촉진하기 위해 필요한 인프라 제공을 위해 노력할 것이다.

2-6. 우리는 국제 금융시장의 변화에 대처하기 위해, 3국 금융당국 간 정책 공조를 공고

히 하며, 금융기관의 상호 진출을 확대함으로써 3국 간 금융협력을 강화하자는 데 인식을 같이하였다. 우리는 치앙마이 이니셔티브 다자화의 성공적 출범과 아시아 채권시장 이니셔티브의 실질적 진전을 환영하며, 치앙마이 이니셔티브 다자화 기금의 효과성 제고 등 동아시아 지역의 금융 협력을 강화하기 위해 더욱 노력하고, G20을 중심으로 글로벌 금융 안전망 구축을 포함한 국제금융 시스템 강화 논의에 적극적으로 기여해 나갈 것이다.

2-7. 우리는 개방되고 공정하며 자유화된 다자 무역체제가 한·일·중 3국뿐만 아니라 전 세계의 경제적 번영에 필수적이라는 데 인식을 공유한다. 이러한 시스템을 보존하고 강화하기 위해 어떠한 형태의 보호무역주의에도 반대한다. 이와 관련, 우리는 협상세부원칙(modalities) 등 지금까지 이루어진 협상 진전 사항을 기초로 조속하고, 야심차고, 균형 잡힌 DDA 협상의 타결을 도모하고, 도하라운드 이후 다자 무역체제의 지속적인 발전을 위한 3국 간 협력을 강화하고자 한다.

2-8. 우리는 과학혁신 분야의 협력을 강화하고, 3국의 산업기술 경쟁력을 강화하며, 공통의 지역 및 국제 문제를 해결하고, 장기적 목표로서 동아시아 공동체 형성에 기여할 방법을 연구하기 위해 3국의 연구 역량을 강화하기로 인식을 같이한다. 이를 위해, 우리는 공동 연구 협력 프로그램(JRCP) 및 아시아 3국 미래예측 프로그램(A3 Foresight Program)에 대한 재정적 지원을 계속하고 실제 상황에 비추어 투자 확대 가능성을 모색할 것이다. 또한 우리는 3국 간 협의를 통해 결정된 방식에 따라 공통 관심 분야의 기초연구를 지원하기 위한 새로운 공동기금 프로그램 마련 가능성을 모색할 것이다.

2-9. 우리는 표준협력이 불필요한 기술 장벽 제거를 통하여 무역을 촉진시키는 주요 수단임을 확인한다. 이를 위해 우리는 공통표준 연구, 국제표준 제안, 동북아 표준협력 포럼을 통해 협력을 한층 확대해 나갈 것이다.

2-10. 우리는 산업, 에너지, 에너지 효율성, 자원, ICT, 하이테크, 문화산업, 운송, 보건,

농업, 어업, 관광 및 지적재산권 분야에서의 정책 공조에 관한 협의를 지속할 것이다.

2-11. 우리는 3국 간 경제 협력 공조가 역내 경제활동을 촉진하는 데 중요하다는 점을 인정하며, 상기 조치들을 통해 우리의 협력을 한층 강화하기로 한다. 더불어 3국이 역내 및 세계 경제에서 중요한 역할을 수행한다는 점을 인정하여, 특히 G20와 APEC을 포함한 다자 포럼의 장에서 강력하고 지속 가능하며 안정된 세계 성장을 위해 협력해야 한다. 이를 위해, 우리의 정책 틀(frameworks)에 대한 협력적이고 협의적인 상호 평가 과정을 전개하는 데 있어 적극적으로 참여할 것이다.

Ⅲ. 지속 가능 개발 및 환경보호 협력

3-1. 우리는 제15차 유엔 기후변화협약 당사국 총회(COP15) 및 제5차 교토의정서 당사국 총회(CMP5)의 결과를 환영하고 코펜하겐 합의를 지지한다. 우리는 COP15/CMP5의 긍정적 결과에 기초하여 UN 기후변화협약의 원칙, 특히 공통의 차별화된 책임 (common but differentiated responsibilities) 원칙에 따른 효과적인 post-2012 국제협력 체제 구축 등을 포함한 COP16의 성공적인 결과를 위해 협력을 강화해 나갈 것이다.

3-2. 우리는 환경보호 협력 강화가 필요하다고 확신한다. 따라서 우리는 1) 환경 교육, 환경 인식 및 대중의 참여, 2) 기후변화, 3) 생물다양성 보존, 4) 황사, 5) 오염관리, 6) 환경 친화적 사회/3R 운동(절약, 재사용, 재활용)/자원 재활용을 잘 하는 사회, 7) 전자폐기물의 국가 간 이동, 8) 화학물질의 안전한 관리, 9) 동북아 환경 거버넌스, 10) 2010년 5월 3국 환경장관 회의에서 채택된 환경 친화적인 산업과 기술 등, 이러한 10대 우선 환경 협력 분야에 대한 3국 공동 행동계획을 3국의 환경장관들이 이행하는 것을 지지하며, 필요에 따라 지역적, 또는 국제적 구상에 걸맞은 구체적인 협력 조치들을 취할 것이다.

3-3. 우리는 2010년 10월, 일본 아이치 현 나고야 시에서 개최될 제10차 생물다양성협약 당사국 총회의 성공적 개최를 위해 긴밀히 협력하고, 2012년 한국 제주도에서 개최될 세계자연보존총회를 지지할 것이다.

3-4. 우리는 해양쓰레기 배출 예방을 위한 북서태평양보전실천계획(NOWPAP)의 틀 내에서 해양쓰레기 지역 실천계획(RAP-MALI)의 이행이 중요하다는 점을 재차 강조하면서, 역내 해양환경 보호에 대한 협력을 강화하고, 해양쓰레기 배출 감축에 대한 대중의 인식 제고를 위해 노력할 것이다.

3-5. 우리는 최근 몇 년 사이 황사의 발생빈도가 잦아지고 강도도 커졌다는 점에 주목한다. 우리는 황사 모니터링 방법론, 예방 기술, 대응능력 배양 등을 위한 협력을 강화할 것이다.

3-6. 우리는 유해 폐기물, 특히 전자폐기물에 관한 협력을 강화할 것이다. 우리는 3국의 입법 및 집행 능력 배양에 있어서의 협력은 물론, 불법적인 초국경적 이동에 대응하기 위한 공동 노력 및 정보 교환과 같은 전자폐기물 관리 협력을 강화해야 한다는 데 의견을 같이 한다.

3-7. 우리는 한·일·중 순환경제 모델기지 구축을 모색한다는 약속을 재확인한다.

Ⅳ. 인적·문화적 교류 협력 확대를 통한 화합과 우의 증진

4-1. 우리는 3국 간 활발한 인적 교류의 확대·발전을 통해 3국 간 우호를 강화할 것이다.

4-2. 우리는 문화가 사람들의 마음을 이어주는 가교로서 3국 국민들 간의 신뢰와 이해

를 돕는 데 중요한 역할을 한다고 확신한다. 이와 같은 맥락에서 우리는 3국 간 문화 교류를 더욱 증진시키기 위해 3국 문화장관 회의를 통한 협력을 강화하고, 매년마다 열리는 한·일·중 문화산업 포럼을 성공적으로 개최하며, 유네스코 틀 내에서 무형유산을 포함한 다양한 분야에서의 협력을 더욱 강화할 것이다.

4-3. 우리는 우호관계 및 상호 이해 증진, 지역 경제 및 사회 발전을 도모하기 위해, 3국 간 현재의 인적 왕래 규모를 대폭 확대하도록 노력할 것이다.

4-4. 우리는 학점 인정제도 및 공동 학위 과정 등의 교류 프로그램을 통해 대학의 경쟁력 강화 및 우수 인력 육성에 기여할 것이다. 우리는 이를 위해 한·일·중 대학 교류 협력 증진을 위한 위원회를 지속적으로 개최할 것을 확인한다. 또한 한·일·중 3국 '대학 교육의 수준을 보장하기 위한 기관(quality assurance agencies)' 간 협력을 증진하고, 대학 교류 활성화를 위한 지침을 공동으로 마련할 것이며, 우수한 학생들 간의 교류를 활성화하기 위한 구체적 정책 패키지를 검토할 것이다. 한편 우리는 3국 간 교육협력을 더욱 증진시키기는 차원에서 장관 회의가 개설되도록 여타 회의를 최대한 활용할 것이다. 또한 3국 간 교사 교류도 활성화할 것이다.

4-5. 우리는 3국의 미래를 이끌어 갈 청소년 간 교류를 활발히 하기 위하여, 3국 정부가 현재 시행중인 청소년 교류 규모를 확대할 것이다.

4-6. 우리는 운동선수, 체육 관련 각종 단체 및 기관 간 교류를 장려하고, 각국에서 개최되는 다양한 스포츠 행사에 적극 참여함으로써 3국 간 스포츠 분야 협력을 강화하여, VISION 2020의 실현에 기여할 것이다.

4-7. 우리는 3국 간 다양한 사회문화 분야의 협력 사업을 추진함에 있어 여성, 아동, 장애인, 고령층 등 취약계층에 특별한 관심을 기울이는 한편, 이들의 권익증진과 역량강화를 위한 3국 간 교류와 협력을 더욱 강화해 나갈 것이다.

Ⅴ. 지역 및 국제 사회의 평화와 안정을 향한 공동 노력

5-1. 우리는 비핵화된 한반도가 동북아의 지속적인 평화, 안보, 경제 번영에 크게 기여할 것이라는 인식을 공유한다. 이를 위해 우리는 9·19 공동성명에 명시된 목표를 실현하기 위해 6자회담 과정을 통해 공동의 노력을 지속해 나갈 것이다.

5-2. 우리는 테러리즘이 국제안보에 대한 심각한 위협임을 인식하고, 테러 근절을 위해 계속 긴밀히 협력해 나갈 것이다. 이를 위해 우리는 동 분야의 한·일·중 3국 간 전문가 회의를 개최할 것이다.

5-3. 우리는 마약 관련 범죄를 포함한 마약 문제를 지역적 차원에서 효과적으로 퇴치할 필요를 인식하면서, 이 분야에서의 3국 간 협력을 강화할 것이다.

5-4. 우리는 각국의 식품 안전 기준에 관한 정보를 교환하고, 인지된 문제와 재발 방지 조치를 각국의 관계당국에 신속히 통보함으로써 식품 안전을 개선하도록 노력할 것이다.

5-5. 우리는 전염병 대응에 대한 3국 협력 분야를 가능한 새로운 분야 등으로 확대하여 역내 전염병 대응 협력을 한층 강화할 것이다.

5-6. 우리는 조류 인플루엔자, 구제역과 같은 악성 가축 질병의 발생에 효과적으로 대응하고, 나아가 이를 근절해 나가기 위해 각국의 질병 발생 상황 및 방역 조치 등 관련 정보를 계속 공유해 나갈 것이다.

5-7. 우리는 세계 빈곤과 기아가 증가되는 데 대해 깊이 우려하며, 지속 가능한 세계 식량 안보를 위해 유엔 등 국제무대에서의 3국 간 협력을 계속해 나갈 것이다.

5-8. 우리는 아시아 지역의 평화·안정·번영 증진을 위하여 ASEAN+3, EAS, ARF, APEC 등 다양한 지역 협력체에서의 협력을 더욱 강화해 나갈 것이다. 3국은 동아시아 협력의 추동자로서의 ASEAN의 역할을 지지한다. 또한 우리는 장기적인 목표로서 개방성, 투명성, 포용성의 원칙에 기반을 둔 동아시아 공동체 발전을 위해 계속 노력할 것이다.

5-9. 우리는 세계적 위협과 도전에 효과적으로 대응하기 위해 유엔의 역할이 더욱 강화되어야 하며, 2005년 유엔 정상회의 결과문서에서 언급된 것처럼 유엔의 권위, 효율성 및 효과성을 제고하기 위해 유엔 개혁을 위한 노력이 강화되어야 한다는 데 의견을 같이했다.

5-10. 우리는 아프리카의 평화와 발전을 돕기 위한 관련 경험을 공유하고, 효과적 방안을 추구하기 위해 한·일·중 대(對) 아프리카 정책 대화를 지속적으로 3국 간 윤번제로 개최할 것이다.

〈부록 3〉 3국 정부 간 주요 협의체

<table>
<tr><td rowspan="4">전반/지역·국제정세</td><th>정상</th><th>장관급</th><th>고위급 실무자</th></tr>
<tr><td>· 3국 정상회의</td><td>· 외교장관 회의</td><td>· 외교부 고위급(차관보) 회의
· 대테러 협력회의</td></tr>
<tr><th>국장</th><th>실무자</th><th>협력체 수</th></tr>
<tr><td>· 중남미국장 회의
· 대아프리카 정책 대화</td><td>· 외교부 부국장급 회의</td><td>7</td></tr>
<tr><td rowspan="4">통상/산업</td><th>정상</th><th>장관급</th><th>고위급 실무자</th></tr>
<tr><td>· 3국 정상회의</td><td>· 통상장관 회의
· 관세청장 회의
· 특허청장 회의</td><td>· FTA 협상</td></tr>
<tr><th>국장</th><th>실무자</th><th>협력체 수</th></tr>
<tr><td>· 투자협정 협상
· 국장급 표준협의체
· 환황해 경제기술 교류회의</td><td>· 동북아 표준 협력 포럼
· 한·중·일 지적재산 워킹그룹</td><td>9</td></tr>
<tr><td rowspan="4">금융/거시경제</td><th>정상</th><th>장관급</th><th>고위급 실무자</th></tr>
<tr><td>· 3국 정상회의</td><td>· 재무장관 회의
· 중앙은행 총재 회의</td><td></td></tr>
<tr><th>국장</th><th>실무자</th><th>협력체 수</th></tr>
<tr><td></td><td></td><td>2</td></tr>
<tr><td rowspan="4">농업/어업</td><th>정상</th><th>장관급</th><th>고위급 실무자</th></tr>
<tr><td>· 3국 정상회의</td><td>· 농업장관 회의</td><td>· 수산연구기관장 회의</td></tr>
<tr><th>국장</th><th>실무자</th><th>협력체 수</th></tr>
<tr><td></td><td></td><td>2</td></tr>
<tr><td rowspan="4">에너지</td><th>정상</th><th>장관급</th><th>고위급 실무자</th></tr>
<tr><td>· 3국 정상회의</td><td></td><td>· 한·중·일 원자력 안전 규제 책임자 회의(TRM)</td></tr>
<tr><th>국장</th><th>실무자</th><th>협력체 수</th></tr>
<tr><td></td><td>· TRM 실무대표 조정그룹 회의</td><td>2</td></tr>
<tr><td rowspan="2">환경</td><th>정상</th><th>장관급</th><th>고위급 실무자</th></tr>
<tr><td>· 3국 정상회의</td><td>· 환경장관 회의(TEMM)</td><td>· 환경과학원장 회의(TPM)</td></tr>
</table>

	국장	실무자	협력체 수
	· 황사 대응 국장급 회의 · 환경장관 회의 준비 국장급 회의 (TDGM) · 한중일 산림협력 국장급 회의	· 황사 공동 연구단 운영위원회/실무그룹 · 화학물질 정책 대화 · 환경산업 라운드 테이블 회의 · 한중일 대기 분야 정책 대화	9
관광	정상	장관급	고위급 실무자
관광	· 3국 정상회의	· 관광장관 회의	
관광	국장	실무자	협력체 수
관광		· 청소년 교육 관광 포럼	2
문화	정상	장관급	고위급 실무자
문화	· 3국 정상회의	· 문화장관 회의	· 문화콘텐츠 산업 포럼
문화	국장	실무자	협력체 수
문화			2
교육	정상	장관급	고위급 실무자
교육	· 3국 정상회의		
교육	국장	실무자	협력체 수
교육	· 고등교육 교류 전문가위원회	· CAMPUS Asia 실무위원회	2
과학기술/정보통신	정상	장관급	고위급 실무자
과학기술/정보통신	· 3국 정상회의	· 과학기술장관 회의 · 정보통신장관 회의	
과학기술/정보통신	국장	실무자	협력체 수
과학기술/정보통신	· 과학기술 국장급 회의 · 국제협력 실무협의체 · IT 국장급 회의		5
운송/물류	정상	장관급	고위급 실무자
운송/물류	· 3국 정상회의	· 교통물류장관 회의	
운송/물류	국장	실무자	협력체 수
운송/물류	· 동북아 항만국장 회의 · 교통물류 국장급 회의	· 교통물류 과장급 회의	4
방재	정상	장관급	고위급 실무자
방재	· 3국 정상회의	· 지진 협력청장 회의 · 재난 관리 기관장 회의	

	정상	장관급	고위급 실무자
	· 재난 관리 국장급 회의		3
감사	정상	장관급	고위급 실무자
	· 3국 정상회의	· 감사원장 회의(부총리)	
	국장	실무자	협력체 수
		· 실무협력 회의	2
인사 행정	정상	장관급	고위급 실무자
	· 3국 정상회의	· 인사장관 회의	
	국장	실무자	협력체 수
	· 인사국장 회의	· 인사 국제심포지엄	3
보건	정상	장관급	고위급 실무자
	· 3국 정상회의	· 보건장관 회의	
	국장	실무자	협력체 수
	· 고령화 회담 · 식품안전 국장급 협의	· 의약품 국장급 회의 · 보건포럼	5
학술	정상	장관급	고위급 실무자
	· 3국 정상회의		· 3자 협력 포럼
	국장	실무자	협력체 수
			1
수준별 협력체 수	정상	장관급	고위급 실무자
	· 3국 정상회의	18	8
	국장	실무자	협력체 수
	18	15	60

〈부록 4〉 한·일·중 별도 정상회의(3국 내)

1	일시 및 장소	08.12.13(토), 일본 후쿠오카(큐슈 국립박물관)
	참 석 자	이명박 대통령, 아소 타로 총리, 원자바오 총리 (의장국: 일본)
	주요 의제	· 3국 협력 현황 및 미래 발전 방향 · 국제 금융 및 경제 문제 공동 대처 · 주요 지역 및 국제 문제
	주요 성과	· 한·일·중 정상회의 3국 내 개최 정례화 및 09년 중국 개최 합의 · 3국 협력 관련 4개 문서 합의: △한·중·일 동반자 관계를 위한 공동성명, △국제 금융 및 경제에 관한 공동성명, △재난 관리 협력에 관한 한·중·일 공동 발표문, △한·중·일 3국 협력 증진을 위한 행동계획 채택 · 3국 협력 강화 - 재난 관리 기관장 협의체 발족 - 09년 상반기 '사이버 사무국' 개설 - '한·중·일 청소년 우호 만남' 09년 한국 개최 - 한·중·일 청소년 주무부처 협의체 구축 - 한·중·일 문화 셔틀 사업 지속 실시 - 물류장관 회의 및 관세청장 회의 09년 중국 개최 - 3국 중앙은행 총재 회의 09년 중국 개최 - 3국 간 투자협정 적극 추진 - 한·중·일 FTA 민간 공동 연구 지속 실시 - 3국 간 산업협력 협의체 구축 방안 모색 · 국제 금융 및 경제 문제 - G20 금융 정상회의 후속조치 이행, CMI 다자화 추진, DDA 협상 조기 타결 위한 노력 등 협의 · 주요 지역 및 국제 문제 - 6자회담 등 동북아 정세, 동아시아 지역 협력, 기후변화·환경 등 관련 의견 교환
2	일시 및 장소	09.10.10(토), 중국 베이징(인민대회당)
	참 석 자	이명박 대통령, 하토야마 유키오 총리, 원자바오 총리 (의장국: 중국)
	주요 의제	· 3국 협력 현황 및 미래 발전 방향 · 주요 지역 및 국제 정세
	주요 성과	· 공동 문건 2건 채택 - '한·중·일 협력 10주년 기념 공동성명' 및 '지속 가능 개발 공동성명' 채택 · 제3차 한·일·중 정상회의 한국 개최 합의 · 3국 협력 강화 - 한·일·중 협력사무국 설치 필요성에 대한 공동 인식 - FTA 산·관·학 공동 연구 추진 합의 - 사이버 사무국 개설

		- 대학 간 교류 증진 등 포괄적 인적 교류 강화 - 한·중·일 Business Summit 개최 - 항공안전 분야 협력 강화 - 수자원 장관급 협의체 신설 - 제4차 외교장관 회의 한국 개최 - 제6차 인사장관 회의 및 제4차 청소년 우호 만남 중국 개최 · 주요 지역 및 국제 정세 (북핵 문제) - Grand Bargain 방안 설명 및 원자바오 총리 방북 결과 청취 (국제 금융 및 경제 문제) - 피츠버그 금융 정상회의(9·25) 성과 평가 - 10년 11월 한국 개최 G20 정상회의 성공을 위한 중·일 측 협력 확보 (기후변화 대응) - 유엔 기후변화 정상회의(9·22) 평가 및 저탄소 녹색성장 분야 협력 추진
3	일시 및 장소	10.5.29(토)~30(일), 한국 제주(ICC)
	참 석 자	이명박 대통령, 하토야마 유키오 총리, 원자바오 총리 (의장국: 한국)
	주요 의제	· 3국 협력 평가 및 향후 발전 방향 · 주요 지역 및 국제 문제
	주요 성과	· 공동 문서 4건 채택 - '3국 협력사무국 설립 각서', '3국 협력 VISION 2020', '표준 협력 공동성명', '과학혁신 협력강화 공동성명' · 3국 협력 강화 - 신규 협력 사업(7개) 승인: △고용·노동 분야 협의체 구축, △ 치안협의체 구축, △CAMPUS Asia 시범 사업, △공무원 교환 방문 사업, △녹색경제 세미나, △순환경제시범단지 구축 고위급 포럼, △외교관 단기 연수 사업 - FTA 산·관·학 공동 연구(2012년 완료) 출범 및 투자협정 조속 타결 노력 합의 평가 등 · 주요 지역 및 국제 문제 - G20, 기후변화, 핵 안보, 국제경제·금융 위기 공동 대응, 동아시아 지역 협력, 군축·비확산, 유엔 개혁 등 관련 의견 교환 · 천안함 사태 관련 3국 간 공조 의사 확인 - 공동 언론발표문을 통한 희생자 애도 및 위로 표명 등
4	일시 및 장소	11.5.21(토)~22(일), 일본 도쿄 (영빈관)
	참 석 자	이명박 대통령, 간 나오토 총리, 원자바오 총리 (의장국: 일본)
	주요 의제	· 3국 협력 현황 및 향후 발전 방향 · 주요 지역 및 국제 문제
	주요 성과	· 정상선언문 및 부속문서 채택

		- 부속문서; △원자력 안전 협력 문서, △ 재난 관리 협력 문서, △재생에너지·에너지 효율성 제고를 통한 지속 가능 성장 협력 문서 · 3국 협력 강화 - 3국 협력사무국 설립 협정 발효(5.17) 등 사무국 출범 가시화 - FTA 산관학 공동 연구 금년 내 종료 추진, 청소년 미래 포럼 신설, 재생에너지 사용 및 에너지 효율 제고를 통한 지속 가능 성장 추진 등 제반 분야 협력 증진 합의 · 주요 지역 및 국제 문제 - 북핵 문제 해결을 위한 한·일·중 협력 강화 필요성 강조 - 동아시아 지역 협력, 군축 비확산, 국제경제 동향 등 의견 교환 - 2012년 핵 안보 정상회의 개최 관련 일·중의 협력 확보 등
5	일시 및 장소	12.5.13(일)~14(월), 중국 베이징(인민대회당)
	참 석 자	이명박 대통령, 노다 요시히코 총리, 원자바오 총리 (의장국; 중국)
	주요 의제	· 3국 협력 현황 및 향후 발전 방향 · 주요 지역 및 국제 문제
	주요 성과	· 정상선언문 및 부속문서 채택 - 부속문서; △농업협력 문서, △지속 가능한 산림 관리, 사막화 방지 및 야생 동식물 보전 협력 문서 · 3국 협력 강화 - 3국 투자보장협정 서명, 3국 FTA 연내 협상 개시를 위한 준비 작업 즉시 착수 합의, 치앙마이 이니셔티브 다자화 기금 규모 배증 관련 3국의 주도적 역할 평가 및 금융협력 강화 · 주요 지역 및 국제 문제 - 동아시아 지역 협력, 동아시아 경제 통합, 기후변화, G20, 새천년 개발 목표, 군축·비확산 관련 의견 교환

〈부록 5〉 한·일·중 정상회의(ASEN+3 계기)

1	일시 및 장소	99.11.28(일), 필리핀 마닐라(코코넛궁)
	참 석 자	김대중 대통령, 오부치 총리, 주룽지 총리 (의장국; 중국)
	주요 의제	· 3국의 경제개혁 정책 · WTO 뉴라운드에서의 공동 대응 방안 모색 · 동아시아 경제 협력 · ASEAN+3 회의 시 논의할 경제 협력 문제
	주요 성과	· 3국 정상 간 역사상 최초의 회합을 통해, 동북아 지역의 안정과 공동 발전을 향한 중요한 계기 마련 · 3국 경제 협력 문제 공동 연구에 합의 · 3국 정상 간 회동의 성공적 출발
2	일시 및 장소	00.11.24(금), 싱가포르(Shangri-la 호텔)
	참 석 자	김대중 대통령, 모리 총리, 주룽지 총리 (의장국; 한국)
	주요 의제	· 3국 간 경제 협력 방안 공동 연구 · 3국 간 문화·인적 교류 활성화 · 동아시아 비전그룹 활동 지원 · 문화·인적 교류, IT 및 환경 분야 협력 · ASEAN+3 내의 한·중·일 협력
	주요 성과	· ASEAN+3 계기 3국 정상 회동의 정례화 합의 · 01.1월, 3국 경제 협력 공동 연구 공식 출범 · 02년을 '한·중·일 국민교류의 해' 로 지정
3	일시 및 장소	01.11.5(월), 브루나이 반다르 세리 베가완 (Centerpoint 호텔)
	참 석 자	김대중 대통령, 고이즈미 총리, 주룽지 총리 (의장국; 일본)
	주요 의제	· 3국 간 공동 연구 평가 및 지속적 추진 · 3국 간 경제 협력을 위한 신규 사업 제안 · 3국 정보통신 분야 협력 · 테러리즘 및 환경 협력 등 초국가적 문제 · 02년 '한·중·일 국민교류의 해' 사업 · 3국 협력 추진방향
	주요 성과	· 3국 '외교장관 회의' 신설 · 3국 '경제통상장관 회의' 및 '재무장관 회의' 연례 개최 합의 · 3국 경찰당국 간 협조체제 구축 · 3국 경제 공동 연구 지속 추진 · 민간 차원의 비즈니스 포럼 창설

<table>
<tr><td rowspan="4">4</td><td>일시 및 장소</td><td>02.11.4(월), 캄보디아 프놈펜 (Intercontinental 호텔)</td></tr>
<tr><td>참 석 자</td><td>김석수 국무총리, 고이즈미 총리, 주룽지 총리
(의장국; 중국)</td></tr>
<tr><td>주요 의제</td><td>· 3국 간 협력 현황 검토 및 전망
· ASEAN과의 협력 방안
· 3국의 국내 경제 현황
· 여타 문제(북한 핵 문제 등)</td></tr>
<tr><td>주요 성과</td><td>· 3국 정상회의의 공식화에 합의
· '비즈니스 포럼'의 성공적 개최를 통해 동북아 기업인 간 실질적 협력 토대 마련
· 3국 연계 관광 방안 및 스포츠 교류 증진에 합의
· 3국 경제 공동 연구 평가 및 향후 투자 분야 협력 강화 필요성 강조</td></tr>
<tr><td rowspan="4">5</td><td>일시 및 장소</td><td>03.10.7(화), 인도네시아 발리(Grand Hyatt 호텔)</td></tr>
<tr><td>참 석 자</td><td>노무현 대통령, 고이즈미 총리, 원자바오 총리
(의장국; 한국)</td></tr>
<tr><td>주요 의제</td><td>· 3국 간 번영을 위한 협력(경제 분야)
· 3국 간 평화를 위한 협력(안보 분야)
· ASEAN 협력 및 여타 사항
· 3국 정상 공동선언 채택</td></tr>
<tr><td>주요 성과</td><td>· '한·중·일 협력에 관한 3국 정상 공동선언' 채택
· 공동선언 후속조치를 위한 '3자 위원회' 구성 추진</td></tr>
<tr><td rowspan="4">6</td><td>일시 및 장소</td><td>04.11.29(월), 라오스 비엔티엔(Lao Plaza 호텔)</td></tr>
<tr><td>참 석 자</td><td>노무현 대통령, 고이즈미 총리, 원자바오 총리
(의장국; 일본)</td></tr>
<tr><td>주요 의제</td><td>· '실적보고서' 및 '행동전략' 평가
· 동아시아 지역 협력(EAS, EAC)
· 역내 및 세계 문제(북한 핵, 유엔 개혁 문제)</td></tr>
<tr><td>주요 성과</td><td>· 3국 협력의 '실적보고서' 및 '행동전략' 채택 승인
· 역내 환율 안정을 위한 3국 협력 필요성에 합의
· 동아시아 공동체(East Asian Community) 추진을 위한 동아시아 정상회의(East Asia Summit) 개최 필요성에 공감
· 북핵 문제 관련 6자회담의 조속한 재개를 위한 공동 노력 필요성에 인식 일치</td></tr>
<tr><td rowspan="3">7</td><td>일시 및 장소</td><td>07.1.14(일), 필리핀 세부 (Shangri-la 호텔)</td></tr>
<tr><td>참 석 자</td><td>노무현 대통령, 아베 총리, 원자바오 총리
(의장국; 중국)</td></tr>
<tr><td>주요 의제</td><td>· 3국 협력 실적 평가, 향후 추진방향 협의(황사 문제 공동 대응, '에너지 전략 대화 구축 등 우리 관심사항 거론)</td></tr>
</table>

		· 동아시아 협력 추진방안 · 북핵 문제 해결을 위한 공동 노력 · 유엔 개혁
	주요 성과	· '공동 언론발표문' 형식으로 회의 결과 발표(최초) · 제2차 3국 간 협력 '실적보고서'(05~06년) 채택 승인 · 3국 간 실질 협력 및 교류 증진 방안 협의를 통해 중·장기적 협력 기반 강화 - 황사 문제 공동 대응, '에너지 전략 대화' 구축, '문화 교류의 해(07년)' 지정, 3국 투자협정 체결 협상 개시, 3국 외교부 간 고위급 협의체 구축 및 3국 외교장관 회의의 3국 내 별도 개최 · 지역 및 국제 문제 관련 3국 간 협력 강화 - 북핵 문제의 평화적 해결 및 9·19 공동성명 조기 이행을 위한 협력 강화 - ASEAN+3 및 EAS 체제를 토대로 EAC 구축을 향한 협력 강화
8	일시 및 장소	07.11.20(월), 싱가포르(Grand Hyatt 호텔)
	참 석 자	노무현 대통령, 후쿠다 총리, 원자바오 총리 (의장국; 한국)
	주요 의제	· 3국 협력 현황 평가, 향후 추진방향 협의 · 신규 추진 사업 채택 협의 · 동아시아 협력 추진방안 · 한반도 정세 호전 평가 및 동북아 평화·안정 확보방안 논의
	주요 성과	· 한·일·중 정상회의 3국 내 별도 개최 합의 · 제3차 3국 간 협력 '실적보고서'(07년) 채택 승인 · 3국 간 실질 협력 및 교류 증진 방안 협의를 통해 중·장기적 협력 기반 강화 · 13개 신규 협력 사업 채택 - '한·중·일 3국 간 협력 증진을 위한 행동계획' 작성 - 3국 협력 '사이버 사무국' 설치 - 베이징 올림픽 기간 중 사이버 공격 가능성 대비 협력 - 3국 해상 안전 부문 간 교류 증진 - 2008년 한·중·일 신·재생 에너지 포럼 중국 개최 - 3국 FTA 공동 연구 계속 - 한·중·일 물류협력 증진 - 3국 외교장관 회의 및 고위급 회의 2008년 상반기 중 일본 개최 - 대아프리카 정책 조정 회의 창설 - 한·중·일 투자협정 협상 가속화 - 철새 공동 보호 및 모니터링(AI 관련) - 2008년 한·중·일 청소년 교류 행사 일본 개최 - 국회의원 간 친선 축구대회 개최 등 의회 교류 지원 · 지역 및 국제 문제 3국 간 협력 강화 - 남북 정상회담 및 북핵 문제 진전 평가 및 동북아 다자 안보체제 구축을 위한 협력 - 동아시아 지역 협력에 적극 기여

9	일시 및 장소	09.4.11(토), 파타야 (두싯타니 호텔)
	참 석 자	이명박 대통령, 아소 총리, 원자바오 총리 (의장국: 중국)
	주요 의제	· 북한 로켓 발사 관련 대응 · 제2차 한·일·중 별도 정상회의 개최
	주요 성과	· 북한 장거리 로켓 발사 관련 심도 있는 의견 교환 · 제2차 한·일·중 별도 정상회의 중국 개최 합의
10	일시 및 장소	10.10.29(금), 베트남
	참 석 자	이명박 대통령, 칸 총리, 원자바오 총리 (의장국: 한국)
	주요 의제	· 3국 협력 현황과 향후 발전 방향 · 주요 지역 및 국제 문제
	주요 성과	· FTA 산관학 공동 연구, 투자협정 등 주요 분야 3국 협력 협의 · G20 및 APEC 정상회의 등 주요 지역 및 국제 문제 관련 의견 교환
11	일시 및 장소	11.11.19(토), 인도네시아 발리(Ayodya Resort 호텔)
	참 석 자	이명박 대통령, 노다 총리, 원자바오 총리 (의장국: 일본)
	주요 의제	· 3국 협력 현황과 향후 발전 방향 · 주요 지역 및 국제 문제
	주요 성과	· 3국 협력사무국 개설 평가(3국 협력사무국 사무총장 참석) · 원자력 안전, 재난 관리, 3국 FTA 산관학 공동 연구, 교육협력, 관광협력 등 주요 분야 3국 협력 협의 · 북핵 문제, G20 등 주요 지역 및 국제 문제 관련 의견 교환

ARI Monograph Series 22
Institutionalization of Trilateral Cooperation of China, Japan and the Republic of Korea

First Published 2015
by The Asiatic Research Institute at Korea University
145 Anam-ro, Seongbuk-gu, Seoul 136-701, Korea
www.asiaticresearch.org

아연동북아총서 22

한중일 협력의 진화
3국 협력사무국(TCS) 설립과 협력의 제도화

1판1쇄 | 2015년 6월 29일
1판2쇄 | 2015년 11월 10일

지은이 | 신봉길
펴낸이 | 이종화
펴낸 곳 | 아연출판부
등록 | 2000년 5월 24일 제6-376호
주소 | 서울시 성북구 안암로 145 고려대학교 아세아문제연구소(136-701)
전화 | 02-3290-1600 팩스 | 02-923-4661
홈페이지 | www.asiaticresearch.org

값 15,000원

ISBN 978-89-90769-82-4 94300
ISBN 978-89-90769-29-9 (세트)

이 도서의 국립중앙도서관 출판시도서목록(CIP)은 e-CIP 홈페이지(http://www.nl.go.kr/ecip)에서
이용하실 수 있습니다(CIP제어번호: CIP2015016039).